擺脫邊緣人生，超人氣團寵變身！

李定汝，常華 著

團寵擔當×魅力上司×心腹下屬×談判高手

還在擔心一出手就被冷眼相待？

總是不討喜也想加入歡樂大家庭？

羨慕別人不如自己從頭學起！

操控心理、洞察人心、建立橋梁
清除錯誤人際觀，找到人生新道路！

目 錄

目錄

第五章　就業時的交際：求職應徵的交際技巧

第六章　辦公室交際1：與上司愉快溝通

目錄

第七章　辦公室交際2：與同事和睦相處

第八章　辦公室交際3：用魅力征服下屬

第九章　談判桌上的交際：善於交際才能穩操勝券

附錄：趣味測試

目錄

前言

　　如今社會的競爭越來越激烈，隨時隨地都離不開交際，交際便顯得逐漸重要。一個人事業能夠順利，是透過無數個成功的小案例連接而成，但是每個案例的成功都離不開交際。其實，不論是在工作還是學習，我們都離不開交際。交際到位了，你的成功就在眼前。

　　交際是一門很深的學問，包括口才、形象、禮儀、心理戰術、社交技巧等各方面的知識，只要掌握好各個細節，就可以讓自己在交際中一路暢通、左右逢源。我們生活在這個世界上，一切都是有限的，成功的機會是有限的、財富是有限的、能力和經驗也是有限的。如果單憑自己的一股蠻力去社交，難免會處處碰壁、一事無成。因此，這時就需要注意交際的技巧，唯有掌握交際技巧的人，才能在社交過程中更容易獲得成功。

　　善於交際是一張有效的通行證，它使你到處受到歡迎，而且事事能夠辦得順心如意。善於交際是人生中的一筆無形資產，我們應該好好保護並使其增值。

　　多一分交際，少一分煩惱。善於社交是成大事者的優點之一，因為越會交際，事情就越好辦。某些成大事者總能與別人相處得非常好，這到底有什麼祕訣？

　　在我們認識的朋友當中，有人會特別吸引朋友與顧客。對於這樣的人，你不禁感嘆地說：「他把人吸引到自己身邊了！」

　　這真是一句妙語，一語中的。

　　交際，說到底是個人與眾人的關係。人活在這個世界上，免不了要跟各式各樣的人打交道。無論身處偏僻的鄉村，還是繁華的都市，無論是在工廠、企業、公司，還是學校、醫院、商店，都免不了人與人的交往。

前言

　　這個世界是多采多姿的，生活在這個紛繁世界中的人也是各式各樣的，他們性格不一，志趣相異，他們或者因為工作需求，或者為了某種目的，發生或大或小、或親或疏的關係，由此形成了大大小小、林林總總的群體、組織、團體等。當你孤身一人首次來到一個陌生的都市，在川流不息的街道上，看著一個個擦肩而過的匆匆過客，你是否會為如何在此生存而迷惘？當你學成畢業或工作調動，來到一個新的公司工作時，面對一張張新的面孔，你也許會為能不能跟這些人和睦相處而惆悵。當你發現與某人格格不入時，會怎樣調整自己呢？

　　人不是與生俱來就具有良好的交際能力，假如你不願意經過後天的努力來加以補救，不注重交際能力的培養和維護，就可能會在很大程度上限制你在事業上的發展和生活方面的成功。

　　有個成功人士告誡年輕人說：「年齡是個寶，學歷不可少，但是關係最重要。」可見交際的重要性，如果搞不好交際，那還有什麼關係可談？關係都是靠後天的社交累積下來，想要擁有一個良好的人際關係，就必須學習交際的技巧和藝術。

　　在人際關係中，你的付出和努力是在各方面獲得良好人際關係的首要條件，如果你不願意付出努力，就一定不能建立起良好的人際關係。

　　為了事業的順利發展，為了生活的美滿幸福，我們一定要掌握相應的交際技能和方法，從心理學角度讀懂交際，學會交際。

　　好的社交能力，猶如一種向心力，會在不知不覺中把你吸引過去。人並非是強迫他喜歡誰，他就會喜歡誰。

　　有些人生來具有過人的交際能力，他們無論對人對己都非常自然，不費力便能獲得他人的注意和喜愛。而我們大部分人，卻要為建立一個好的人際關係而付出努力。

一個人如果能夠接納別人，能夠承認別人，他的周圍就一定會聚集起許多的朋友，這也正是那些懂社交的人的相處之道。

　　多一分交際，少一分煩惱。生活是個大舞臺，你我他都在扮演不同的角色，又不停地變換著角色。一個好的人緣就是一張廣大而伸縮自如的關係網，用這張網你可以活得輕鬆自在、瀟灑自如，塑造一個完美的人生。

　　要想擁有好的人緣，必須掌握相應的交際技能，有容納他人的氣度，同時還要去認可別人。有資料證明，能接納任性、粗暴的人往往具有帶動他人向上的巨大力量。而一個原本脾氣暴躁、動作粗魯的人，在不知不覺中卻變成了一個和善、可靠的市民，問及原因，他回答說：「我的太太信賴我。她從不責備我，只是一味地相信我，使我不好意思不改變。」

　　心理學家說：「要改變一個任性或粗暴的人，除了對他表示好意，讓他自己改變之外，再也沒有其他更好的方法了。」

　　很多優秀的人，往往能影響本性善良的人，接受他們，使他們更好。但是對於任性、粗暴的人，他們往往束手無策。為什麼呢？因為優秀的那群人根本不能接受粗暴的人，並對其避之不及，在感情上疏遠對方。

　　一位有名的精神科醫生談到人際交往中的接納問題說：「如果大家都有容納的雅量，那我們就失業了！精神病治療的真諦，在於醫生們找出病人的優點，接受它們，也讓病人們自己接受自己。醫生們靜靜地聽患者的心聲，他們不會以驚訝、反感的道德式說教來批判。所以患者敢把自己的一切講出來，包括他們自己感到羞恥的事與自己的缺點。當他覺得有人能容納、接受他時，他就會接受自己，有勇氣邁向美好的人生大道。」

　　蘇格拉底說：「真正的高明的人就是能夠借助別人的智慧，來使自己不受蒙蔽。一個擁有良好人緣的人，定是一個會把自己身邊的各種資料優化配置的人。」

前言

　　善於交際是你成功的助力。當你遇到各種問題，腦海中可用的資料便能信手拈來，你將變得比任何人都強大，沒有什麼問題能夠阻礙你實現成功的夢想。因為，會交際是一筆財富，是一本取之不盡、用之不竭的銀行戶頭。

　　本書從心理學角度告訴讀者在交際中要注意細枝末節，從細微的心理角度來洞悉交際過程中應該注意和了解的方法與技巧。同時本書還引用了大量的成功案例，幫助讀者了解他們是如何成為一個成功的社交人士。透過閱讀本書，你將找到交際時應具備的方法和技巧，好讓自己在事業上找到自己的成功之路，早日通往事業巔峰。

第一章
練就交際口才：能言善辯的語言藝術

　　交際在當今社會的重要性不言而喻，在交際成功諸要素中，口才尤其重要。人們在社會中同時扮演不同的角色，處理不同的人際關係，使用不同的交際語言。口才可以說是社交交際中的「鈾」。社交交際中的主要任務，就是以你的三寸不爛之舌，兩行伶俐之齒把自己推銷給世界，並以良好的形象立於社會，讓大家知道你！

交際語言藝術的技巧

　　交際語言藝術的技巧，主要是透過委婉、幽默和模糊三種方法來實現的。

委婉是一種語言藝術

　　「委婉」一詞在書面語中，它主要表現為一種語言的表達方式；在交際過程中，它又是一種處理問題的態度和方法。

　　恰當地運用委婉，能鮮明地表明人們的立場、感情和態度。這樣做，可使對方樂於接受，達到說話的目的，又可增強語言的形象性和生動性。

(1) 言簡意深

　　委婉的語言的表現形式是婉轉溫和，這就形成了它隱約、含蓄的特點，也就使委婉的語言容量較大，語言雖然很簡潔通俗，含義卻相當深刻。

　　如下面的一段對話：

　　問：「實行廠長負責制以後，在你們廠是廠長大還是官員大？」

　　答：「你最好回家問問，在你們家裡是你的爸爸大，還是你的媽媽大。」

　　答話者回答問題時，總是用迂迴的方式來作答，語言淺顯通俗，含意卻值得品味。如在回答「實行廠長負責制以後，在你們廠是廠長大還是官員大」時，對話者要對方回家問問「在你們家裡是你的爸爸大，還是你的媽媽大」，這樣的回答得到很好的效果。因為實行廠長負責制，廠長和官員各有自己的職能和權力，不存在「大」與「小」的問題。如果答話者回答「廠長大」，這樣的回答毫無意義，還會造成不良的社會效果，引起眾多的廠長和官員之間的矛盾，其害無窮。答話者深知其中的利害，所以用了「爸爸」與「媽媽」的概念，給對方以回答。

(2) 曲徑通幽

任何語句都包含說話者本人的目的，但這個目的是透過迂迴委婉的說法以及人們曲折複雜的思維來取得。

傳說漢武帝晚年時很希望自己長生不老。一天，他對侍臣說：「相書上說，一個人鼻子下面的『人中』越長，命就越長；『人中』長一寸，能活百歲。不知是真是假？」東方朔面有笑意，漢武帝喝道：「你怎麼也笑我？」東方朔拿下帽子，恭恭敬敬地回答：「我怎麼是笑話皇上呢？」東方朔說「據說彭祖活了八百歲，如果真像皇上剛才說的，『人中』就有八寸長，那麼他的臉不是有丈把長嗎？」漢武帝聽了，哈哈大笑起來。東方朔要勸諫皇上不要做長生的夢，但又不好用直言去規勸，只能用旁敲側擊的說法，委婉地表達了自己的意思。這種批評，使漢武帝愉快地接受了。

(3) 樂於接受

交際時總是希望對方能夠接受自己所發出的語言資訊，並作出相應的反應。首先必須要讓對方能夠接受你發出的資訊，委婉的語言就可使你達到這個目的。

美國小說家馬克·吐溫（Mark Twain）到某地旅店投宿，有人早告訴他此地蚊子非常厲害。使他極為擔心晚上是否能安穩睡覺，想要事先對服務員打招呼，又覺得這樣做有點不妥，服務員未必樂意接受。

他在服務臺登記房間時，一隻蚊子正好飛過來。馬克·吐溫靈機一動，馬上對服務員說：「早聽說貴地蚊子十分聰明，果然如此，它竟然會預先看我的房間號碼，以便夜晚光臨，飽餐一頓。」服務員們聽了不禁大笑起來，記住了房間號碼，並相應地採取了一系列防蚊措施，使馬克·吐溫這一夜睡得很好。馬克·吐溫如果直接告訴服務員要提前趕走蚊子，就不一定能達到這種效果。馬克·吐溫的話很委婉，讓服務員易於接受，當然也就樂意盡心服務了。

在日常生活中也常有這樣的例子：當你要求別人做一件事，或者指責別人哪裡有過失的時候，你要盡量選擇讓對方感到有迴旋的話，彷彿把主動權送給了對方。這樣就會使別人樂於接受，也就心悅誠服地願意改正。

用委婉的言語曲折地表達自己的意思，聽話者感受到你是為他著想，或者感到合情合理，這就容易達到目的，也給人教育或啟迪。

交際語言離不開幽默

幽默的談吐無論在日常生活中，還是在重大的社交場合，都是一個人聰明智慧的舉動，它要求有較高的文化素養和駕馭語言的能力。一個人語言修養高，文化知識豐富，對古今中外、天南地北、歷史典故、風土人情等各式各樣的事情都有所了解和掌握，再加上語言豐富、語言表達方式靈活多樣，就能夠在講話時得心應手，就容易產生幽默感。

許多人都有提高自己語言表達能力的願望，其中一個重要的手段就是培養你的幽默感。我們追求美好的理想，我們也渴望超凡脫俗，達到思想上的超越，這就要發揮幽默的作用。趣味盎然的對話可以製造愉快的氣氛，而愉快的氣氛可以解除人與人之間的隔閡，達到最大的交際效果。

（1）有聲有色

交際過程中會遇到許多嚴肅緊張的場面，在談判過程中甚至會遇到激烈爭論的情況。此時，如果運用幽默的言語，窺測對方的心理導向，堅持原則，在表達上卻活潑生動，這樣就能使難堪的局面得到緩解，這是在處理棘手問題時常使用的手法。即使在較為平和的場面中，運用幽默語言也能使嚴肅古板的場面產生情趣。

例如：蘇聯詩人馬雅可夫斯基（Mayakovski）在一次集會上演講結束後，與對他懷有敵意的發問者展開了爭論。發問者說：「您的詩太駭人聽聞了，

這樣寫詩是短命的，明天就會完蛋，您本人也會被忘卻，您不會成為不朽的人。」馬雅可夫斯基答道：「請您過一千年再來，到那時我們再談吧！」問者又說：「您說，有時應該把沾滿『塵土』的傳統和習性從自己身上洗掉，那麼您既然需要洗臉，這就是說，您也是骯髒的了。」詩人答道：「那麼，你不洗臉，就認為自己是乾淨的嗎？」問者又說：「您的詩不能使人沸騰，不能使火燃燒，不能感染人。」詩人答道：「我的詩不是大海，不是火爐，更不是鼠疫。」這段對話不時引起人們陣陣笑聲和掌聲。詩人運用了影射、諷喻、雙關等修辭手法，使得對話具有幽默感。詩人逐一反駁了對方的挑戰，給唇槍舌劍的爭辯添上了詼諧的情調。

(2) 營造氛圍

氛圍是交際實務過程中的一個重要因素，它在某些情況下能決定交際的成敗。幽默在製造和諧氛圍和緩解緊張氣氛時發揮著巨大的作用。

有這樣一件趣事：一位教語法的老師是方音很重的南方人，教學很嚴謹認真，曾讓學生分析一個例句：「學語法的都來了。」有一天課前，有一個學生在模仿老師的語調講話，正巧老師走進教室，聽到這位學生惡作劇的聲音。學生們都很緊張，估計老師一定會斥責這個學生一番。老師卻自嘲地笑了笑，用更重的方音問道：「學語法的都來了嗎？」同學們哄堂大笑，然後接著講課，為課堂製造了融洽和諧的氣氛。

(3) 發揮潛能

具有幽默感的人，在人生的舞臺上一定是能夠充分地發揮自己潛能的人；具有幽默感的語言，一定能夠跨越語言障礙而順利地渡過難關。為人豁達、心情愉快是具有幽默感的人共有的特徵，在這種心理狀態下就能夠迸發出自己的創造力。

卓越的學者在發言或者講課時，常常夾雜一些幽默的俏皮話。幽默感反映了一種人的內在的自由，沒有這種自由，就不可能創造。這種自由是建立在自信心和自尊心的基礎上的。

富有創造才能的人，都有喜歡「遊戲」的特點，對饒有趣味的事物很敏感。幽默感是十分重要的個性品格，它同聯想的靈活和「思想遊戲」的大膽幾乎是形影相隨的。

模糊方法

我們在客觀世界裡所遇到的各式各樣的客觀事物，絕大多數都沒有一個精確的界線。作為客觀世界符號表現的語言也必然是模糊的。巧妙地利用語言的模糊性，使交際語言更能發揮它神奇的妙用，是當今交際時追求的目標之一。

模糊語言在不同的背景、場合、氛圍中因說話者表達的目的和要達到的效果不同，其作用也就不同。我們從以下幾點談談模糊的作用。

（1）擴大容量

模糊語言的一個重要特徵在於它能把難於表述的道理表達出來，大大地豐富了表達效果。模糊語言是「猶抱琵琶半遮面」，這樣更能引起人們聯想推斷，包含更廣博的內容。

某個廣播電臺的直播節目中，一位小姐誤把聽眾點給別人的歌認為是點給自己的，在直播節目中向播音員詢問。這時播音員明知不是點給這位小姐的，但又不好明白地指出來。如果說出來，不僅掃了這位小姐的興，也使聽眾感到不愉快。播音員說：「可能是點給您的吧！其實呀，人間是一個溫暖的大家庭，人們相處都應該以友相處。只要以誠相待，以友善之心待人，我們的朋友遍天下，又何必非要計較是哪一位朋友呢？」播音員隨機應變道。

（2）緩和氣氛

在某些情況下，對方可能故意損害你，使你怒髮衝冠、情緒激動，氣氛頓時緊張起來。在這種情況下，注意使用模糊語言，易於控制自己的情緒，緩和氣氛，使事態朝好的方向發展。

在南方某個城市，正值下班時間，乘車的人非常多，車已爆滿。乘客們把車窗堵得嚴嚴的，車內乘客不易看到車已行駛到哪一站。儘管站務員大聲報告站名，但總有乘客錯過了站。有一位錯過站的乘客慌慌張張地敲門大叫，咒罵站務員，高喊：「售票員！下車！」站務員也非常生氣，正要醞釀幾句奚落挖苦的話，正巧這時有一位乘客在車內，及時地插嘴說：「售票員不能下車。售票員下車了，誰來收票？」這時，不僅那位錯過站的乘客情緒緩和下來，連站務員也和顏悅色起來。如果我們用模糊語言來淡化緊張氣氛，就可控制情緒。它能使我們與他人交往時不致緊張，在交際時能擺脫困境。

（3）點到為止

模糊語言要有分寸，點到為止。不該說的不說，能把自己的意思表達明白，卻不傷害別人，不能直言不諱，要把自己的意思曲折地表達出來，並讓對方清楚明白。

一位著名的廣播員到精神病院採訪，採訪大綱中原先寫的是：「您什麼時候得精神病？」這位廣播員覺得這樣的問題會刺激病人，就臨時改口問道：「您在醫院待多久了？住院前感覺怎麼不好呢？」委婉含蓄的提問，採取的是模糊語言，使對方易於接受，不致產生反感。

在採訪結束時，這位廣播員說：「您很快就要出院了，真為您高興。」播音員在採訪時自始至終注意迴避。

模糊語言的運用要掌握分寸。過於模糊，對方不了解自己的意思，就失

去了交際的作用。過於直露，又會傷害別人。只有既模糊又適度，在模糊語言中透露出自己真實的語意，才能達到交際的目的。

（4）由難到易

「由難到易」也可稱為「化險為夷」。在交際實踐中，常會遇到難以應付的棘手問題，亦會碰上非說不可卻難以啟齒的局面，怎麼辦呢？成功的交際往往會用模糊語言，使自己擺脫這種尷尬的處境。

某超市裡，有一位顧客拿了幾個番茄，然後混雜在已經秤好重量並付完錢的蔬菜中轉身就走。這時，店員發現了這一情況。富有經驗的店員會兩手一拍說：「哎呀！請您慢走一步。我可能剛才不注意，把蔬菜的品種拿錯了，您再回來查查看。」這位顧客再無奈也只得回來，店員把蔬菜重新秤過，隨手就將番茄揀下來。此時這位顧客只能佯裝不知，不了了之。

模糊語言在某些場合下故意說得不確定、不說透，這樣就給自己留下迴旋的餘地，也使對方不窘困。

巧舌如簧，從小姐詢問點播節目一事引申出一番處世人生哲學。廣播員使用了模糊語言，使節目的內容深化了。

如何獲得好口才

掌握口才藝術，必須以個人素養為前提，以口才理論為指導，以實踐鍛鍊為手段，並且堅持循序漸進的原則，不斷總結分析，逐步提高。

總結口才運用的規律

口才的獲得與其他任何事物一樣，都有其內在的自身規律。總結無數演說家的口才實踐，對口語表達的藝術和技巧的規律概括和歸納，就形成了口才理論。有了理論指導，掌握口才藝術就會收到事半功倍的效果。大凡有口

才的人，都非常重視口才運用規律的學習和研究。古希臘著名演說家狄摩西尼（Demosthenes）曾虛心向別人請教朗讀方法和演講技巧；大演講家美國第十六任總統林肯（Abraham Lincoln）經常徒步很遠，到一個法院裡去聽律師們的辯護詞，看他們如何辯論、如何做手勢。至於當代那些成功的有口才者，更有著扎實的口才理論基礎。所以，每一位渴望獲得口才的人，都應該重視口才理論及相關基礎理論的學習，重視口才實踐經驗的學習，努力探索和掌握開發培養口才的途徑。

學習口才理論，掌握口才運用規律，包括三個方面的內容：一是學習口才的核心理論，即口才學與口才學的分支學科，像商貿口才學、司法口才學、交際口才學、演講學、論辯學、談判學等；二是學習口才的基礎理論，如哲學、美學、人類學、社會學、語言學、邏輯學、心理學、交際學、文藝學、傳播學等；三是學習別人的實踐經驗，觀摩有口才的人的口語運用實踐活動，專心聽別人說話，分辨優劣，總結規律。

遵循循序漸進的原則

提高口語表達能力，也不是一朝一夕的事。除加強修養，提高素養，學習理論、掌握規律，勤於實踐、鍛鍊技能之外，還要遵循循序漸進的原則，在總結分析中不斷進步。

口才的提高，與其他能力的提高一樣，都有一個由易到難、由簡到繁的過程，循序漸進是培養口才、提高運用口語能力的一條重要原則。誰也不能企望一口吃成個胖子，應該踏踏實實、一步一腳印地前進。無論是心態的培養，理論的學習，技能的鍛鍊，都要循序漸進、由易到難。在培養口才的過程中，要做個有心人，認真總結每一次訓練和實踐，肯定成績，找出不足，分析問題出現的原因，研究克服不足的辦法。這樣堅持不懈，口才水準就會不斷提高。

第一章　練就交際口才：能言善辯的語言藝術

加強自身修養

　　要培養和提高自己的口頭表達能力，必須先加強修養、提高素養。口才是一個人良好修養的充分展現。沒有愛恨分明，哪有義正詞嚴！沒有臨危不亂，哪來侃侃而談！沒有虛懷若谷，哪有言談秀雅！沒有如泉思緒，哪會口若懸河！很自然，要獲得口才，首要的不是磨礪嘴皮，而是要加強修養，提高自身的素養。

　　人的素養，有先天的稟賦和資質，但這種稟賦和資質是可以透過後天的努力得到改善和提高。修養，就是改善和提高素養的重要途徑。

　　一個有口才的人，必備的是良好的思維品格、心理素養、思想素養和文化素養。圍繞著個體素養的提高，我們應該在思想、品德、情感、意志、知識、智力等方面加強修養，從而樹立科學的世界觀，提高理論政策水準和思想認知深度，培養高尚而質樸的道德良心、豐富而健康的情感和堅韌而持久的意志，掌握更多的科學文化知識和本行業專門知識，形成由觀察力、記憶力、概括力、分析力、推導力、想像力和應變力組成的良好智力結構。這些是獲得口才的基本保證。

加強鍛鍊

　　好的口才除了具備一定的知識以外，與實踐鍛鍊是分不開的。

　　在口才理論知識指導下，進行嚴格、刻苦的訓練和長期口語實踐的體驗，才是掌握口語表達技能、提高口才水準的唯一正確的成功之路，這也是古今中外一切演說家成長的共同道路。即便是先天條件有些不足，只要經過刻苦的實踐鍛鍊，也能獲得非凡的口才。

　　日本前首相田中角榮，小時候有過嚴重的口吃，說話困難，在校讀書常常被同學作弄，因而心裡十分難受。後來，他認真分析了口吃的原因，奮發學習說話，而且經常到深山去練習大聲說話，放聲歌唱、朗誦，還力爭上臺

演戲，從各個方面鍛鍊，結果取得了成功，既克服了口吃，還練出了一副好口才。因此，只要勤於實踐鍛鍊，提高口語表達能力也不是一件很難的事。

提高隨機應變能力

談吐不俗、能言善辯、文采飛揚、不慢不火的言詞總是讓人身心愉悅，結結巴巴、囉囉嗦嗦、語無倫次、言之無物的談吐很少不令人討厭的，這就是社交場合為何會有人與人差別的原因所在了。

一位美國朋友講過這樣一個故事：他所在的公司要招考一位打字員。初試錄取了兩名，最後面試時再決定錄取其中一人。這兩人，一位是華裔，一位是西班牙人。他們打字能力是：西班牙小姐每分鐘三十字，華裔同胞每分鐘七十字。但是，考完之後，這位傳統的中國女子，安靜地等在門外，而西班牙小姐卻徑直闖進主管人的辦公室。她聲稱自己打字技術一向快速準確，只是當時太緊張了，沒考好。但是，這份工作對她太重要，她非得到不可。最後結果，主管人錄取了她。而那位打字技巧高於西班牙的華裔女士，卻在胸有成竹地靜候佳音中，失去了機會。

在市場經濟大潮中，雙向選擇的就業時機要求我們：「充分地發揮你的口才，就有可能得到一份好工作；否則，就會失去良機，甚至影響你的一生。」

電視臺的年輕節目主持人 A 是一顆耀眼的新星。一天，某個體育中心演出，節目進行中，她在下臺階時不慎摔了下來。這是眾目睽睽下的一個十分意外、令人難堪的事故。她該怎麼辦呢？全場都為她捏了把冷汗。

但 A 沉著地爬了起來，鎮定自若地對臺下觀眾說：「真是人有失足，馬有失蹄呀。我剛才這個獅子滾繡球的節目滾得還不熟練吧？看來這次演出的臺階不那麼好下哩！但臺上的節目會很精彩的。不信，你們瞧他們！」

A 在以其清新流暢的節目主持藝術，使全國電視觀眾為之傾倒的同時，

她在處理生活中的一些「突發事件」，那敏捷的思維、清新的風格、應付自如的流暢口才，同樣令人敬佩。

上面幾個方面為渴望獲得口才的人們指明了一條正確、科學的道路。只要我們遵循這樣一套培養口才的方法，出口成章的美好願望就一定會變成現實！

人人都能把話說好

任何人的言語水準都不是天生具備的，無數事實證明，言語能力需要透過學習和訓練逐漸提高。誰也希望把話說好，自己表達得清楚，人家聽了舒服。誰也能把話說好，你也一樣。

舉世聞名的拿破崙（Napoleon），不僅是一位軍事家，也是一位演說家。他的軍事才能可能來自天賦，但他的演講才能卻來自後天的不斷學習和訓練。他祕書在後來的回憶錄中講到，拿破崙在上廁所的時候，也經常蹲在馬桶上喃喃自語，主要是在訓練嘴巴肌肉的靈活性，掌握語速、語調。正是不斷的刻苦訓練，才使他成為一流的演說家。

一般來說，你若能在下列方面努力，你的言語能力就可以提高：

- **廣博的知識**：一個人不可能無所不知，無所不曉，但不能沒有廣闊的知識，如果知識狹窄，就會妨礙表達。尤其是做行銷和商務工作，最適合知識寬闊一些的人。掌握的知識越多，就越能與客戶找到知己般的共鳴話題，感情就容易貼近、融通，大大增加交易成功的機會。

- **培育自身的風格**：風格就是特色。風格從模仿開始。如果僅僅是學習某人或某種方式，永遠都不可能成為你自己。凡是有較強言語能力的人，都有自己的特定風格。較強的言語表達能力是指在說話的時候，言語清楚、流暢、富有感情。你如果感覺能力有限，就應該好好訓練一下，從

基礎資料表達開始，然後是流暢性，接著是邏輯性、風趣感等等，逐漸形成自己的風格。與眾不同的風格是說，言語富有人情味，風趣性，幽默感。談論同一話題，不同方式表達，效果就截然不同。例如向理髮店銷售空調，甲說：「老闆，我這空調價廉物美，挺不錯，你買一臺絕對划得來。」乙說：「老闆，你這裡生意真好啊！如果，你的空調配得好，生意會更好。」丙說：「老闆……你現在的空調至少使用有八年了。這兩千五百瓦的電能完全不能解決你這十五平方公尺的供暖，而且對客人、員工和您自身的健康不利，更不好的是這樣舊的空調隨時可能短路引發火災。我手頭的產品可以讓你消除一切憂慮……」可以看出，丙說的話最有可能打動上司。他的話有理有據，為上司的健康，為店鋪的安全考慮，從情感上就能讓人接受。

- **靈機應變**：會說話的人，始終有一根主線貫穿整個談話過程。無論中途發生多少變異，最終他能回到他原來的那個點上。有的人與別人談話時，就好像牆上的稻草一樣，風吹兩面倒，別人拋出一個觀點，一聽，覺得有道理，馬上就在心裡否認了自己的提法，接著就是心裡發怵，跟著別人的思維走了。講話有譜的人不一樣，在講之前他就擬定了一個思路，在跟別人談話時，他會按照這個思路行事，中途針對不同的見解，他會進行有效的應變，最終把談話對象引到他的那個思維圈子裡去。

惠盎是個書生，一次他去拜見宋康王的時候，康王對他的談話極不感興趣，不時跺腳，大聲咳嗽，最後康王終於忍不住了，說：「我喜歡的是勇武有力的人，不喜歡行仁義的人，你快走吧，我不想聽你的廢話。」惠盎說：「我只問你一個問題，你樂意回答嗎？」康王說：「你問吧。」

惠盎說：「我有這樣的道術，使人雖然勇猛卻刺不進你的身體；雖人有力，卻擊不中你。大王你難道無意於這種道術嗎？」

康王說：「好！這是我想要聽的。」

惠盎說：「雖然刺不進你的身體，擊不中你，但你還是受辱了。我有這樣的道術：使人雖然勇武，卻不敢刺你，雖然有力卻不敢擊你。大王你難道無意於這種道術嗎？」

康王說：「好！這更是我想知道的。」

惠盎說：「那些人雖然不敢刺，不敢擊，並不能說明他們沒有這樣的想法啊。我有這樣的道術：使人根本就沒有這樣的想法。大王難道無意於這種道術嗎？」

康王說：「好！這正是我所希望的！」

惠盎說：「那些人雖然沒有攻擊你的想法，但是能夠使他們愛你則更好了。使他們愛你勝過了孔武有力，居於上面說到的三種有害行為之上了。大王你難道無意於這種道術嗎？」

康王說：「這是我想要得到的！」

惠盎說：「孔子，墨子的品德就能這樣。孔子，墨子他們沒有領土，但卻能像君主一樣得到尊榮；他們沒有官職，但卻能像當長官一樣受到尊敬。天下的男子女子沒有誰不伸長脖子，踮起腳跟盼望他們，希望他們平安順利。現在大王你擁用兵車萬輛，如果你是想使百姓愛你卻不是想靠用武力征服四方之敵，那麼，百姓對你的愛戴就能遠遠超過孔子、墨子了。」

宋王無話可答。

此例說明，要想說出的話有人願意聽，就要善於抓住人心。在言談的過程中間可能出現意外情況，但是，只要你能冷靜應對，擊中對方在意的要點，也能使對方慢慢接受你和你的言談。

說話不僅僅要正確，更重要的是讓人聽了舒服，至少不產生牴觸情緒。

言語的要求——禮多人不怪

言語的總要求是：文明、禮貌、準確。言語是談話的載體，言談者對它應該高度重視，精心斟酌，這是不言而喻的。

· **說話要說文明的話**：身為有文化、有知識、有教養的現代人，在交談中，一定要使用文明優雅的言語。

· **禮貌言談易融洽**：在談話中多使用禮貌用語，是博得他人好感與體諒的最為簡單易行的做法。所謂禮貌用語，簡稱禮貌語，是指約定俗成的表示謙虛恭敬的專門用語。

· **準確言語，為溝通搭好橋**：在交談中，言語必須準確，否則不利於彼此各方之間的溝通。

話題選擇好，雙方都明瞭

談話的話題、主題，它所指的是談話的中心內容。一般而論，言談的主題多少可以不定，但在某一特定時刻宜少不宜多，最好只有一個，才有助於言談的順利進行。在談話之中，以下話題都是適宜選擇的：

· **既定的主題**：既定的主題，即交談雙方已約定，或者其中一方先期準備好的主題。

· **高雅的主題**：高雅的主題，即內容文明、優雅，格調高尚、脫俗的話題。

· **輕鬆的主題**：輕鬆的主題，即談論起來令人輕鬆愉快、身心放鬆、饒有情趣、不覺勞累厭煩的話題。

· **時尚的主題**：時尚的主題，即以此時、此刻、此地正在流行的事物作為談論的中心。

表達得體，不好聽的話也能說得耐聽

為了使自己的表達更確切，我們應注意以下幾點：

· 在什麼時候，使用什麼樣的言詞，需要事先做些準備才行。
· 避免使用太生澀的語句。
· 以鏗鏘有力的語調來說明。
· 絕對不要使用歧視用語。
· 莫用不堪入耳的言詞。

談話的表情要自然，語氣和氣親切，表達得體。說話時可適當作些手勢，但動作不要過大，更不要手舞足蹈，不要用手指指人。與人談話時，不宜與對方離得太遠，但也不要離得過近。

加入別人談話前要先打招呼，別人在個別談話，不要湊前旁聽。若有事需與某人說話，應待別人說完。有人與自己主動說話，應樂於交談。第三者參與說話，應以握手、點頭或微笑表示歡迎。發現有人欲與自己談話，可主動詢問。談話中遇有急事需要處理或需要離開，應向談話對方打招呼，表示歉意。

談話現場超過三人時，應不時地與在場的所有人攀談幾句。不要只與一、兩個人說話，不理會在場的其他人。也不要與個別人只談兩個人知道的事而冷落第三者。如所談問題不便讓旁人知道，則應另找場合。

在交際場合，自己講話要給別人發表意見的機會，別人說話，也應適時發表個人看法。要善於聆聽對方談話，不輕易打斷別人的發言。一般不提與談話內容無關的問題。如對方談到一些不便談論的問題，不對此輕易表態，可轉移話題。在相互交談時，應目光注視對方，以示專心。對方發言時，不左顧右盼、心不在焉，或注視別處，顯出不耐煩的樣子，也不要老看手錶，或做出伸懶腰、玩東西等漫不經心的動作。

距離產生特別的美

交談雙方根據親疏關係及場合保持適當的空間距離和心理距離，有助於交談愉快進行。

· **空間距離**：空間距離指人們在談話時相距的空間。談話時距離太遠會使對方誤認為你是在嫌棄他，太近又會侵略他人的個體空間，使對方不自在，因此太遠太近都是失禮的。一人與多人的交談，談話對象不太固定，相互的距離一般在兩公尺以上。熟人交談，距離一般是一公尺。陌生人則在一公尺以上。交談對象為關係很密切的朋友，距離在半公尺左右。與愛侶或摯友，因為談話內容屬隱私，需「交頭接耳」、說「悄悄話」，故彼此間的距離很近，甚至親密無間。

· **心理距離**：俗話說得好：「過於親近易生侮慢之心。」人與人之間往往會因為失去分寸而發生許多遺憾，其實這都是可以避免的事情，只不過人們通常都會因太過親近而忘了應守的界限，在說話或行動上亂了方寸，讓許多原本十分要好的朋友，轉眼間成了見面不相識的陌生人。

保持適當的心理距離以保交往安全，與人說話亦然。

學會技巧性地讚美別人

愛虛榮是人人共有的特點，其特點往往是在他們覺得做沒有多大把握的事情時，極樂意看到自己在這些沒什麼把握的事情上表現不凡，獲得別人的稱讚。當你對他們這些沒把握的事情中任何一樁加以頌揚時，都會發生你所期望的功效。

吉斯菲爾伯爵說：「各人有各人優越的地方，至少也有他們自以為優越的地方。在其自覺優越的地方，他們固然喜愛得到他人公正的評價。但在那些

希望出人頭地而不敢自信的地方，他們尤喜歡得到別人的恭維。」

沃普爾是一位非常精明強幹的人，吉斯菲爾對他評價道：「他的才幹是不容別人恭維的，因為對於這一點，他自己知道得很清楚。但他常常害怕在對待女人方面，是一個輕薄之徒，而願意別人說他溫文儒雅。因此，他在這一點上是極易被人恭維奉承的，這也是他常常愛好而且經常與人交談的話題。由此可以證明，這是他的弱點所在。

吉斯菲爾進一步指出：「你若想輕易地發現各人身上最普遍的弱點，只要你觀察他們最愛談的話題便可。因為言為心音，他們心中最希望的，也是他們嘴裡談得最多的。你就在這些地方去搔他，一定能搔到他的癢處。」

凱雷的經驗告訴我們，恭維之所以產生如此巨大的作用，皆因他能找到各種不同的典型人物所癖愛的虛榮。

「有不少人，他們喜歡聽相反的話；更有許多的人，喜歡別人把他們當作有思想、有理智的思想家。有一回，我與一個人討論一件頗有爭議的社會問題，我對他說：『因為你是這樣的冷靜、敏銳，因此我想知道，我們究竟應該站在什麼立場？』他聽了我的話，立刻顯出滿面春風的樣子，並詳細對我說了他對此事的態度。原來此人是願意人家認為他是敏銳、冷靜的人。」

吉斯菲爾也告訴我們：「幾乎所有女人，都是很質樸的，但對儀容嫵媚，她們是至深癖愛，孜孜以求。這是她們最大的虛榮，並且常常希望別人讚美這一點。但是對那些有沉魚落雁之容、閉月羞花之貌的傾國傾城的絕代佳人，那就要避免對她容貌的過分讚譽，因為她對於這一點已有絕對的自信。如果，你轉而去稱讚她的智慧、仁慈，如果她的智力恰巧不及他人，那麼你的稱讚，一定會令她芳心大悅，春風滿面的。」

林肯曾說：「一滴甜蜜糖比一斤苦汁能捕獲到更多的蒼蠅。」人不分男女，無論貴賤，都喜歡聽合其心意的讚譽。同時，這種讚譽，能給他們加倍

的能力、成就和自信的感覺。這的確是感化人的有效的方法。讚美別人，就一定能夠獲得別人的好感。

在社會生活中，會說恭維話的人，肯定比較吃香，辦事順利也順理成章。當一個人聽到別人的恭維話時，心中總是非常高興，臉上堆滿笑容，口裡連說：「哪裡，我沒那麼好」，「你真是很會講話！」即使事後冷靜地回想，明知對方所講的是恭維話，卻還是沒法抹去心中的那份喜悅。

因為，愛聽恭維話是人的天性，虛榮心是人性的弱點。當你聽到對方的吹捧和讚揚時，心中會產生一種莫大的優越感和滿足感，自然就會高高興興地聽取對方的建議。當你去服飾店或賣場買衣服時，店員肯定會稱讚：「啊！真漂亮！穿起來非常合身，樸素、大方、有風度。你比以前年輕了幾歲。」本來你是不想買那件衣服的，卻買回來了。

在日常工作或交談中，人們總結出了一條行之有效的方法 —— 真誠地讚美，即誠摯而不虛偽地讚揚對方，顯示出對方的重要性。對方因受到讚揚和褒獎，心情愉快，神經興奮，則最容易表現出寬宏大度，豁達開朗，而不至於在一些平常小事上斤斤計較，爭論不休。此時，便是遊說，實現自己願望的最佳時機。因此，有不少人採用真誠讚美的方法遊說，其效果就非常明顯。例如：

某高中校長無錢修繕校舍，多次循規蹈矩，層層請示，卻毫無實效，不得已之下，決定向本市玻璃製品商場經理求援。校長之所以打算找該經理，是因為這位經理重視教育，曾捐款一萬元發起成立「獎教基金會」，遺憾的是聽說近兩年公司的經營一直不理想，三間分店年虧損數萬元，眼下要向這位經濟困難的經理徵集捐款，校長深感「凶多吉少」，希望渺茫。但是，想到全校師生的生命安全，只好「背水一戰」了。經過反覆思量，校長覺得採用「真誠讚美法」較為適合這場洽談。

校長：「曹經理，久聞大名。鄙人近日在開會再一次聽到教育界同仁對你的稱讚，實是欽佩！今日散會返校，途經貴府，特來拜訪。」

曹經理：「不敢當！不敢當！」

校長：「曹經理你真有遠見卓識，首創獎教基金會。不但在本市能實實在地支持教育事業，更重要的是，你的思想會影響幾代人。獎教基金會由你始創，如今已由點到面，由本市到外市，甚至發展到全國許多地區，真可謂香飄萬里，名揚四海啊！」

校長緊緊圍繞經理頗感得意之處，從思想影響到實際作用等方面予以充分肯定，談得曹經理滿心歡喜，神采飛揚。正當此時，校長無不自卑地訴說自己的無能和悔恨：「身為校長，明知校舍搖搖欲墜，日夜危及著師生的生命安全，卻毫無良策排憂解難。要是教育界官員都能像曹經理這樣，真心實意酷愛人才，支援教育，只要撥一萬元錢就能釋下我心頭的重石，可是至今申報不下十次，仍不見分文。」

聽到這裡，經理立即起身拍拍胸脯，慷慨地說：「校長，既然如此，你就不必再打報告求神拜佛了，一萬元錢我捐獻給你們。」校長緊緊握住經理的手，由衷致謝，此時此刻，他一定體會到了「真誠讚美」的妙處。

非凡的談吐讓人刮目相看

選擇有趣味的話題

大家不感興趣的話題不要說，大家正熱衷於某話題的探討時不提新的話題，大家正忙於做某事或急於去做某事時不提話題。「言貴精，更貴適時」，談論話題既不要操之過急，也不要坐失良機。

要根據對象、環境條件、實際需求選擇話題，話題要貼近大家的生活、

知識結構、興趣愛好、實際需求，盡量不涉及不愉快的、屬個人隱私的、保密的、甚至異性的話題。

不時發問，徵求別人的意見

交談時，不能只顧自己說，忽視了對方的存在，要適時向對方發問。比如：「您看呢？」「您覺得如何？」「您怎麼理解？」等等。發問多選在自己希望了解有關情況、對方對它已有見解或對方希望就有關問題發表看法、談話缺少內容或顯得呆板、需對有關問題深入探討等時機。

不要以個人為中心

交談時應多講大家共同關心的熱門話題，盡量少講「我怎麼樣」、「我如何」等話題，否則會引起對方的反感，給人以自吹自擂、驕傲自滿的感覺。談話時要尊重對方，除表現在自己講話時要親切、熱情、真誠，要雙目注視對方，專心聽講外，還表現在要讓對方充分發表觀點，尊重別人的意見和建議等方面。交談時，不可以自我為中心突然打斷或公然反駁、否定甚至諷刺、嘲笑對方的談話，而應用商討、疑問的語氣提出問題或看法。

談話要看準對象

交談不是一個人思想與情感的自我發展，而是多人合作互動的過程，因此，在交談過程中，所談的話要符合對象的身分要求，從稱謂到措辭、從話題到語氣都要盡量合乎對象的特點，做到恰如其分。

其他注意事項

· 與兩個以上的人交談時，不能厚此薄彼，應盡量顧及在場所有人員。
· 欲加入別人的談話時，要先打招呼，在徵得別人同意後方可參與談話；別人若想參與你們的談話，應點頭表示歡迎；談話中遇到急事需要離

去，應向對方打招呼，表示歉意。

· 交談雙方一般應有問必答，若對方不願回答就不要追問；一旦涉及為難的話題，應馬上致歉，並隨機轉移話題。

· 交談中除避免觸及病亡、殘疾、窮困等令人不愉快的話題外，還應克服自吹自擂、談個沒完、語言刻薄、逢人訴苦、髒話連篇、低級庸俗等語言習慣。

適度地讚賞對方

每一個成功的業務人員都會不適時機地讚賞別人。她可以把你從頭到尾都誇讚一遍！而且可以讓你感覺到她真的是從心眼裡讚美你，例如他會在見到你時說，「小莉，妳今天穿的這雙鞋真別緻！告訴我哪買的？」再不然就是：「小林，你今天穿的這套西服可真精神……」總之從她口中說出來的話絕對是讚美，即使是兩人在電梯口偶爾碰上的一句簡單對話，他也會跟你說聲：「小心門，別夾傷了！」

對於寒暄已算得上是爐火純青了。不見得是見人說人話，也絕非見鬼說鬼話，她是從心理學的角度切入人性的私密地帶。請相信人都是渴望掌聲希望被讚美的，而這就是寒暄的精華所在！

真誠與人交談

寒暄其實在許多人看來是一種客套，有人覺得它虛偽作假，有人則認為它無往不利，其實只要是真心的一句問候，你的此次寒暄就算成功了！總之不要排斥與人交談，多說話不僅可以幫助你了解別人，更是拉近彼此距離的靈丹妙藥。

結交朋友要懂得「善言」

結交朋友要會說話，要「善言」。

善言先要善讚。善讚就是既要讚得讓別人高興，又不露痕跡。

清代大學者紀曉嵐與乾隆皇帝雖是君臣，實有朋友之誼，一次，紀曉嵐因天氣太熱，脫了個赤膊乘涼。乾隆忽然到來，他來不及迴避，就躲到床下。過了好久，以為皇帝走了，便問書僮：「老頭子走了沒有？」豈料，乾隆並未走，並要他解釋「老頭子」是什麼意思。紀曉嵐道：「萬歲為『老』，人為首稱『頭』，『子』乃聖賢之尊稱。」乾隆聽罷一笑置之。

用「老頭子」來稱呼皇帝是大不敬的，但經過機智的巧辯，居然成了尊崇的意思。當然，乾隆並非沒文化，未嘗不知紀曉嵐是即興胡謅，放過他，顯然是欣賞他處變不驚的幽默趣味和善讚的口才。

善言還要善勸，就是善於說服別人。

一九三九年十月十一日，美國經濟學家兼總統羅斯福的私人顧問亞歷山大‧薩克斯（Alexander Sachs）受愛因斯坦的委託，在白宮和羅斯福進行了一次具有歷史意義的會談。

薩克斯的目的是說服總統重視原子彈研究，搶在納粹德國前面製造原子彈。他先向羅斯福面呈了愛因斯坦的長信，繼而又讀了科學家們關於核裂變的備忘錄，但總統聽不懂深奧的科學論述，反應冷淡。

總統說：「這些都很有趣，但政府現在干預此事還為時過早。」薩克斯講得口乾舌燥，只好告辭。羅斯福為了表示歉意，請他第二天共進早餐。薩克斯的勸說失敗了，他犯了一個錯誤，科學家的長信和備忘錄並不適合總統的口味。

事情還沒有結束。由於事態嚴重，沒有能夠說服羅斯福的薩克斯整夜在公園裡徘徊，苦思冥想說服總統的好辦法。

　　第二天，薩克斯與羅斯福共進早餐。薩克斯尚未開口，總統便以守為攻說：「今天不許再談愛因斯坦的信，一句也不許說，明白嗎？」

　　「我想談點歷史」，薩克斯說，「英法戰爭期間，拿破崙在歐洲大陸上耀武揚威，不可一世，但在海上作戰卻屢戰屢敗。一位美國的發明家羅伯特·富爾頓（Robert Fulton）向他建議，把法國戰艦上的桅杆砍掉，撤去風帆，裝上蒸汽機，把木板換成鋼板。」

　　薩克斯很悠閒地拿起一片麵包塗抹果醬，羅斯福也知道他是在吊自己胃口，問：「後來呢？」

　　「後來，拿破崙嘲笑了富爾頓一番：『軍艦不用帆？靠你發明的蒸汽機？哈哈，簡直是天大的玩笑！』可憐的年輕人被轟了出去。拿破崙認為船沒有帆不可能航行，木板換成鋼板船就會沉。」薩克斯開始用深沉的目光注視著總統，「歷史學家們在評論這段歷史時認為，如果拿破崙採納富爾頓的建議，那麼，十九世紀的歷史就得重寫。」

　　羅斯福沉思了幾分鐘，然後取出一瓶拿破崙時代的白蘭地，斟滿，把酒杯遞給薩克斯：「你勝利了！」

　　薩克斯這招「前車之鑒」說服了羅斯福。

　　可見，善勸要靈活機智，不可強求、就事論事。旁敲側擊、拋磚引玉、都不失為好方法。

　　善勸不但可以說服你的朋友，使他接受你的主意，而且不傷和氣，甚至使你們的關係更加密切。羅斯福的英明決斷引起了萬民景仰，而那位私人顧問與他的關係也更為親密了。

　　善勸的人善於思考，羅斯福的重大決定是薩克斯整夜徘徊的結果。

　　善勸還須通曉許多知識，拋磚引玉、吹簫引鳳，需要知道歷史典故、陳年舊事，因為事實強於雄辯。

善勸還要注意身體語言，比如說誠懇的表情、專注的眼神。善於說服朋友，無疑等於掌握了一把通向方便之門的鑰匙，用的時候，便可信手拈來。

善言的人，既獲得了朋友的歡心，又方便了自己。

幽默是交際的催化劑

幽默的人離不開智慧作鋪墊，每一個具有幽默感的人都有著寬廣的心胸、隨和親切的性情和洞察一切的聰靈。

幽默是思想、愛心、智慧和靈感在言語運用中的結晶，是一種良好修養的標誌。

有一個主婦因家中水管破裂，緊急告知水電公司，可修理師傅因故遲到了好幾個小時，他感到非常抱歉，緊張地準備迎接一頓訓斥。可那位主婦說：「沒什麼，等你的時候，我正好教孩子們學游泳。」笑言之中，有深深的責備，更有博大的寬容。試想聽了這句話，修理師傅肯定會賣力地把水管修得又快又好。若主婦換成一副抱怨或斥責的腔調，雖然合理，但效果則要差得多。

做任何事情都有一個「度」的問題，幽默也是如此。場合、對象都是必須考慮的客觀因素。你大概有過這樣的體會：同一個玩笑，你可以和甲開，卻不能對乙也這樣；或是在某種場合可以說，而在其他場合卻說不得。尤其是對於初識的人或長輩，幽默一定要慎用，否則很容易讓人感到似乎是一種突兀到來的親切或唐突，或者會認為你是在賣弄聰明與笑料。幽默過了頭，就變成譏笑了。

在人際交往中，當矛盾發生時，只有那些缺少幽默感的人才會把事情弄得越來越僵，而幽默者卻能使一切變得輕鬆而自然。有一個故事談到，當發現餐廳侍者送上來的一杯啤酒裡有隻蒼蠅時，不同國家的人做出的反應亦不一樣：

第一章　練就交際口才：能言善辯的語言藝術

英國人以紳士的風度吩咐侍者：「換一杯啤酒來！」

日本人令侍者去叫餐廳經理來訓斥一番：「你們就是這樣做生意的嗎？」

中國人把意見寫進意見簿。

沙烏地阿拉伯人則會把侍者叫來，把啤酒遞給他，然後說：「請你喝──」

美國人說：「以後請把啤酒和蒼蠅分開放，讓喜歡蒼蠅的客人自己混合，你看怎麼樣？」

這個故事當然是虛構的，但卻形象地反映了美國人特有的那種民族性格──幽默。幽默所帶來的笑可以緩解人們的情緒，展現出人們身處困境卻又不悲嘆的樂觀精神。

著名作家馬克·吐溫是位有名的幽默大師。有一次，馬克·吐溫去拜訪某位法國名人，這位法國名人取笑美國歷史很短：「美國人沒事做的時候，往往愛想念他的祖宗，可是一想到他的祖父那一代，就不得不停止了。」馬克·吐溫聽了後淡淡一笑，以詼諧輕鬆的語氣說：「當法國人沒事的時候，總是盡力想他的父親到底是誰。」

幽默有時是文雅的，有時是含有暗示用意的，有時是高級的，有時是低級趣味的。切忌在交際中開低級趣味的玩笑，以此為幽默。低級趣味的玩笑形如譏笑，有時一句普通的譏諷話會使人當場丟臉，反目成仇，所以在社交場合中，幽默應該顯示人的高尚、斯文才好。

在社交場合中，如果一味地說俏皮話，無限制地幽默，其結果也會適得其反。譬如，你把一個笑話反覆講了三遍、五遍，起初人家還以為你很風趣，到後來聽厭了之後，會使人感到呆板、噁心。

一個富有口才的上司，口語表達應該具有幽默風趣的特徵。說起話來揮灑自如、談笑風生，在任何情況下都能應對自如、出口成趣。幽默風趣是人

際關係的「潤滑劑」、「安全閥」，而風趣的談吐會使我們生活得輕鬆，給我們帶來笑聲。

幽默風趣並不是耍嘴皮子，它應該是智慧和靈感的閃光，含而不露地引發聯想，出神入化地推動人們領悟一種觀點、一種哲理，是有情的釀造、有理的啟迪，傳達著豐富的資訊。同時，幽默風趣也是一種高妙的應變技巧，它常常幫助我們在瞬息之間擺脫令人尷尬的窘境——但是，幽默風趣又不僅僅是一種技巧，它是一種品格、一種素養、一種特性、一種情懷有意無意的流露。

那麼，如何使自己具有幽默感呢？

· **構思要快**：幽默風趣是一種「快語藝術」，它突破慣性思維，遵循反常原則，想得快、說得快，觸景即發、涉事成趣，出人意料之外，又在情理之中。比如，有位將軍問一位戰士：「馬克思是哪國人？」戰士想了會兒說「法國人。」將軍一愣，隨即便說：「哦，馬克思搬家了。」對於這常識性問題都答不出，將軍當然不快，但這一「岔」，構成了幽默，其實也包含了對戰士的批評教育。

· **靈活運用修辭手法**：極度的誇張、反常的妙喻、順拈的借代、含蓄的反語，以及對比、擬人、對偶……都能構成幽默。另外，選詞的俏皮、句式的奇特也能構成幽默。表達時，特殊的語氣、語調、語速以及半遮半掩、濃淡相宜或者委婉圓巧、引而不發—甚至一個姿勢、一個心照不宣的微笑，都能表達意味深長的幽默和風趣。

· **累積材料**：豐富多彩的生活提供了許多有趣的素材，這些素材無意識地進入我們記憶倉庫的也很多，我們如果做個「有心人」，就會使自己的言語材料豐富起來。例如，諺語、格言、趣味、笑話等，我們可以提取、改裝並加工利用，這樣我們的語言就會增加許多趣味性的「調料」了。

第一章　練就交際口才：能言善辯的語言藝術

· **用「趣味思維方式」捕捉生活中的喜劇因素**：「趣味思維」是一種反常的「錯位思維」，這種人不按照普通人的思路，而是「岔」到有趣的一面去。某位演說家是個光頭，有人揶揄他總是出門忘了戴上帽子，他說：「你們不知道光頭的好處，我可是天下第一個知道下雨的人。」這位演說家並不為自己的「禿頂」苦惱，反而「美化」光頭，他這是用「趣味思維方式」捕捉自己身上的「喜劇因素」。

幽默風趣較多運用於應變語境。作為口才訓練的終結，幽默風趣的表達是應該達到的較高的境界。透過「趣說訓練」，要再進一步提高心態的同時，習慣於「趣味思維方式」，習慣用「錯位」語言藝術構成風趣和幽默，並掌握幾種常見的幽默表達技巧。透過說俏皮話、自嘲、講笑話等訓練手段，使表達更風趣、詼諧，更有吸引力。

某位美國黑人律師一八六二年發表反奴隸制演說，一登臺這樣說：「女士們、先生們 —— 我到這裡來，與其說發表講話，還不如說是給這一場合增添一點點顏色……」（笑聲）

顯然，黑人面對白人群眾是「添」了點顏色，但除此還有言外之意，這裡用的是雙關引趣手法。

學貫中西的林語堂先生也很風趣：「女士們、先生們 —— 我覺得，紳士們的演講，應該像女人們的裙子，越短越好……」（笑聲）

我們日常生活中，只要不滿足於「慣性表達」，善於說話前先在腦子裡打個「彎」，這時說出來的話也許就俏皮得多。說一個人思想很保守，不聽勸，就說「他呀，榆樹疙瘩，不開竅」就風趣得多。

幽默作為一種「錯位」語言藝術，常常運用的意外。甚至，以「驢唇不對馬嘴」的移植或組合，構成令人捧腹的幽默，因此要突破常規思維，才能巧發奇中。平時要多留意以「錯位」為特徵的幽默言語，但要注意，幽默的

俗皮話並非格調低下的嘩眾取寵，表達時要恰到好處。

多用則令人生厭，近於油滑。幽默風趣的目的是「啟動」資訊輸出機制，調劑人際關係，絕不是不顧場合的挖苦和嘲弄。高明的風趣和幽默益智明理，折射出一個人的美好心靈，是以不損害別人為前提的。

說自己的缺點是一種自嘲，但不是自輕自賤，而是一種豁達開朗和返樸歸真的人性美展現，有時趣說自己也是一種高妙的應變技巧。

一八六○年，美國大富翁道格拉斯（Stephen Arnold Douglas）作為民主黨總統候選人公開羞辱共和黨總統候選人林肯：「我要讓林肯這個鄉下佬聞聞我們貴族的氣味！」後來，林肯這個沒有專車接送，自己乘車或坐朋友提供的耕田用馬車的總統候選人，在發表競選演說時這樣介紹自己：「有人寫信，問我有多少財產。我有一個妻子和三個兒子，都是無價之寶。此外，還租有一個辦公室，室內有辦公桌一張、椅子三把，牆角還有一個大書架，架上的書值得每人一讀。我本人，既窮又瘦，臉蛋很長，不會發福。我實在沒有什麼可依靠的，唯一可依靠的就是你們。」

注意說話時的忌諱

說話給自己帶來幸福很困難，但說話招惹禍端卻很容易。所以，明智的人對人總是唯唯諾諾，可以不開口，便三緘其口。例如你無意間對他談起了有隱私的事情，而他的祕密又唯恐人知，言者無心，聽者有意，認為你是有意揭破他的隱私，恨你入骨，這是說話的第一忌。

朋友做事別有用心，他用心極力掩蔽不使人知，如果被人知道，對他必有不利。如果你與他一向熟悉，對他的用心知之甚深，他雖不能斷定你一定明白，終是對你十分疑心，十分妒忌，你處此困難境地，既無法對他表明不知道，也無法表明決不洩漏，那你將何以自處呢？唯一的辦法，只有假作痴

聾，絕口不提，這是說話的第二忌。

別人有圖謀的企圖，你恰參與其事作為決策。從樂觀方面說，你是他的心腹，從悲觀方面說，你是他的心腹之患。你雖謹守祕密，從不提及此事，不料別人猜得其情而洩之於外，那麼你是無法辯白洩露的嫌疑。在毫無辦法時，你只有多親近他，表白自己的真心，同時設法查出洩露的人，這是說話的第三忌。

別人對你還不了解，沒有十分信任，你卻力求討好，對他說極為深切的話語。即使採用你的點子，實行結果不理想時，他一定疑心你是有意捉弄他、使他上當；即使實行結果很好，對你未必增加好感，以為你是偶然看到，實行又不是你的力量，怎好算你的功勞，所以你還是不說話的好，這是說話的第四忌。

你知道他人的罪過，過錯全在於他自己，不惜直言相勸。他本覺內疚，唯恐人知，而你卻去揭破，自然令他十分羞慚。這時往往由慚愧生憤恨，由憤恨轉而與你發生衝突。所以你還是不說的好，即使勸告，也以婉轉為宜，這是說話的第五忌。

如果上司成功是你的功勞，你的上司會深恐好名譽被你搶去，內心自會惴惴不安。你明白這種心理，就應該到處宣揚、逢人便說，極力表示這是上司有方，是上司的遠見，一點也不要透露你有什麼能力，這是說話的第六忌。

別人能力所做到的事，你認為應該做，而強迫他必須去做；對於某件事，他正是箭在弦上，騎虎難下，而你認為不應該做，令其必須中止。如果你這樣做，都是強人所難，與人情相反。你認為朋友一件事該做或不該做，在道義上，應該進言相勸，使他自己覺悟，自己去行動、去中止，這才是上策。萬一他不願接受你的勸告，你也只好相機而作，適可而止。遇事強求，徒傷感情，這是說話的第七忌。

打斷他人的談話或搶接別人的話頭，這是談話的第八忌。

注意力不集中，讓別人多次重複說過的話，這是談話的第九忌。

強調與主題風馬牛不相關的細枝末節，使人生厭，這是談話的第十忌。

克服成功說話的障礙

鍛鍊你的膽量

良好的心態是訓練說話膽量的前提。說得具體一點，就是要求說話者既不能盲目自信，也不能妄自菲薄，而應不驕不躁，不卑不亢。

生活中，像啞巴一樣不能用嘴說話的人畢竟寥寥無幾、屈指可數，所以對絕大多數的人來說，談話之事並非一竅不通。但是，我們一般也不能說是很會說話、很會駕馭語言的人，儘管大家或多或少有些長處，懂得些談話的常識與方式，但很少有人去鄭重其事地、科學地分析過它、研究過它。所以對我們大部分的人來說，或多或少在某些場合都有不敢說話的毛病。

下列二十個問題是影響你提高說話膽量的因素：

1. 我口齒清楚嗎？

2. 我的聲調是否悅耳？

3. 我是否見了別人就覺得好像無話可說的樣子？

4. 我是否在某些人面前就有很多話說，而在另一些人面前就一句話也說不出來呢？

5. 我是否遇見別人不同意我的意見時，只是再三地重複我已經說過的話呢？

6. 我是否喜歡與他人發生爭論？

7. 我是否常常被別人認為「固執」呢？

8. 我是否常常忘記他人的姓名？

9. 我是否常用一些不文明的詞語？

10. 我是否一開口說話就會使別人反感？

11. 我是否不能運用不同方式來對不同對象談同一個問題？

12. 我是否很難找到一個大家都感興趣的話題？

13. 我是否常說些令人禁忌的話？

14. 我是否在談話中不注意敬老尊賢？

15. 我是否未留意自己跟人談話的態度？

16. 我是否根據別人的態度來調整自己的態度？

17. 我是否不能引起別人的發言？

18. 我是否不能使談話很順利地進行而不中斷？

19. 我是否能夠很自然地改變談話題材？

20. 我是否不知道應該在何時結束我的談話？

如果你照如下方法堅持練習三個月，說話膽量便可得到驚人的提高：

用一個筆記本逐項地記下上面的每一個問題，並把自己過去的經驗如實記錄下來。例如，記下來究竟自己在什麼人的面前不敢說話，找出原因；再仔細想一想，記下自己跟別人談話時的情形；然後記下自己認為應該最先要改進哪一點。若說話者照此堅持做下去，一邊看筆記本，一邊研究自己的情況；一邊看筆記本中所講的二十個問題能否解決，一邊又把自己所得的經驗記在筆記本上，這樣便水到渠成了。

消除恐懼感

有的人一站到講臺上，臉漲得通紅，兩腿微微顫抖，說話的聲音變調，呼吸也顯得急促起來。唯一能感覺到的是心跳加快，腦子裡一片空白，早已背熟的詞句全都消失得無影無蹤。這是一種由自卑和消極心態引起的膽怯

病。膽怯病大體有兩種情況，一種是精神失常的病態，一種是個性上的自卑心理。對大多數人來說不是生理上有什麼毛病，而是害怕緊張的心理引起了臉紅、心跳、胃痙攣和出汗等生理上的變化。恐懼心理和緊張情緒必然會刺激感應神經系統，使之開始分泌出過多的腎上腺素，使身體處於警覺和緊急狀態。於是，人體內就發生了異常的變化，而一系列的生理變化都會在人的面部和身體表現出來。一般來說，這是心態問題，並不是天生如此。

膽怯恐懼心理比世界上任何事物更易擊垮一個人。這不是生理病態，而是心態消極。這說明解決口才與交際的問題，改變消極心態也是一個極為重要的課題。

因此，日常生活的閒聊，讓人感到輕鬆，沒有約束，不需要擔心，沒有一個人會在聊天的時候，覺得緊張或壓抑。

但在正式場合談話卻不一樣，需注意：

1. 先得注意討論的事情為何。
2. 要依照某些規定或約定來發表意見。
3. 不能隨自己高興任意發言，也不能隨便改變話題。
4. 必須在限定的時間內，把該說的話說完。
5. 自己要盡量把所有的話用最準確簡潔的方法說出。
6. 不能隨意使用方言。
7. 要注意自己的用語。
8. 不可使用不常用的代表性符號或暗號。
9. 在公開場合所說的話應盡量避免重複。
10. 說話之前要多考慮，以免讓人誤會你的意思。
11. 必須對自己的言論負責，如果引起別人的反駁或質問，要能加以補充或說明。

12. 有時候，你所說的內容會被留著記錄，日後被「文字化」或「印刷化」。

13. 不宜有含糊不清的言語、不負責任的說法以及不實的傳說或笑話。

可見，在正式場合談話前要花大力氣做許多準備工作，而在一般的情況下，人們都來不及準備，即使準備了，自己也很難感到滿意。於是說話前沒有把握，就必然產生緊張、恐懼心理，並出現喉嚨乾澀、呼吸急促的現象。

所以，用什麼樣的方法、說什麼樣的內容、如何組織演說或公開發言的內容，是我們在發言之前必須先想到的。很多人都為此感到困惑，不知從何著手組織。其實，並沒有什麼值得害怕的。只要我們牢記了正式場合談話的特徵，並靈活自如地運用它們，就一定能取得令人滿意的效果。

總之，對一般人而言，在人前發表談話最好的態度就是：不要太高估自己，不要在乎別人，就算獻醜又何妨。如果能這樣大膽地放下包袱，放鬆自己，就一定能消除緊張、恐懼的不健康心理，大膽地說話。

要勇於說話

鍛鍊口語必須從開口說話開始。一直沉默寡言的人，怎麼也練不出好的口才。無疑，每一個人都希望自己具有從容自如的說話信心，渴望自己能展示超凡脫俗的說話魅力。但我們須知，說話的信心和魅力如何，與說話的水準和技巧是休戚相關的。勇於說話而不善於說話，不行；善於說話而不敢說話，也不行。只有既勇於說話又善於說話，才能如虎添翼，錦上添花，產生良好的交際效果。

所謂「會說話」，亦即善於說話，意指說話者能夠準確自如、恰到好處地表達出自己的思想、感情、意圖等；能夠把道理講得條理清楚、形象生動；能夠輕鬆自然、簡潔明瞭地使他人聽清和理解自己的話語。同時，善於

說話者能夠從與他人的交談之中，測定他人說話的意圖，得到有效的啟迪；而且還能夠透過談話，增加自己對他人的了解，跟他人建立深厚的友情。由此可見，是否善於說話，與是否勇於說話，兩者均舉足輕重，不可偏廢。

是否敢說又善言，對我們每個人的生活、事業乃至閒暇娛樂都起著至關重要的作用。在生活中，勇於說話又善於說話的人，處處都受人喜愛和歡迎。他能使許多本不相識的陌路人走到一起，攜手共進；能使許多志趣各異、性格有別的人互相了解，互相感覺彼此的需求；能夠排難解憂，消除人與人之間的誤會與隔閡；能使愁苦煩悶、鬱鬱寡歡者得到安慰，使悲觀厭世、不思進取者得到鼓勵；能夠讓周圍的人變得更快樂、思維更活躍。

勇於說話又善於說話的人，可以充分利用自己的語言社交能力來說服他人，使工作順利進行，左右逢源。可以說，說話的自信心與說話的魅力，是一個事業出色的成功人士的必備條件。

在閒暇娛樂中，勇於說話又善於說話的人，能隨時隨地給生活增添樂趣。無論是朋友結伴，還是與家人相聚，他都可以使人快快活活，令大家感到更多的樂趣。

生活中，我們也常看到許多不敢說話、不善言辭的人所遇到的難堪、尷尬情形。他們說話不能準確、完全地表達出自己的想法，讓聽者覺得十分吃力費神，這樣就造成了交際上的種種困難，影響工作、影響生活，同時也給自己帶來諸多苦惱。

勇於說話又善於說話的人，總是使人清清楚楚地明白自己的想法，而不敢說話又不善說話的人，則經常使人產生誤解；勇於說話又善於說話的人，總能愉快地在各種場合取得成功，而不敢說話又不善說話的人，卻不容易在談話中使人信服，因而成為失敗者，十分狼狽。由此可見，如何提高自己的說話信心和增強自己的說話魅力，對我們每個人來說都是十分重要的。

學會委婉地拒絕他人

中國的語言豐富多彩、千變萬化，要想完全駕馭它不是一件容易的事。就說「不」吧，它表達否定的意思，但並非所有的否定都要用它來表示。現實生活微妙複雜，你既可以斬釘截鐵地拒絕某人的無理要求，說一聲「不行！」你也可以態度鮮明地在會議表決中表明「不同意」；但當你的女朋友興致勃勃地邀請你去郊遊，你卻偏偏有要事纏身無法接受邀請，這時你該怎樣去回答她呢？難道也是生硬地說一聲「不行」這兩個字嗎？類似的情況恐怕遠不是這幾種吧！

謝絕人家的請求，否定人家的意見，往往需要委婉的表達，這樣既能使對方接受你的意見，又不會傷害對方的自尊心。當你準備說「不」時，要學會讓「不」有一副可親的面孔，拒絕別人的藝術在於減少別人的不快。不妨採取下列十三種策略和口氣來應付：

1. **用感嘆的口氣拒絕**

   小王給他的女友小李買了一件連衣裙，小李打從心裡不喜歡，因為顏色太鮮豔了。但她只是說：「要是素淡一點就好了，我更喜歡淺色的。」小王連忙說：「下次我一定給你買一件素淡的。」這樣，雙方雖都有一點失望，但彼此都能互相體諒。

2. **用肯定的口氣拒絕**

   一位長期從事軍需工作的部門上司說，他最喜歡的語句是「這個提議非常好，但目前我們還不宜採用」、「好主意，不過我恐怕一時還不能實行」。用肯定的態度表示拒絕，可以避免傷害對方的感情，而用「目前」、「一時間」等字眼，則表示還未完全拒絕。

3. **用客套的口氣拒絕**

   假如妹妹打電話問道：「今天早晨你能幫助我照顧一下孩子嗎？我有好

多東西要去買。」也許你會本能地答道:「哎,今天上午可不行。」

為了慎重對待,或許你應該這樣客氣地說:「我很願意幫你的忙,但實在不湊巧。我能幫你做點別的嗎?比如我買東西時順便給你帶點什麼?」

4. 用恭維的口氣拒絕

一位資深的攝影家,拒絕的做法是先恭維對方。有一次,有人邀請她加入某委員會,她婉轉地說:「承蒙邀請,我很高興。我對貴機構真的十分欽佩,可惜我工作實在太忙,無法分身,你的美意我只能心領了。」

這一套也可用於社交。想推辭某約會時,可以說:「和你一起吃飯,我真的很開心,可惜⋯⋯」至於在公事方面:「你是個非常好的上司,我知道你覺得我力能勝任,但我的工作確實已經過多。」

5. 用緩和的口氣拒絕

張老師從前一說「不行」,學生就會大吵大鬧。後來,有位朋友提醒他:「當場回答『行』或『不行』的畢竟不多。」現在,當她面臨一個不想接受的要求,她會說:「讓我考慮一下。」這個緩兵之計使她有時間去找一個易於讓學生接受的藉口。

在公事上,有些上司常說:「這件事,我們還要研究一下。」很少有人會認為這句話的意思是以後一定要辦,但這句話沖淡了冷冰冰的氣氛,使拒絕變得有人情味了。

6. 用商量的口氣拒絕

如果有人邀請你參加某聚會,而你偏偏有事纏身無法受邀,你可以這樣說:「太對不起了,我今天的確太忙了,下個星期行嗎?」這句話比直接拒絕要好得多。

7. 用同情的口氣拒絕

最難拒絕的是那些只向你暗示和唉聲嘆氣的人。例如,一位外地朋友對你說:「老李要出差到你們那邊。如果不是住旅館費那麼貴,我也會跟他

一起去。」這時你應該採取的策略，是以同情的口吻說：「啊，對你的問題，我愛莫能助。」然後就住口。你沒有義務伸出援手。

8. 用自嘲的口氣拒絕

幽默也是拒絕的好方法。當我們聽到出乎我們意料的自嘲語，都會覺得有趣。例如，「你會認為，我之所以說不行，全是因為我卑鄙自私。嗯，你猜對了。」小孩尤其喜歡聽笑話，如果你能逗得他們開懷大笑，即使你拒絕他們的要求，他們也不會介意的。

9. 用委婉的口氣拒絕

試比較一下：「我認為你這種說法不對」與「我不認為你這種說法是對的」，「我覺得這樣不好」與「我覺得這樣好」這兩種表達方式，我們不難發現，儘管前後的意思是一樣的，但後者更為委婉，較容易被人接受，不像前者那樣有咄咄逼人的感覺。

10. 用含糊的口氣拒絕

A 畫了一幅畫，自覺不錯，問 B 覺得如何。B 一看，心裡直嘀咕，一點也不漂亮，可是 B 回答「還可以」。他雖然回答得很模糊，但如 A 明智一點，就會明白 B 的意旨所在。

11. 部分地承認或稱讚對方的說辭，使拒絕易於接受

首先認同對方的意見或肯定對方的人格，再予以拒絕。這是世界上最古老的心理技巧，用起來十分有效。因此，採用「是、是，不過……」的拒絕方式，能產生較好的效果。

從人的心理而言，被說「是」總比斷然說「不」字要愉快得多。因此，為了友好地拒絕他人，有必要先用「是」來獲取對方的好感。如：「我知道你的困難，但是……」、「我明白你的意思，也贊成你的看法，不過……」，有些心理學家認為，先肯定對方，使對方獲得重要感，即使再聽到「不」字也不會引起反感。

12. **降低自己以滿足對方的自尊心，藉此緩和拒絕造成的心理衝擊**

主要是為了顧及對方的「面子」，用含蓄的方式讓對方察覺你對他的要求不感興趣。在對方提出要求之後，給以籠統或者模稜兩可的答覆，或者尋找其他理由拒絕，如一位婦女去買東西，受到店員的糾纏，可以說，「這件衣服確實是很漂亮，但不知道我丈夫是否喜歡，我們商量好了再來買吧！」「這次漲工資雖然沒輪上你，但我相信，只要你好好做，下次一定能輪上你的。」這樣，讓對方在心理上獲得某些滿足，不至於產生絕望感。

13. **讓對方明白，此次被拒絕，以後還有機會**

在日常交往中，有時我們會認為許多要求很難完全拒絕。在這種情況下，可以採用退步拒絕法，也就是不直接拒絕對方，作出某些退讓，答應對方的一些請求，從而達到總體上拒絕對方的目的。如一位熟人找到教育局官員，請他幫忙讓孩子轉到明星高中，這位官員可以說：「我試試看吧，不過在這方面的規定很嚴，如果辦不到的話，其他普通高中可以嗎？」這樣的回答，讓別人覺得你是盡力的，不會產生抱怨情緒。

總之，否定和拒絕的藝術有一條原則，就是在不誤解意思的情況下，盡量少用生硬的否定詞，把話說得委婉一點。

說服他人的技巧

措辭要恰當

同一個詞語在不同的地方含有不一樣的意思。在臺灣，諸如「天氣冷，多穿點衣服，別著涼了」之類的話在同事朋友之間說是很正常的，它表示著關心與友好。但如果你這樣對一個美國人說，他可能會很反感，認為你把他

當成了一個小孩子，連多穿衣服的事情也不知道，還要你來教訓他。我們的日常生活中，這類話還有很多，對於他們都是應該避免的。

東方人重視朋友之間的互相體貼，而在歐美，人們則強調自己的獨立個性，這就是為什麼會出現這種說者與聽者相去甚遠的情況的根源所在。因此，與西方人交往時，應特別慎重地對待建議或勸告。

在措辭上，歐美人的建議與勸告也與中文不同。中文用詞比較直接，常常是「應該」、「不應該」、「要」、「不要」一類詞，尤其是在關係親密的人之間。這在西方人看來，未免太粗魯，也太多教訓味了。在同樣的情況下，他們的措辭更加委婉，比如「我要是你的話，我就……」、「我恐怕不會認為……」、「如果你不介意的話……」、「我希望……」、「你如果能……我將會非常高興」等。

使用善意的謊言

大家也許看過劉青雲、張柏芝主演的電影《忘不了》，其中有些鏡頭很值得回味。影片中女主角在男友因車禍去世後，仍然信守「一生一世」的承諾，對她的去世的男友念念不忘，沒有開始新生活的信心和勇氣。男主角為安慰女主角，告訴她其男友在臨死前沒有任何痛苦，並鼓勵她一定要開心地活著。女主角聽後很受感動，逐漸開始了自己新的生活。其實，男主角說的全是謊言，因為她的男友在死前根本沒有留下隻言片語，更不用說那些掛念她的話。但這些「謊言」卻給了女主角繼續生活的勇氣，從此改變了她的生活。我們稱類似的謊言為「善意的謊言」。

所謂善意的謊言，指的是在特定條件下，為減輕他人痛苦、不幸，給別人以生活的勇氣、信心和力量；或者為避免不必要的、非原則性的摩擦；或者只是單純地讓別人心情愉快而說的謊言。在日常生活中，其實在不經意之間，你或者他都有可能說一些善意的謊言。下面這篇文章是善意謊言的經典。

　　第一次參加家長會，幼稚園的老師說：「你的兒子有過動症，在板凳上連三分鐘都坐不了，你最好帶他去醫院看一看。」回家的路上，兒子問媽媽，老師都說了些什麼，她鼻子一酸，差點流下淚來。因為全班三十位小朋友，只有她的兒子表現最差；唯有對他，老師表現出不屑。然而她還是告訴她的兒子：「老師表揚你了，說寶寶原來在板凳上坐不了一分鐘，現在能坐三分鐘了。其他的媽媽都非常羨慕你的媽媽，因為全班只有寶寶進步了。」那天晚上，她兒子破天荒吃了兩碗米飯，並且沒讓她餵。

　　兒子上小學了。家長會上，老師說：「全班五十名同學，這次數學考試，你兒子排在第四十名，我們懷疑他智力上有些障礙，你最好能帶他去醫院查一查。」走出教室，她流下了淚。然而，當她回到家裡，卻對坐在桌前的兒子說：「老師對你充滿了信心。他說了，你並不是個笨孩子，只要能細心些，會超過你的同桌，這次你的同桌排在第二十一名。」說這話時，她發現，兒子黯淡的眼神一下子充滿了光亮，沮喪的臉也一下子舒展開來。她甚至發現，從這以後，兒子溫順得讓她吃驚，好像長大了許多。第二天上學時，去得比平時都早。

　　孩子上了國中，又一次家長會。她坐在兒子的座位上，等著老師點她兒子的名字，因為每次家長會，她兒子的名字總是在差生的行列中被點到。然而，這次卻出乎她的預料，直到家長會結束，都沒聽到她兒子的名字。她有些不習慣，臨別去問老師，老師告訴她：「按你兒子現在的成績，考明星高中有點危險。」聽了這話，她驚喜地走出校門，此時，她發現兒子在等她。走在路上，她扶著兒子的肩膀，心裡有一種說不出的甜蜜，她告訴兒子：「班導對你非常滿意，他說了，只要你努力，很有希望考上明星高中。」

　　高中畢業了。第一批大學錄取通知書公布時，學校打電話讓她兒子到學校去一趟。她有一種預感，她兒子被第一批頂尖大學錄取了，因為在報考時，她對兒子說過，相信他能考取頂尖大學。兒子從學校回來，把一封印有

清華大學招生辦公室的掛號信交到她的手裡，突然，就轉身跑到自己的房間裡大哭起來，兒子邊哭邊說：「媽媽，我知道我不是個聰明的孩子，可是，這個世界上只有你能欣賞我……儘管那是騙我的話。」聽了這話，媽媽悲喜交加，再也按捺不住十幾年來凝聚在心中的淚水，任它流下，打在手中的信封上……

　　文章裡的母子故事真是讓人感動，這是位可敬的母親，這是位可敬的兒子。在這裡，母親善意的謊言給了兒子多大的鼓舞，多大的信心與多大的力量啊！

讓語言的魅力助你成功

　　談吐是反映一個人的社會地位、生活、成長背景和可信度的有效工具之一。談話的內容和技巧也是一把衡量人品的尺子。通常人們能從交談中了解你的思想脈絡和個人修養，你的言談有聲有色地描述著你的故事，一筆一筆地勾畫著你的形象。

　　美國人約翰‧布魯斯克（John Brooks）在他的書中精闢地指出：「一個人的言談永遠是他家庭背景和社會地位的告示牌。」「語言最能表現一個人。你一張口，我就能了解你！」英國人班‧強生（Ben Jonson）在十七世紀真知灼見地總結在交談中的祕密。哲學家葛拉西安（Baltasar Gracián）在他的《智慧書》（*The Art of Worldly Wisdom*）中危言警告：「沒有一種人類活動像說話一樣需要如此謹慎小心，因為沒有一種活動比說話更頻繁、更普通，甚至我們的成敗輸贏都取決於此。」我們祖先也含蓄地告訴我們：「聽其言，知其人。」

　　許多人都願意與談吐不凡的人交往，因為與熟練掌握說話藝術的人交談，簡直就是一種享受。娓娓道來的聲音就像音樂一樣，鑽進我們的耳朵，

打動我們的心靈，或讓人精神振奮，或給人安慰。

　　無論在什麼場合，如果你能夠表達清晰、用詞簡潔，再加上抑揚頓挫、娓娓道來的語調，就能夠吸引聽眾、打動別人。這是你的祕密武器，可以在不經意中助你事業成功。如果你善於辭令，再加上周到的禮節、優雅的舉止，在任何場合，你都會暢通無阻、受到歡迎。人們都喜歡與這樣的人交往。

　　在非洲有個傳道的牧師，有一次他在給非洲土著們宣講《聖經》時，大家都在聚精會神地聽著，當他念到「你們的罪惡雖然是深紅色，但也可以變成像雪一樣的白」這句話時，他一下子愣住了。這時牧師想到，這些常年生活在熱帶的土人，他們怎麼會知道雪是什麼樣子和什麼顏色呢？而他們經常食用的椰子肉倒是很白。我何不用椰子肉來比喻呢？於是，機靈的牧師便將《聖經》改為：「你們的罪惡雖然是深紅色的，但也可變成像椰子肉一樣的白。」

　　「雪白」雖然很形象，但「椰子肉的白」也很形象。而這位機靈的牧師只用了後者，卻把這個資訊有效地傳給了土著居民，這就使他的講話有了戲劇性的效果。

　　在日常生活中，有的人願意窮其一生去學習科學、文學和其他各種知識，卻完全忽視了語言能力的訓練和提高，這常常使他們在自己的專業領域有很高的造詣，在社交場合卻羞於開口，沉默不語，像一個無足輕重的人，還有比這更令人沮喪的嗎？看到那些才能不及自己十分之一的人，在公開場合滔滔不絕，自己卻靜靜地坐在一旁，只有洗耳恭聽的份，心裡能平衡嗎？你們的區別在於，他平時注意培養自己的語言表達能力，他已經讓自己養成了一種良好表達的習慣，而你卻沒有這樣的習慣，甚至沒有這樣的意識。

　　從今天開始培養自己的語言表達能力吧！也許你不能成為律師、醫生或商界菁英，但你每天都要說話，也就必然要運用語言的獨特力量。在培養這

方面的能力時，一個重要的途徑就是花費一些時間和精力研究修辭，留心相同意思的不同表達，使自己的用詞更豐富、談吐更優雅。還要盡力增加自己的詞彙量，隨時查閱工具書，注重平時的累積。這本身也是一個自我教育的過程，對自己的成長很有幫助。

渴望建功立業的年輕人，應該掌握談話的技巧，提高駕馭語言的能力。能夠在各種場合做到談吐優雅，從容不迫，應付自如，讓別人對自己感興趣，這本身就是一種很高的素養，值得每一個年輕人努力。提高自我表達能力，會使你受益無窮，可以稱得上是一生的財富。

第二章
樹立交際形象：好形象讓交際事半功倍

　　在現代社會中，人們對於自己的形象越來越重視了。對於公關來說，維護形象更是其職業的需求，在其具體工作中，注重形象往往是第一位。個人形象是一個人在社會上所獲得的他人的評價和印象，形象就是外界對我們的印象和評價的總和。

外在形象的重要性

　　美國著名形象設計師曾對美國《財富》（*FORTUNE*）排名榜前三百名公司的一百名執行總裁調查，百分之九十七的人認為懂得並能夠展示外表魅力的人，在公司中有更多的升遷機會；百分之百的人認為若有關於商務著裝的課，他們會送子女去學習；百分之九十三的人會由於首次面試中，求職者不合適的穿著而拒絕錄取；百分之九十二的人不會選用不懂穿著的人做自己的助手；百分之百的人認為應該有一本專門講述職業形象的書以供職員們閱讀。

　　無論你認為從外表衡量人是多麼膚淺和愚蠢，但社會上的許多人總在根據你的服飾、髮型、手勢、聲調、語言等判斷著你。你的外在形象在工作中影響著你的升遷，在商業上影響著你的交易，在生活中影響著你的人際和愛情，也無時無刻不在影響著你的自尊和自信，最終影響著你的幸福感。

　　美國德克薩斯州立大學奧斯丁分校在對兩千五百個律師的調查後發現，形象甚至還影響著個人收入，外表形象有魅力的律師收入高於其同事百分之十四。

　　英國著名的形象公司 CMB 對世界著名的三百名名金融公司的決策人調查發現，在公司中位置越高的人越認為形象是成功的關鍵，因而就越注重形象的塑造和管理，並且他們也願意僱用和提拔那些有出色的外表和能向客戶展示出良好形象的人。

　　西方有句名言：「你可以先裝扮成『那個樣子』，直到你成為『那個樣子』。」良好的外在形象會為你敞開幸運的大門，讓你脫穎而出。

　　一九六〇年尼克森（Richard Milhous Nixon）與甘迺迪（Jack Kennedy）競選總統之爭中，老牌政治家尼克森似乎在資歷上占有絕對的優勢，卻忽略了對自己外表的包裝，以至於貴族家庭出身的甘迺迪評價他：「這傢伙真沒

有品味！」受到家族的影響，甘迺迪懂得如何利用自己的外在優勢獲取選民的信任。在他與尼克森的電視辯論上，年輕、英俊、風流倜儻的甘迺迪渾身散發著領袖的魅力，看起來堅定、自信、沉著，不僅能夠主宰美國的政壇，而且能平衡世界的局面。

在電視節目中的一個握手動作上，就使得一位政治評論家宣稱「甘迺迪已經獲勝」。當他提出「不要問國家能為你做什麼，問一問你能為國家做什麼」的口號時，激起美國人民上下一片的愛國熱潮。他是美國人理想的領袖形象。柯林頓（Bill Clinton）就是受到甘迺迪的影響，從小立志從政，他以甘迺迪為榜樣，終於成為美國總統。

在柯林頓的身上，正反兩面，都有甘迺迪的影子。儘管他是美國歷史上醜聞最多的總統，但是他在每一次事件中都能夠安然過關，人們一次次由於他富有魅力的形象而原諒他的不檢點。

一九八〇年與雷根（Ronald Wilson Reagan）競選總統的杜卡基斯（Dukakis），這個祖先是希臘籍的小個子民主黨領袖，無論外表還是聲音，無論演講還是表演，在英俊、高大、富有感召魅力的雷根的襯托下，越發顯得「不像個領袖」，因而落選。而演員出身的雷根用自己的微笑、聲音、手勢、服裝及高超的演技，展現出一個具有迷人魅力的領袖形象，從而掩蓋了他在知識和智力上的不足。

傑出的政治家都深刻地認知到「看起來像個領袖」在選民中的重要影響，都僱有形象設計師及溝通交流專家、社會心理學家為他們塑造一個能表現自己最佳形象的模式，對自身影響形象的任何一個因素，包括對服飾、髮型、聲音、手勢、姿勢、表情等都精心地設計。

在西方政治家競選時，競選人的幕後策劃團隊裡四個最不能夠缺少的專業人才之一就是形象設計師，他們的目的就是要讓競選人看起來就像是個能夠勝任領袖職位的人。如果看起來不像個領袖，無論你的政治觀點多麼深入

人心，也會失去很多追求「魅力型上司」的選民。這樣的例子在西方的商業界也數不勝數。因為他們深刻理解「看起來像個成功者」的形象對事業的促成作用。成功者如果忽略了對自己外在形象的維護，看起來不像個成功的人，是難以得到別人的尊重的。

那麼形象到底是什麼？形象，並不是一個簡單的穿衣、外表、長相、髮型、化妝的組合概念，而是一個綜合的全面素養，一個外表與內在結合的、在流動中留下的印象。形象的內容寬廣而豐富，它包括你的穿著、言行、舉止、修養、生活方式、知識層次、家庭出身、你住在哪裡、開什麼車、和什麼人交朋友等等。它們在清楚地為你下著定義，無聲而準確地在講述你的故事──你是誰、你的社會位置、你如何生活、你是否有發展前途……形象的綜合性和它包含的豐富內容，為我們塑造成功的形象提供了很大的迴旋空間。

心理學家對成功領導者的調查中，人們普遍認為成功的領導者「看起來就像上司」。西方心理學家們對魅力型上司和成功者的研究結果，為追求做上司的人提供了豐富的參考價值，幫助許多嚮往成功的人少走了許多彎路，節省了許多時間。

這個研究結果同樣適用於我們。它給我們直接的啟示就是，你需要習慣性地、有意識地塑造你的個人形象。

要想成為一個成功者有許多需要考慮的問題，其中也包括樹立形象的問題。因為，從一無所有的地基上樹立起一個成功者形象，要比容忍一個惡劣形象的發展好得多，這就好像在一片空曠的土地上建起一座新樓要比先推倒一座舊樓再建新樓容易得多。

微笑讓你更具魅力

微笑的豐富內涵

　　微笑是一個人內在情感的外在顯露。但是，在各種各樣的笑容裡，最動人的要數微笑。因為微笑最能表達出一種熱情及積極的處世態度。一個熱愛生活、積極向上的人，微笑必定是他顯露得最多的表情。

　　微笑是自信的象徵。一個人即使在遇到極嚴重的危險或困難的時候，也仍然微笑著，彷彿若無其事，這樣的微笑充滿著自信，充滿著力量。好像有一種超凡的魔力，像陽光一樣，可以驅散陰雲，驅散黑暗，把許多令人陰鬱、沮喪、恐懼、苦惱的種種情緒一掃而光。

　　微笑是禮貌的表示。一個懂禮貌的人，微笑之花在他的臉上常開常鮮，永不消失。對認識的人或陌生的人，他都將微笑當作禮物，溫暖的像春風一樣、像春雨一樣奉獻給人們，使人們感到親切、愉快。

　　微笑是和睦相處的反映。能夠與別人相處得很好的人，往往最能保持經常的微笑，他在別人的面前，固然是經常笑容滿面，和藹可親，當他獨自一人的時候，他也會想起別人的微笑。他覺得人人待他都很好，人人都可愛，他覺得人人都相信他、喜愛他。

　　在現實生活中，如果人人臉上都有微笑，枯木也能逢春，痛苦的人也會感到愉快、安詳，氣氛也融洽平和，至少人人的心中都少了許多令人不愉快的怒氣。這種微笑，好像是一種磁力、一種電波，能夠和許多人的心靈相通、相近、相親。

　　微笑是一種交際手段。有的人認為對自己看不起的人就不必微笑，有的人只對自己想要討好的人才微笑，而對自己的部下、自己的晚輩從不微笑，否則有損於自己的尊嚴。

第二章　樹立交際形象：好形象讓交際事半功倍

這種人的微笑不是出自內心的微笑，而是一種所謂「皮笑肉不笑」的微笑。這種微笑，是做給別人看的，不是真誠的。每一個善良真誠的人，切莫被這種虛假的微笑所迷惑，謹防上當受騙。

微笑有時也可以是內心憂鬱的表露。巴金在《家》中描寫梅死了丈夫，回到省城，來到高公館，與眾表兄妹相見時，臉上露出了一絲微笑，這是一種淒涼的微笑，是無可奈何的微笑。就像陰天的太陽，偶然從雲朵隙縫中，露出一絲淡淡的笑容，一轉眼就消逝了。

真誠的微笑是心理健康的標誌。一個心理健康的人能真誠地微笑，使美好的情操、愉快的思想和溫暖的情懷以及善良的心地，水乳般地交融在一起。展現真誠微笑的人，表現出對別人的感覺敏銳且尊重、同情、體諒並樂意幫助人，他也願意分擔他人的憂傷，減輕他人的痛苦。正如瑞典一句諺語所說：「與人分享的快樂是雙重的快樂，與人分擔的痛苦是減半的痛苦。」

善於微笑的人通常是快樂且有安全感的，也常能使人感到愉快，是成熟人格的象徵。

微笑有利於推銷自我

在不同的場合，微笑會為你帶來不同的收穫。一個簡單的微笑可以創造奇蹟。一個簡單的微笑可以使陷入僵局的狀態豁然開朗。

幾年前，底特律的哥堡大廳舉行了一次巨大的汽艇展覽，人們蜂擁而來參觀。在展覽會上人們可以選購各種船隻，從小帆船到豪華的巡洋艦都可以買到。

在這次展覽中，一位來自中東某產油國的富翁，站在一艘展覽的大船面前，對他面前的推銷員說：「我想買隻價值兩千萬美元的汽船。」我們都可以想像，這對推銷員來說，是求之不得的好事。可是，那位推銷員只是直直地看著這位顧客，以為他是瘋子，沒加理睬，他認為這個人是在浪費他的寶

貴時間，所以臉上冷冰冰的，沒有笑容。

這位富翁看看這位推銷員，看著他那沒有笑容的臉，然後走開了。

他繼續向下參觀，到了下一艘陳列的船前，這次他受到了一個年輕的推銷員的熱情招待。這位推銷員臉上掛滿了微笑，那微笑就跟太陽一樣燦爛。由於這位推銷員的臉上有了最可貴的微笑，使這位富翁有賓至如歸的感覺，所以，他又一次說：「我想買隻價值兩千萬美元的汽船。」

「沒問題！」這位推銷員說，他的臉上掛著微笑，「我會為你介紹我們的系列汽船。」之後，他詳細地介紹各種價格相當的汽船。他在推銷汽船以前，先把世界上最偉大的東西推銷出去了。

最後，這位富翁留了下來，簽了一張五百萬元的支票作為定金，並且他又對這位推銷員說：「我喜歡人們表現出一種他們非常喜歡我的樣子，你現在已經用微笑向我推銷了你自己。在這次展覽會上，你是唯一讓我感到我是受歡迎的人。明天我會帶一張兩千萬美元的支票來。」這位富翁很講信用，第二天他果真帶了支票，購下了價值兩千萬美元的汽船。

這位推銷員用微笑先把自己推銷出去了，並且連帶著推銷了汽船。聽人說，在那筆生意中，他可以得到百分之二十的傭金，這或許已經夠他一生的生活，但我們可以打賭他不會這樣懶散地過日子，他會繼續推銷自己，並且用微笑去實現他遠大的目標。

所以，你在辦事情的時候，去微笑，那麼成功就在你面前，微笑的價值無法估量。

微笑可以給我們帶來輕鬆和諧的氣氛

微笑是瓊漿、蜜液，帶給人們快樂、溫馨、鼓勵。微笑是友好的標誌，是融合的橋樑。微笑可以化干戈為玉帛，協調人與人之間的關係，可以創造快樂和諧的氣氛。

一對鬧了彆扭的情侶又在公園見面了。男的沉默了半天，終於開口說：「你願意原諒我嗎？」言語懇切，表情緊張。女的看著他，羞怯地笑了。男的笑了，笑得很開心。

可見，難以用語言表達心境的情況下，笑便成了最好的交流工具。一些不懂得利用微笑價值的人，實在是很不幸的。要知道，微笑在社交中是能發揮極大作用的；無論在家裡、在辦公室，甚至在途中遇見朋友，只要你不吝惜微笑，立刻就會產生令你意想不到的良好效果。難怪有許多專業推銷員，每天清早漱洗時，總要花個兩三分鐘時間，面對鏡子訓練自己的微笑，甚至將之視為每天的例行工作。

微笑是人類的寶貴財富。微笑是自信的標誌，也是禮貌的象徵。人們往往依據你的微笑來獲取對你的印象，從而決定對你所要辦的事的態度。

微笑總是給人們帶來了友好的感情，總是給人帶來歡樂和幸福，帶來精神上的滿足。正是在母親慈祥的微笑中，孩子獲得了純潔的母愛，正是在戀人深情的微笑中，相愛的心才得以溝通和連結。當你上班來到辦公室，上司和同事們都以親切的微笑迎接你，你一定會感到非常的愉快；當你下班回到家裡，父母妻兒們又以親切的微笑歡迎你，你一定會感到無比的溫暖。旅行時乘坐飛機，訓練有素的「空姐」微笑著為你端來熱茶，你的心不免要為之一熱。出門時搭上火車，買東西走進百貨商店，站務員、店員對你笑臉相迎，主動服務，你也一定不會不為所動。假如你處處遇到的都是一張張笑臉，那麼，你一定會感到如沐春風，如飲甘泉，你一定會感到人世是那麼美好，人生是那麼幸福，你也一定會在人們的微笑中受到感染，變得愛笑、變得樂觀開朗、變得更加美好了。

灑脫自然的舉止

舉止是一個人自身素養在生活和行為方面的反映，是映現一個人涵養的一面鏡子。古代對人體的姿態和舉止就有「站如松、坐如鐘、行如風」的審美要求。正確而優雅的舉止，可以使人顯得有風度、有修養，給人以美好的印象；反之，則顯得不雅，甚至失禮。在日常生活中，我們經常碰到這樣的人：他們或儀表堂堂，或漂亮異常，然而一舉手、一投足，便可現出其粗俗。這種人雖金玉其外，卻是敗絮其中，只能招致別人的厭惡。所以，在社會交往活動中，要給對方留下美好而深刻的印象，外在的美固然重要，而高雅的談吐、優雅的舉止等內在涵養的表現，則更為人們所喜愛。這就要求我們應該從舉手投足等日常行為方面有意識地鍛鍊自己，養成良好的站、坐、行姿態，做到舉止端莊、優雅得體、風度翩翩。

站如松

所謂站如松，主要是指站姿要正、直。人的正常站姿，也就是人在自然直立時的姿勢。其基本要求是：頭正、頸直，兩眼向前平視，閉嘴、下頷微收；雙肩要平，微向後張，挺胸收腹，身體上半部自然挺拔；兩臂自然下垂，手指併攏自然微屈，中指壓褲縫；兩腿挺直，膝蓋相碰，腳跟併攏，腳尖張開；身體重心穿過脊柱，落在兩腳正中。從整體看，形成一種優美挺拔、精神飽滿的體態。這種體態的要訣是：下長上壓，下肢、軀幹肌肉群繃緊向上伸挺，兩肩平而放鬆下沉。前後相夾，指臂後夾緊向前發力，腹部收縮向後發力。左右向中，自己感覺身體兩側肌肉群從頭至腳向中間發力。

平時站立時，兩腿可以分開不超過一腳長的距離，如果叉得太開是不雅觀的。站立時間較長時，可以以一腿支撐身體的重心，另一腿稍稍彎曲，但上半身仍需保持挺直。

在站立時，切忌無精打采地東倒西歪，聳肩勾背，或者懶洋洋地倚靠在牆上、桌邊或其他可倚靠的東西上，這樣會破壞自己的形象。站立談話時，兩手可隨談話內容適當作些手勢，但在正式場合，不宜將手插在褲袋裡或交叉在胸前，更不要下意識地做小動作，如擺弄打火機、香菸盒，玩弄衣帶、髮辮，咬手指甲等。這樣，不但顯得拘謹，給人以缺乏自信和經驗的感覺，而且也有失儀表的莊重。

坐如鐘

所謂坐如鐘，是指坐姿要端正。人的正常坐姿，在其身後沒有任何依靠時，上身應挺直稍向前傾，頭平正，兩臂貼身自然下垂，兩手隨意放在自己腿上，兩腿間距與肩寬大致相等，兩腿自然著地。背後有依靠時，在正式社交場合，也不能隨意地把頭向後仰靠，顯出很懶散的樣子，這就是我們常說的「坐有坐相」。但在日常生活中，我們又不可能處處這樣端莊穩重。為了保證坐姿的正確優美，應該注意以下幾點：

- 落座以後，兩腿不要分得太開，這樣坐的女性尤為不雅。
- 當兩腿交疊而坐時，懸空的腳尖應向下，切忌腳尖向上，並上下抖動。
- 與人交談時，勿將上身向前傾或以手支撐著下巴。
- 落座後應該安靜，不可隨便左右晃動，給人一種不安分的感覺。
- 坐下後雙手可相交攔在大腿上，或輕搭在沙發扶手上，但手心應向下。
- 如果座位是椅子，不可前俯後仰，也不能把腿架在椅子或沙發扶手上、加在茶几上，這都是非常失禮的。
- 端坐時間過長，會使人感覺疲勞，這時可變換為側坐。
- 在社交和會議場合，入座要輕柔和緩，直座要端莊穩重，不可猛起猛坐，弄得座椅亂響，造成緊張氣氛，更不能帶翻桌上的茶杯等用具，以免尷尬。

走路一陣風

行走的姿勢也是每個人的最基本的行為動作，它的姿勢也是行為禮儀中不可缺少的內容。每個人行走總比站立的時候要多，而且行走一般又是在公共場所進行的，所以要非常重視行走姿勢的輕鬆優美。人的正常行走姿勢，應該是身體挺立，兩眼直視前方，兩腿有節奏地向前邁步，並大致走在一條等寬的直線上。行走時要求步履輕捷，兩臂在身體兩側自然擺動。走路時步態美不美，是由步度和步位決定的。如果步度和步位不合標準，那麼全身擺動的姿態就失去了協調的節奏，也就失去了自身的步韻。

所謂步度，是指行走時兩腳之間的距離。

所謂步位，是指行走時腳落地的位置。

步韻也很重要。走路時，膝蓋和腳腕都要富有彈性，兩臂應自然、輕鬆地擺動，使自己走在一定的韻律中，顯得自然優美，否則就會失去節奏感，顯得非常不協調，看起來會很不舒服。

總之，走路的正確姿態應該是：輕而穩，胸要挺，頭抬起，兩眼平視，步度和步位合乎標準。走路過程中要特別注意以下幾點：

· 走路時，應自然地擺動雙臂，幅度不可太大，只能作小幅度的擺動或搖頭晃肩。

· 走路時，膝蓋和腳踝都應輕鬆自如，以免渾身僵硬，同時，切忌走內八字或外八字。

· 走路時，不要低頭或後仰，更不要扭動臀部，這些姿勢都不美。

· 多人一起行走時，不要排成橫隊，勾肩搭背，邊走邊大笑，這都是不合禮儀的表現。有急事需要超過前面的行人，不得跑步，可以大步超過，並轉向被超者致意或道歉。

· 步度與呼吸應配合成有規律的節奏，穿禮服、裙子或旗袍時，步度要輕

盈舒暢，不可邁大步行走，若穿長褲，步度可稍大一些，這樣才顯得活潑生動。

· 行走時，身體重心可以稍向前，它有利於挺胸收腹，此時的感覺是身體重心在前腳上。理想的行走方式是腳正對前方所形成的直線，腳跟要落在這條線上。若腳的方向朝內，會形成 O 型腿；腳過於外撇，會造成 X 型腿。這些都是不正確、不規範、不雅觀的舉止。

不要當眾搔癢

搔癢的原因通常多是由於皮膚發癢而引起的。其中有些屬於病理的原因，例如，體質過敏，皮膚好發皰、疹，有時奇癢難忍；有些屬於生理的原因，如老年人因皮脂分泌減少，皮膚乾燥，也容易產生搔癢。在出現這類情況時，當事者要按所處的場所來靈活掌握。如處在極嚴肅的場合，就應稍加忍耐；如實在忍無可忍，則只有離席到較隱蔽的地方去搔一下，然後趕緊回來。因為不管你怎樣注意，搔癢動作總是猥瑣的，總以避人為好。尤其有些人愛搔癢純粹是出於習慣且無意識，只要人稍一坐停不斷用手在身上東抓西撓，這更是不好的習慣，應盡量克服。

要防止發自體內的各種聲響

生活經驗告訴我們，任何人，對發自別人體內的聲響都不太歡迎，甚至很討厭。諸如咳嗽、噴嚏、哈欠、打嗝、放屁等等。當然，這些聲響有的只在人們犯病或身體不適時才有，例如，打噴嚏，常常是在一個人患感冒的時候才發生。當出現這種情況時正確的做法可用手帕掩住口鼻以減輕聲響，並在打過噴嚏後向坐在近處的人說聲「對不起」以表示歉意。

不要將菸蒂到處亂丟

吸菸不僅對身體有害，而且影響衛生。有些吸菸者往往不注意吸菸對別人所造成的不便，他們不了解不吸菸者除了害怕菸味會引起嗆咳外，隨風吹散的菸灰也使人感到不舒服，有時帶有餘燼的菸蒂甚至容易引起火災。這些都使不吸菸者有一種自發性抵制吸菸的情緒，所以，如果吸菸者隨意處置吸剩的菸頭，將它們丟在地上用腳踩滅，或隨手在牆上甚至窗臺上撳滅等，都是很令人討厭的。對此，也必須自覺地加以糾正。

培養良好的氣質

培養你的氣質

氣質，是人生命中最美麗動人的風景之一。它像一隻靈貓，時不時在你不經意間就潛入你的生活，給你一個驚喜、一次心動、一場震撼。但它卻又像只匆匆掠過你窗口的一隻美麗而狡黠的小狐狸，在你正靜思默想的刹那，從你的眼皮下掠過，讓你靈光一閃，你雖抓不住它，但卻看到它那閃爍著光芒的皮毛，還有一隻火一般豔紅的大尾巴。

要想培養好的氣質，首先就要注重自己的外在形象，比如穿戴、舉止、禮儀、與人交往等等方面，「氣」養好了，當你出現在別人面前時，即使你不說話，或什麼也不做，別人也會為你外在的「氣」折服，即使他根本就不了解你；另一方面，養「質」則是養「氣」的根本，一個人的內在素養必然反映於外在表像上。你若是一個樂觀向上的人，你的臉上就會時時洋溢著微笑，你就會待人熱誠、直率，你的臉上就會有一種「喜氣」，你的舉止就會有一種活潑氣。

反之，你若是一個悲觀的人，一個常常為小事挫敗而耿耿於懷的人，憂

鬱就會時時結在你的臉上，嘆息也會常常掛在你的嘴邊。你如果有廣博的知識、機敏的頭腦，你就會談吐不凡、幽默風趣，臉上會顯得平靜大方；而心胸狹隘的人則會對一些小事斤斤計較，表現在臉上便常常是不自然、易怒或者猥猥瑣瑣。

因此講，「養氣」與「養質」一定要齊頭並進，才能夠培養出你良好的氣質。如果只注重養氣而忽略內在質的根本，那麼你表現在外在的「氣」也只能一時地吸引別人，未必能得到別人長久的許可。因此，要想成功就要塑造你的自我形象，培養你良好的氣質。

擁有良好的氣質，是每一個人心底的嚮往，不管你是一個風流才俊之士，還是一個常常自慚形穢的「醜小鴨」。風流才俊之士固然有先天優勢，但「醜小鴨」型也大可不必唉聲嘆氣，認為「氣質」與自己無緣。良好的氣質並不是特別垂青某一類人，只要你去追求，它總會降臨在你身上。但有一點是肯定的，擁有良好的氣質，是你成功人生的一種視覺標識。

良好氣質助你成功

無論你從事什麼職業，「成功者氣質」都是讓你越過一些既定的標準而鶴立雞群的某種特質。你的外貌不一定很好看，你也並不十分靈敏，可是具有成功者氣質的人，無論做什麼或者說什麼，往往都能吸引別人的注意。想像一下你所參加的宴會中有某個人就像磁鐵一樣，不管他站在哪裡，身邊總是吸引著一堆人圍繞著他。再想像一下商業會議中的某個人，不管他的頭銜是什麼，總是不由得令人肅然起敬。想想看，一些人不管他在什麼場合出現，總是能讓大家放鬆心情，渴望結交認識他們，並直覺地信賴他們，這就是成功者的氣質 —— 成功者的視覺標識。

想要獲得成功者氣質及視覺標識，沒有省力的捷徑可走。想到達成功者氣質那一層樓，你必須按部就班，在每一個樓層裡停留學習必要的課程，才

能更上一層樓。當然，這對於那些天生沒有太大信心的人來說，不只是一個福音。就像我們學習如何適當地穿著打扮，以及學習如何處理壓力的情況一樣，成功者氣質也是可以經由學習而得到的。

首先，你要先透過某些特定的方法塑造一個成功的自我形象。必須消除一切畏懼和自我懷疑，只要看穿其本質，畏懼是很容易戰勝的。如果仔細研究一下，你就會發現它們總是既愚蠢又無形的。除了你的思想在作怪外，幾乎什麼也不存在。害怕失敗可能是最常見的畏懼心理了。但是如果你拒絕接受失敗，你就有可能會成功。一旦這樣的自我懷疑從頭腦裡被完全趕走，你就可以集中注意力做好更重要的事情。

其次，為了加強成功的自我形象所必要的自信心，你必須做好充分的心理準備，百分之百地相信自己是最好的。這樣，面對一切情形，你都可以隨時掃除可能產生的任何障礙，從而擁有一個成功的自我形象。有了這種心理準備，擁有成功的形象就會成為可能。充分的準備才能有理由擁有一個成功的形象。如果你沒有充分的準備，那你就有可能釀下苦果，因為你不可能欺騙自己。

如果你滿懷信心地走進一個人的辦公室，其結果就大不相同了！只有那些準備不充分的人才會顯得疑慮重重，慌慌張張，而那些運籌帷幄的人會永遠信心十足。不僅他們自己相信這一點，他們周圍的每一個人也能感覺到他充滿信心，而且會對此做出積極的反應。

一位離異的中年女士，叫杜琳。她身體偏胖，相貌平平。但杜琳從來不認為自己體重過重或是魅力欠佳。相反，她相信自己很性感，對每一個見到她的男人都有吸引力。因為她這樣想，她好像真的有了另一副特別的「外表」，她的行為舉止確實也引起見到她的男性們的注意。總之，因為杜琳自認為自己有魅力，居然真的很吸引人，這是由於她首先有了成功的自我形象。

成功者氣質的展現也是一種由內向外的過程。屬於內在方面的技巧會努力經營你的內在本質，進而由內而外鍛造你。它們會告訴你如何增加自己精

神上和情緒上的能量，以便讓自我的力量得到顯著提升。所有的成功者氣質，皆來自於自我核心本質的強烈向外散發。

著名影星芭芭拉·史翠珊（Barbra Joan Streisand）這樣說過：「對我來說，所謂完美的世界，就是我們處在一個能夠互相欣賞彼此不同的地方。我們是平等的，但不是相同的。」

我們全都各具特色，我們每一個人都對這個世界具有價值和意義。一旦你接受了這個事實，你所要做的就是相信你自己 —— 這種信心會讓你覺得你和任何人都一樣的平等，不管比較的對象是電影明星、著名的政治家、商界巨人，還是皇室的王子與公主，你再也不會被「明星級的震撼」所嚇倒，因為你將具有的「明星氣質」、「成功者氣質」相當於任何一個人。

在關於「成功者氣質」的術語裡，解釋是這樣的：內在與外在是合二為一的。當你內在的質與外在的氣表現出來且並駕齊驅的時候，你的成功者氣質就顯露出來了。

信任自己並聆聽你感覺的聲音，因為你發自內心覺得自己很舒服很自在，所以你的身上自然而然地散發出一股明星般的風采，這就是一個成功者的視覺標識。

生活中許多人總是扮演著微小的角色，忽略自己的感覺，並不珍愛也不欣賞自己，甚至日日垂頭喪氣唉聲不斷。如何使自己也能擁有成功者的標識？如何能從不相信自己的陰影中走出來？這正是本篇的目的：本篇要在這裡搭建一架通向「成功者氣質」的電梯，每一層，你都會被訓練一些達到成功者氣質所應具備的外部要素和內部要素。從穿戴到興致、禮儀，從談吐到人際交往，這是我們要具有「成功者氣質」的外在條件；同時這裡還要談到如何學會力量與存在的內在表達。我們學得越多，就越能感覺到它。我們對自己的了解越深刻，我們的氣質就能越發閃亮。

不要談論別人的是非

　　長舌遠比三隻手更令人頭痛，假話傳久了就會變成惡言，謠言足以隔離親近的朋友。小林哪裡都好，就是太愛說人閒話：小張被媳婦罵了、老李跟個年輕女孩看電影了、杜小菲不孝敬婆婆、張大明又去賭博了……也不知他從哪裡收集了那麼多五花八門的消息，反正他一天不背後說人就覺得不舒服。有一天，他正在辦公室裡，議論急脾氣小張怕老婆的事情，剛好被小張聽到，進來就給了小林兩拳。小林雖然吃了虧，但壞習慣還是不改，仍舊像以前那麼長舌。但大家對小林卻越來越冷淡了，每個人都在想：「今天你當著我的面談論小張，誰知道你會不會當著小張的面談論我呢！」因此，小林的人緣一落千丈，成了辦公室裡的「萬人煩」。

　　長舌的人到哪裡都不會受歡迎，小林在背後說人家的壞話，議論人家的是非，他可能圖的就是一時的快意，但這個習慣卻為他的形象抹了黑。俗話說：隔牆有耳。好話不出門，壞話傳千里。所以我們要做到「寧在人前罵人，不在背後說人」。千萬不要養成背後說人是非的習慣，否則你不僅會令談論對象討厭，同時也會令聽者討厭。

　　有這樣一個多嘴女人的故事：

　　多嘴本來是女人的天性，但是她卻太過火了，以至於連平常饒舌的三姑六婆們也都無法忍受，終於有一天大家一起到拉比那裡去控訴她的行為。

　　拉比仔細傾聽每一個女人的控訴之後，便要這些女人們先回去。然後拉比差人去找那個多嘴的女人來。「你為什麼無中生有，對鄰居太太們品頭論足？」多嘴的女人笑著回答說：「我並沒有杜撰什麼故事啊！也許我有一點誇張事實的習慣，不過我說的不是很接近事實嗎？我只是把事實稍微修飾一下，使它更有聲有色而已。但是或許我真的太多嘴了，連我丈夫都這麼說呢！」

「你已經承認你的話太多了，好吧！讓我們來想一想，有沒有什麼好的治療方法？」

拉比想了一會兒之後，走出房間，然後拿回一個大袋子，他對女人說：「你把這個袋子拿去，到了廣場之後，你就打開袋子，一面把袋子裡的東西擺在路邊，一面走回家。但是，回到家之後，你便要掉過頭來，把東西收齊以後，再回到廣場上去。」

女人接過這個袋子，覺得很輕，她很納悶，非常想知道裡面裝的是什麼東西，於是加快腳步走到廣場去。到了廣場之後，她迫不及待地打開一看，裡面裝的竟然是一大堆羽毛。那是一個萬里無雲的晴朗秋日，微風輕吹，令人覺得非常舒服。女人照著拉比的吩咐，一面走，一面把羽毛擺在路邊，當她走進家門時，袋子剛好空了。然後她又提著袋子，一邊撿，一邊回到廣場。

可是，涼爽的秋風卻吹散了羽毛，以致所剩寥寥無幾。女人只好回到拉比那裡，她向拉比說，一切都照拉比的吩咐去做了，但是，卻只能收回幾根羽毛。

「我想也是的。」拉比說，「所有的馬路新聞，都像是大袋子裡的羽毛一樣──一旦從嘴裡溜出去，就永無收回的希望。」

於是，拉比的機智矯正了這個女人的壞習慣。

長舌遠比三隻手更令人頭痛，假話傳久了就會變成惡言，謠言足以隔離親近的朋友。因此，不要用嘴巴去發現看不見的東西。

同時，拉比還告誡人們說：「遇到鬼的時候，你一定會拔腿就跑；同樣的，遇到馬路消息時，你也要快速地逃。」

當所有人都不再在背後道人長短時，一切糾紛的火焰就會熄滅。因此，人們很討厭多嘴多舌的長舌婦，對謠言更是深惡痛絕。

生活中，也有不少人因為長舌的習慣吃虧。

有三個人本來都是不錯的朋友，但其中兩人卻突然因為一個女人而鬧得很不愉快，兩個人雖然平時見面還都裝出一副無所謂的樣子，但一旦分開就都去找第三個朋友，拚命說對方的壞話。如果第三個朋友把這些話入耳封存也就算了，偏偏這個朋友是個長舌的人，他在甲面前把乙說的壞話告訴他，又跑到乙面前如法炮製，實在壓抑不住自己說話的欲望了，他又找到一群人，把甲和乙的矛盾添油加醋地議論一番，一時間滿城風雨，好不熱鬧。一段時間後，甲、乙兩人都冷靜了下來，慢慢恢復了友誼，他們這才發現在這件事情中，他們的朋友扮演了一個怎樣不光彩的角色，於是三人大吵了一架，這個人同時失去了甲、乙兩個朋友，還被人說成是挑撥離間的小人，這一切都是因為他的長舌的壞習慣。

雖然說：「誰人背後無人說，誰人背後不說人。」大多數人多多少少都在背後說過別人，但千萬不要讓它變成習慣，如果別人有什麼缺點，你可以尋找適當的機會直接向他提出，或者容而忍之，視而不見，背後議論別人的方法絕不可取。

懶散成性有損自己形象

自律是一種習慣，而習慣往往能決定我們的人生，它可以是仁慈的主人，也可以是殘忍的暴君，它既能驅使我們走向成功，也能驅使我們走向毀滅。

自律的人才會到處受別人的歡迎，當我們想做一些不該做、違背道德良知的事，這時就需要自律。自我約束力的缺乏往往成為個人失敗的一大根源，一位心理學家說：「如果我們無法約束自己，那麼只有依靠社會和大自然來約束。」莎士比亞強調：正是因為人類在自制方面的才能，從而劃清了和動物之間的界限，這種才能是人類品格中的精髓。

第二章　樹立交際形象：好形象讓交際事半功倍

一個人如果沒有自制力，任由衝動和激情支配，那麼他可能會放棄道德，隨波逐流，最終成為追逐欲望的奴隸。在《聖經》中，溢美之詞往往會給予那些能「主宰自己靈魂」的人，而不是那些「攻城掠地」的強者。

自律是一種習慣，而習慣往往能決定我們的人生，它可以是仁慈的主人，也可以是殘忍的暴君，它既能驅使我們走向成功，也能驅使我們走向毀滅。

羅伯特・李（Robert Edward Lee）是美國南北戰爭時的名將，有一次，他參加一個朋友孩子的婚禮，孩子的母親請他說幾句話，作為孩子的行為準則。

李將軍只說了一句非常簡短的話：「教他懂得如何自律！」

在美國一所大學的日文班裡，突然出現了一個五十多歲的老太太，起初大家並未介意，因為在這個自由的國度，每個人都可以挑選喜歡的事情。

但是，過了一段時間，學生們發現：這個老太太並不是退休之後空虛寂寞才來的。每天清晨，她總是第一個來到教室溫習功課，認真地跟老師閱讀。她的筆記記得工工整整，學生們紛紛借她的筆記做參考。每一次考試前，老太太更是全心全意地複習。

一天，老教授對學生們說：「父母一定要自律才能教育好孩子，你們可以問問這位令人尊敬的女士，她肯定有一群出色的孩子。」

大家一打聽，果然，這位老太太叫朱木蘭，她的女兒是美國第一位華裔女部長趙小蘭。身為一個母親，能給予孩子最好的財富不是萬貫家產，而是良好的品格，朱木蘭女士深諳此道，她不僅嚴格自律，更把這一良好品格傳給了兒女們。

不管是街頭痞子，還是粗俗骯髒的鄉村青年，只要透過嚴格的訓練，就可以形成良好的習慣，成為一個勇敢、堅強的人。能提供這種教育的首先是

家庭，其次是學校，最後才是社會。如果一個人既沒有受到良好的家庭教育，又沒有受到良好的學校教育，長大成人之後，往往會為社會帶來災難性的後果。

一位女士研究過英國和歐洲大陸的許多精神病院，最後得出了一個結論：絕大多數精神病人幾乎都很任性，他們的意願在孩童時期幾乎沒有受到約束。

詩人伯恩斯（Robert Burns）經常頭頭是道地教育別人，按理說，他應該是懂得自律的人，但是，在生活中，伯恩斯和那些缺乏自律的人一樣糟糕。他總是不由自主地說一些挖苦、諷刺別人的話，因為缺乏自律，他譜寫了一些僅為滿足酒吧需要的庸俗下流的樂曲．這些流傳廣泛的樂曲毒害了無數青年。

伯恩斯沾染的惡習之一是無法抵制酒的誘惑，酗酒使他無力克制自己，因而使他的品性墮落。一位傳記作家曾這樣評價他：放蕩使他墮落，並玷汙了他的名聲。

伯恩斯最好的詩是完成於二十八歲，華茲華斯（William Wordsworth）對它的評價是：「這是一次嚴肅、徹底的自供，這是他遺囑的公開聲明，真誠的懺悔。」

詩中寫道：

讀者，請記住
無論你的靈魂是翱翔於天空
還是附著於沉寂的大地
學會自我控制
乃是智慧之源
……

美國總統華盛頓（George Washington）以其優秀而崇高的人格而聞名史冊。即使處於最困難的緊要關頭，他的克制力也強大無比。人們都以為這種鎮定自若的性格與生俱來，但實際上，華盛頓原本是個非常急躁的人，溫文爾雅、寬容等優秀品格都是他經過嚴格自我控制之後表現出來。華盛頓的傳記作家這樣評價他：「他是一個極富激情的人，他的激情非常強烈，但他能在瞬間克制，這或許是他長期訓練的結果，我們不能否認這種罕見的力量。」

我們不得不這樣說，獲取生活和事業上的成功必須依賴自律。嚴格的自律不僅能使你控制今天的自己，也能控制明天的自己。養成自律的好習慣，你的人生必將更加平坦而廣闊。

有條不紊為你的形象加分

把身邊的東西擺放有序，不僅節省了許多精力，收到事半功倍的效果，而且能減少不必要的麻煩。

不管你在什麼地方經商做生意，你都應該把物資管理得清潔整齊，把帳目記得清清楚楚——這是最重要的一件事。那些把什麼事物都弄得亂七八糟的人，終有一天會跌倒。

某雜誌刊載了這樣一個故事：有一個老商人，他在一個小市鎮裡做了幾年的地產生意，到後來竟完全失敗了。當債主跑來討債時，他正在緊皺雙眉，思索他失敗的原因。

「我為什麼會失敗呢？」他說，「我對於主顧不是很客氣嗎？」

「你完全可以再從頭做一次」債主說，「你看你不是還有不少財產嗎？」

「什麼？從頭開始？」

「是啊！你應該列出一張資產負債表來，好好地清算一下，然後從頭做起。」

「你的意思是說我得把所有的資產和負債都詳細核算一番，寫成一張表格嗎？我得把我的門面、地板、桌椅、茶几、書架都重新洗刷油漆一番，弄成新開張的樣子嗎？」

「是啊！」

「這些事我早在十五年前就想動手去做了，但後來因為我沉溺在參加拳擊競賽中，至今還不曾動手。現在我知道我幾年來失敗到如此地步的原因了！」

在大都市裡做生意，更要把一切事情、一切物品都弄得有條有理。

有不少商家，往往把貨物堆積得七倒八歪，沒有良好的管理。偶爾來個主顧要買某件物品時，店員就要翻來覆去地耽誤個半天才能找到。

有許多青年也是一樣，他們生來有一種古怪脾氣，任何事情都只隨隨便便搪塞一下了事，從不想到應該怎樣做得更好。他們脫下衣裳解下領帶就隨手亂放。遇到他們不得不放下手中的事情，就不管事情已經做到哪裡，立刻順手拋開，等著回來後繼續再去做。這種青年一旦踏入社會，打拼起事業來，一定把自己的四周弄成一團糟，對於任何事也一定抱著「搪塞主義」。

如果你多費一點時間和精力，把事情做出一種結果，把東西收拾放好，將來再繼續下去時，再要把東西找出來，不知道就省去多少時間和精力，更不知道省掉多少無謂的糾紛與煩惱。

有些人常常對自己的失敗想不出所以然來。其實他面前的那張寫字臺已經把其中的緣故老老實實地告訴他了：檯面上東一堆亂紙，西一堆函件，抽屜裡好像塞滿了棉花一般。書架上報紙、檔案、信紙、原稿、便條都夾七雜八地塞得水洩不通。

老闆錄取一個祕書，在乎的絕對不是他的介紹人是誰，而是他房間裡桌椅几架的陳設與整理。我們身邊的一切用具和陳設都是揭發我們習性最忠實的證人。我們的行動、談吐、態度、舉止、眼睛、衣服、裝飾等，老實且毫

不客氣地展示我們是一個怎樣的人，它們同時將你自己不明所以的失敗原因一五一十地說了出來，把你自己也不知其所以然的窮困理由原原本本地告訴了你。

經營任何生意，都要有堅持不懈的精神。許多人今天說了一大堆，明天就沒一點事了，也不見任何行動。這種人都可稱之為「莽漢」、「懶豬」、「冷血」。他們不知道，任何事業絕非一吹法螺就可成功，一定要聚精會神、有條不紊、持之以恆、不斷地努力才可以！

不要讓形象毀了你

生活中，很多人都有不注意形象的壞習慣，他們衣著邋遢，舉止粗魯隨便，無法獲得別人的認同，甚至失去很多機會。

在火車上，一個男子光著腳橫躺在三人的座椅上，對座沒人時，他偶爾還會把雙腳搭在中間的小桌子上，不雅的行為令人側目。事實上，他是一個很不錯的男人，一身名牌休閒裝，戴著金絲邊眼鏡，手裡捧著筆記型電腦，接電話彬彬有禮，聲音適中。有一次，一個小朋友在火車上跑玩時，差點碰翻了他的熱咖啡，他連忙伸手去擋，自己的手燙紅了，還溫和地問小朋友有沒有受傷……看得出來，他是個受過高等教育的男人，有著良好的教養。這樣一來，他不顧個人形象的行為就更讓人匪夷所思。難道他真不知道注意形象是基本的禮貌嗎？等他下了車以後周圍的人大都鬆了口氣，兩個年輕的女孩小聲議論說：「這個人真不錯，可惜是個『榴槤男人』！」「什麼叫『榴槤男人』啊！」「外面臭裡面香啊！有內涵沒形象的男人！」

這個男人雖然有良好的品格，卻因為不注重形象而受到人們的排斥，這實在是件很可惜的事情。生活中，很多人都有不注意形象的壞習慣，他們衣著邋遢，舉止粗魯隨便，無法獲得別人的認同，甚至因此失去很多機會。

　　某市有家工廠，為了從德國引進一條生產先進無菌輸液軟管的流水線，做了長期的艱苦努力，終於說服了對方，且德方代表也已來到某市，就差在合同上正式簽字了。可是，就在步入簽字會場的那一剎那，廠長突然咳嗽一聲，一口痰湧了上來。他環視四周，一時沒有找到痰盂，便隨口把痰吐在了牆角，並小心翼翼地用鞋底蹭了蹭。那位嚴肅認真的德國人見此情景，不由得皺了皺眉。顯然，廠長不注意形象的行為引起了他深深的憂慮：輸液軟管是專供病人輸液用的，必須絕對無菌才能符合標準，可西裝革履的廠長居然會隨地吐痰，想必該廠工人的素養必定不高，如此生產出的輸液軟管，怎能保證絕對無菌？於是當即斷然拒絕在合同上簽字 —— 工廠將近一年的努力也在轉瞬間前功盡棄！

　　在我們身邊也有不少類似的情況，我們應從中吸取教訓。

　　苗倩和麗美是同一天來到這家著名廣告公司應徵美編，單從兩個人的作品上看，技術水準不相上下。不過苗倩在思路方面略勝一籌，因為她曾做過兩年這個職位，剛剛回到北部，經驗相對於才出校門的麗美自然要豐富一些。兩個人一起被通知參加試用，而且結果很明確，只能留下一個。

　　苗倩上班時間從來都是一身 T 恤短褲的打扮，光腳踩一雙涼拖，也不顧電腦室的換鞋規定，屋裡屋外就這一雙鞋，還振振有詞地說：「之前公司的人都這樣，再說我這不是穿著拖鞋嗎。」不管是在工作臺前畫圖，還是在電腦前操作，只要做得順手，一高興起來就把鞋踢飛。剛開始，同事們還把她的鞋藏起來，和她開玩笑，後來發現她根本不在乎，光著腳也到處亂跑。相反，麗美是第一次工作，多少有點拘謹，穿著也像她的為人一樣總是一身淡雅的套裝，她從來不用怪髮型、亮眼妝來標榜自己是搞藝術的，只是在小飾物上展示出不同於一般女孩的審美觀點來，說話溫溫柔柔的，很可愛。

　　有一天中午，電腦室的空氣中忽然飄出腥臭味道，弄得一群人互相用猜疑的目光觀察對方的腳，想弄清到底誰是「發源地」。後來，大家發現窗臺

下面有嗦嗦的響聲，原來那裡放著一個黑色塑膠袋，有膽子大的打開來一看，居然是一大袋海鮮。眾人的目光不約而同地集中在苗倩身上，沒想到這小妮子坦坦蕩蕩地說：「小題大做，原來你們是在找這個。嗨，這可怪不得我，這裡的海鮮只能算是『海臭』，一點都不新鮮，簡直比漁港的差遠了。」這時麗美端過來一盆水：「苗倩姐，把海鮮放在水裡吧，我幫你拿到走廊去，下班後你再裝走。」苗倩一邊紅著臉，一邊把袋子拎走了。

結果試用期才一個半月，苗倩背包走人，儘管她的方案比麗美做得要好，但是上司不想因為留下這樣一個太不修邊幅的人，而得罪一大批其他雇員。臨走的時候，上司對苗倩說：「你的才氣和個性都不能成為你攪擾別人心情的原因，也許你更適合一個人在家裡成立工作室，但要在大公司裡與人相處，衣著得體和合作精神是十分重要。」

可以說，苗倩會失去這份工作，完全是由於她不注意形象的習慣造成的。很多時候，形象是一個人的門面，如果連自己的門面都不珍惜，那就會失去一次成功的機會。

培養良好的外在形象

成功取決於兩方面的素養：一是內在精神力量、氣質修養；二是外在的衣著服飾、言談舉止。這兩個方面缺一不可。沒有內在精神力量，根本不可能成功，只有那些精力充沛、勤奮努力的人才會在事業上孜孜以求，成為一個成功者；而一個成功者，同時在外表上也應該是一個舉止大方、精幹灑脫的人。外在的素養同內在的氣質都是成功者必不可少的。

幾年前，王某畢業於一所名校的經濟系。那時，他是一個追求獨特個性、充滿了抱負和事業心的年輕人。他崇拜比爾蓋茲（William Henry Gates III）和史蒂夫·賈伯斯（Steven Paul Jobs）這兩個電腦奇才，追隨他們不拘

一格的休閒穿衣風格，他相信「人真正的才能不在外表，而在大腦」。對那些為了尋求工作而努力裝扮自己的人，他嗤之以鼻，認為真正珍惜人才的公司不會以外表來選擇人才。如果一個公司在面試時以外表來取人，那麼也不會是他想為之效力的公司。他不僅穿著牛仔褲、T 恤，還穿上一雙早已落伍的黑布鞋，他認為自己獨特又充滿叛逆性格的裝束，正反映了自己有獨特創造性的思想和才能。

然而，他一次次去外商面試，卻一次次地以失敗告終。直到最後一次，他與同班同學去某外商公司面試。他的同學全副「武裝」，髮型整潔、面容乾淨、西裝革履，手中提了個只放了幾頁紙的皮公事包，而自己依然是那身自以為個性的打扮。在他進入面試的會議室時，看到約有五六個人，全部是西裝革履，他們看起來不但精明強幹，而且氣勢壓人。而他那不修邊幅的打扮，顯得如此與眾不同、格格不入，巨大的壓力和相形見絀的感覺使他覺得無地自容，沒有勇氣再堅持下去，只能放棄面試的機會。

為美國財富排名的跨國公司提供諮詢服務的美國形象設計大師，曾就服裝能引起什麼樣的待遇和人們如何看待不同穿著成功率，做了上千人的實驗調查。

他的調查結果表明，人們本能地以外表來判斷、衡量一個人的出身和地位，並且由此決定了人們對你的態度。穿裝標誌了穿衣人本身的品味，這個標誌影響著他在社會上交往時留給別人的可信度、別人對他的態度和在需要與人配合時的效率。

英國一位華裔投資商在一九九九年網路飛騰的時代來到偏僻的農村，和一位電腦才子會談投資。他說：「我怎麼也不能相信這穿著旅遊鞋、牛仔褲，頭髮如同乾草、說話結結巴巴的小子會向我要五百萬美元的投資，他的形象和個人素養都不能讓我信服他是一個懂得如何處理商務的上司。」

柯林頓的夫人希拉蕊（Hillary Clinton），在柯林頓當選之前，曾是女權運動者。她的服裝無意識中就展示了女權運動者的形象：戴著學究式的黑色寬邊眼鏡，穿著具有女權主義形象的大格子西服。這種形象違背了美國人心目中高貴、優雅、母性的第一夫人的形象，曾一度影響了柯林頓的選票。新的形象設計團隊順應美國人民的心理，用充滿女性韻味的色彩時裝代替了男性化的、乏味的女權主義服飾，為她設計了時尚的髮式；用隱形眼鏡換掉了迂腐的、學究式的黑邊眼鏡；用溫和改良主義的言辭代替了激進、偏激的語言。希拉蕊的新形象接近了美國選民對於第一夫人的期望，她展示出的既有女性魅力又有女性的獨立、強大和智慧的第一夫人的形象，為柯林頓的政治形象增添了不可磨滅的光彩。英格麗的一位美國朋友由於對希拉蕊的喜愛而把選票投給了柯林頓。世界上許多成功者及領導者都很努力地在外表上把自己塑造「像個領袖」。

對於一個職場人士來說，平時要多注意在衣著服飾上下些功夫。穿一套好的服裝，會使你顯得精神抖擻，同時還會給人留下一種幹練的印象。

第一印象最重要

善於與人交際是引領一個人事業成功的重要條件之一，而善於交際的人都很重視自己給別人的第一印象。

第一印象，就是兩個素不相識的人第一次見面所形成的印象。一個人給別人的初次印象幾乎都是視覺上的，如表情、姿態、身材、儀表、年齡、服裝等方面。在我們真正了解一個人之前，在第一眼看到他時，就形成了對他的初步看法，即所謂先入為主。例如，學校裡對新來的班導、新來的轉學生，單位裡對新來的上司、新來的同事，介紹戀愛對象的第一次見面等，第一印象都會發生作用，同時雙方也都力圖給對方留下好印象，作為今後交往的起點。

那麼該怎樣展示自己的第一印象呢？

穿著要得體。留意你的穿著，並不是叫你穿上最流行、最時髦的衣服，而是要穿得乾淨、整齊，至於衣服是新是舊，質料是好是壞，卻不是主要問題。美國有許多家大公司對所屬雇員的裝扮都有「規格」，這規格不是指要穿得怎麼好看，而是人們觀感的水準。

舉止顯風度。與衣著緊密相連的是人的風度。如果衣著是一個人審美能力的反映，那麼風度則是一個人的性格和氣質的反映。有的人性格開朗，氣質聰慧，風度則往往瀟灑大方；有的人性格豪爽，氣質粗獷，風度則往往豪放雄壯；有的人性格沉靜，氣質高雅，風度則溫文爾雅；有的人性格溫柔，氣質恬靜，風度則秀麗端莊。風度是性格和氣質的外在表現，屬於一個人的外部形態，是由一個人的言談舉止所構成的。從風度的好壞，不僅可以看到一個人的文明程度，而且也可以部分地看到一個人內心的美醜。人是需要有美的風度，人的言談舉止、待人接物都應該表現出文明美的風度。如果舉止輕浮，言談粗鄙，待人接物玩世不恭，甚至粗暴狂躁，那就不是文明禮貌的表現。

風度不是來自模仿，更不是裝腔作勢的結果，而是一個人心靈美的外在表現，是在長期的社會實踐中所形成好的修養、氣質的自然流露。要有好的風度，關鍵在於個人在實踐中培養自身美的素養，形成美好的心靈。古人早就說過：「誠於中而形於外」。心裡誠實，才有老實的樣子。如果心裡虛偽，卻要裝作老實的樣子，遲早要被人看破，更何況風度這種人的外在美是沒法裝得像！當然，人的風度是多樣的，不能強求一律。但是，無論性格、氣質的多樣性，還是風度的多樣性，都應該展現出心靈美的本質。而只有美的心靈，美的性格、氣質，才能有美的風度。

肢體語言塑造良好形象

很多人相信肢體語言能揭示人的內在世界，比語言表達更真實、更可信。也許你還沒意識到你的每一個動作會有這麼大的影響，但是不要忘了，每個觀察你的人都是業餘心理學家，他們會不由自主地、準確地分析你的每一個動作，正如我們也常常不經意地在分析別人一樣。

無論你是進入會議室、宴會廳、高爾夫球場，還是董事會，你的身體語言就已經悄然地和別人交流。透過你的走路姿勢、站姿、坐姿、神態、表情、目光等等，你已經用無聲的、豐富的語言在告訴人們你是誰、你有什麼心態，你是領導者還是被領導者，是對生活充滿自信的成功者，還是消極對待人生的失敗者。

剛剛畢業的李小姐在參加某外商公司的招聘面試時，主考官讓她將椅子挪近一點坐時，她並沒有在意，放椅子時發出了較大的響聲，結果使她失去了這份工作機會。事後，這位李小姐深有感觸地說：「我當時把應徵可能考慮的細節全都注意了，當時衣著整潔乾淨，自薦材料製作精美，回答問題也可以說是乾淨俐落，但萬萬沒有想到主考官要我挪椅子竟然是一種考法。」

某位心理學教授認為，肢體語言可以用於理解交流者之間的關係、條件和處境，是職業型的、親朋型的，還是上下級、師生或其他的關係。透過肢體語言我們可以表達語言所不能表達的內容，尤其是與那些位置高於我們的人交流時，肢體語言可以展示我們自己，消融我們之間的距離，可見肢體語言是多麼的微妙！

目前，有許多用人單位在招聘自己需求的人才時，都設置了一定的「門檻」，他們不僅要求人才具備較高的學歷、專業知識以及技能，同時還要求人才具有較好的修養和心態。肢體語言的魅力提醒許多求職者在面試時要格外注意每一個細節。

一位應屆畢業生在應徵一家廣告公司時，就很好地掌握了這一點，事後他繪聲繪色地說：「應徵不同於談判，不能用眼睛逼視對方，這樣會使對方產生一種戒備心理，不利於面對面地交流和溝通思想。因此，面試時，我的眼睛通常只對著主考官鼻尖下方到嘴唇上方的那個部位，這樣，對方在說話時我能夠注意集中力去聽，並能夠快捷地調動思維，做到準確及時地回答問題；而且我的表情不會過於拘謹，可以始終保持自然，再不時配以真誠的微笑，表示我對他所說的話能夠理解和認可，結果我們之間談得很融洽，應徵很順利。」最後，這位應屆畢業生很順利地跨進了這家公司的門檻。

在西方的商業領域和政治領域，領導者們深刻理解肢體語言在上司中的作用。肢體語言的這種作用被美國作家威廉·福克納（William Faulkner）所描述過：「當我經過一個昂首、收下顎、放平肩膀、收腹的人面前時，他對於我來說是一個激勵，我也會不由自主地站直。」

因此，很多大牌人物都會將肢體語言的培養當作一項重要的功課，並透過這種良好而有意識的訓練，形成了他們優雅的舉止。

在戴安娜（Diana, Princess of Wales）葬禮的電視節目中，大家會很快地區別出皇室人員和非皇族的社會名流。因為皇族成員從小就經受了正規、傳統的皇家標準禮儀訓練，他們的每一個舉止都流露著自豪、高貴和優雅。無論你多麼不喜歡查爾斯王子（Charles, Prince of Wales），但不得不承認他確實能夠從普通人中脫穎而出。他沒有太多的動作，但是他與眾不同。他的雙手永遠不會防範地放在腹前，而這個微妙的動作，可以把久經風雲的大政治家、皇族們和普通人區分開，把一個自信的人和一個覥腆的人區分開。

邱吉爾（Winston Churchill）首相有一個經典手勢──「V」形手勢。比如他在當選首相的時候、在發表演說的時候、在盟軍登陸諾曼第的時候、在法西斯土崩瓦解的時候，他總是喜歡伸出食指和中指，做出一個豪邁的「□」形手勢。現在「V」形手勢已成為世界通用的手勢了。正如他的夫人克萊門

蒂娜（Clementine Ogilvy）於一九五三年十二月十日代邱吉爾先生領取諾貝爾文學獎時所說：「在黑暗的年代裡，他的言語以及與之相應的行動，喚起了世界各地千百萬人們心中的信念和希望。」

法國的戴高樂（Charles de Gaulle）在發表演講時總是聳起肩，作出要抓住天空的手勢，用來有效地煽動人們的情緒。這種利用各種「手的表情」來增強說服力的方法並不只限於政界或演講中，在商業活動或日常的人際交往中要想增強說服力或得到對方肯定時，手可以說是一個十分重要的「小道具」。

富有藝術力的肢體語言、優雅的舉止，是可以訓練出來的。訓練肢體語言，意味著矯正一種猥瑣、散漫的壞習慣，養成一種得體、有度的好習慣。對於追求成功的人來說，學會運用肢體語言塑造自己的形象是很重要的。

成功交際從改變形象開始

在日常生活中，我們總有這樣一種感覺，對某個人印象好的時候，對他的評價就高，而且今後會再次與他合作。反之，如果對方沒有給自己留下什麼好印象，你就會對他感到不快，甚至會表現出對他的不滿意。

這就是一個人形象的重要性。我們給對方留下一個好的印象，實際上是與人交往成功的開始，完美的形象往往能夠讓你在以後的生活道路上遊刃有餘。

小王是一位熱情活潑的女孩，在工作中也是兢兢業業，很賣力氣，可她在公司的發展卻不如別的同事。她自己覺得很委屈，可又找不出原因，便向自己的好朋友小李吐露了自己煩惱，小李想了一下，說：「這樣吧，明天我到辦公室裡找你。」

第二天，小李來到小王的辦公室，這是個寬敞明亮的大寫字間，裡面大概有百來十人，全都在桌邊忙碌著，電話聲、電腦的聲音此起彼伏，中間夾雜著職員們小聲的討論，一切都顯得井然有序。

可是在窗戶邊有一個人吸引了小李的注意，只見她側坐在工作椅中，一手托腮若有所思，上身穿著一件時髦的吊帶小背心，下邊穿著一件露臍的牛仔褲。這身裝扮在大街上應該是很時髦的，可是在這緊張的工作間中，怎麼就讓人覺得是那麼不協調。等那個人轉過來之後，正是小王，她臉上還有著靚麗的彩妝，使整個人顯得非常時髦。

小王見小李來了，急忙將她拉到會客室坐下，問她看出什麼原因了沒有？小李笑笑說：「你呀，壞就壞在這身裝扮上，你知道我剛才看到你有什麼感覺嗎？」小王顯得很是驚訝：「你有什麼樣子的感覺？我這樣子難道不好嗎？」小李不客氣地說：「你難道不覺得你就像一個為情所傷的女孩子正在黯然神傷嗎？被人看到你這副模樣怎麼會信任你呢？」小王覺得很委屈：「我正在為公司的一項業務傷神呢？難道他們會不知道嗎？」

「這都是你的形象惹的禍！」小李直言不諱地說道，「你看看其他人，男士都穿著很整潔的、顏色很單一的襯衫西褲，女士們都穿著顏色優雅的套裙，他們給人的感覺就是精明、幹練。而你呢？穿著休閒的服裝，臉上還化著彩妝，哪裡像個辦事的職員呀？別人又怎麼敢相信你呢？上司又怎麼會委你以重任呢？你不能得到很好的發展又能夠埋怨誰呢？」

小王看看寫字間裡忙得不可開交的同事，再看看自己這身打扮，自己也覺得不夠協調，臉不知不覺就紅了。後來，小王很注意自己的形象，她也很快得到了提升和重用。

一個人的形象是一個人的「名片」。一般人通常根據最初印象而將他人加以歸類，然後再從這一類別系統中對這個人加以推論、作出判斷。良好的形象往往能夠為自己加分，對自己成功辦事產生極好的推動作用。

所以，要不斷地開發、完善和提高自己，然後在適當的時機和場合，將自己最優秀的──面淋漓盡致地表現出來。這樣，你的良好形象就樹立起來了。

第二章 樹立交際形象：好形象讓交際事半功倍

第三章
端正交際心理：讓別人從心裡接受你

　　善於交際是智慧，能交際得人心。交際必須打開自己的心扉、開啟自己的心門、打開他人的心窗。在交際的時候首先要做到信任別人，敞開自己的心門是交際的基礎，理解他人、寬容他人是交際時必須要做到的，營建和諧氛圍是交際成功的必備條件。良好的心態是一切事業的基礎，進行交際工作，心理要求更要突出。

學會尊重他人

只要我們遵守人類行為的準則，我們在生活中就不會遇到任何麻煩。事實上，它將帶給我們無數的朋友和永遠的快樂。這條準則就是：永遠都讓他人感受到自己的重要。成為重要人物是人性裡最深切的渴望，正是這種渴望使我們與動物有了區別，也正是這種渴望讓文明得以發展。

千百年來，哲學家們都在不斷地就人際關係的準則推測，最終只發展出一條重要的準則。這或許也是世界上最重要的準則：「你希望別人怎樣對你，你就怎樣對待別人。」你希望得到周圍人的認可，希望自己的真正價值得到賞識，同時還渴望感受到自己在周圍環境的重要性。你需要由衷的讚美，期盼朋友和同事對你真誠地嘉許，慷慨地讚美。實際上，我們所有人都渴望這些。

所以，讓我們都來遵循這條黃金準則，你希望別人怎樣對你，就先對他們這樣做吧！

當我們點了薯條服務員卻端來了馬鈴薯泥時，我們可以嘗試著這麼說：「很抱歉給你添麻煩了，但是我更喜歡薯條。」她則很可能回答：「一點也不麻煩。」並會很高興地更換，因為我們對她表示了尊重。

一些短小的句子諸如「很抱歉麻煩您」、「您能費心……嗎？」「請您……可以嗎？」「您是否介意……？」「謝謝您」等，正是這些短小的禮貌用語潤滑著每個人單調的生活，同時表現一個人良好教養。

真誠地尊重他人，讓他們感到自己很重要，很多人的一生還會因此發生改變。羅蘭老師在加利福尼亞州教授課程時，他講了一個發生在手工課上的故事，主人公是一位名叫克里斯的學生：

克里斯是一個非常安靜、害羞且缺乏自信的學生，他並不引人注意。我在教他們的同時還兼任一個高級班的老師，這個班級在一定程度上已經成為

了地位的象徵，能夠進來的學生似乎都有著某種特權。

那是一個星期三，克里斯正趴在桌上刻苦地學習。我真切地感受到了他心底深處燃燒的烈火，於是，我問他是否願意加入高級班。他揚起臉，有些害羞地試圖忍住欣喜的淚水。我簡直無法形容這個十四歲少年的表情。

「誰，我嗎？羅蘭先生，我有那麼優秀嗎？」

「是的，克里斯。你很優秀。」

說到這裡，我逃也似的離開了，因為淚水就要奪眶而出。那天，當克里斯走出教室時，他看上去竟比平時高出兩英寸。他用明亮澄藍的眼睛看著我，愉快地說：「謝謝您，羅蘭先生。」

克里斯教給了我終生難忘的一課 —— 我們內心都在深切渴望著感受自己的重要。為了讓自己永遠也不忘記這條規則，我做了一個寫有「你很重要」的標牌，懸掛在教室前大家都可以看到的地方，它提醒著我，面前的每個學生都是同等重要的。

這是一條世人公認的真理：幾乎你遇到的所有人都會感覺自己在某方面強於你。那麼，透過微妙的方式讓人們感受到你發自內心的尊重，這無疑會成為一條通往他們心靈的道路。記住愛默生（Ralph Waldo Emerson）的話吧：「我遇到的每一個人都在某方面強於我。因此，我向他們學習。因為我真誠地讚美了他的愛好與成就。」

柯達公司的創始人喬治·伊士曼（George Eastman）發明了透明膠片，從此以後使電影成為了可能。他一生積聚了上億財富，並成為世界上最著名的商人。儘管他取得如此巨大的成就，也仍然像你我一樣渴望著讚譽，哪怕是極為微小。

修建伊士曼音樂學校時，紐約高級座椅公司的總裁希望得到為該建築物提供全部座椅的訂單。他給音樂廳的建築師打電話，和伊斯門先生約在羅切斯特見面。

第三章　端正交際心理：讓別人從心裡接受你

總裁抵達時，建築師對他說：「我知道你很想得到訂單，但我必須現在就說明，你不可能占用喬治・伊士曼先生的時間超過五分鐘。他為人嚴謹，而且非常忙碌。所以你一定要迅速把情況說清楚，然後就出來。」而總裁早已為此做好了準備。

他被帶進辦公室時，伊士曼正伏在書桌上專注地閱讀文件。過了一會兒，他抬起頭來，扶了扶眼鏡，然後走向建築師和總裁先生：「早上好，先生們，我能為你們做點什麼嗎？」建築師為二人做了介紹，總裁說：「伊士曼先生，我們在這裡等您的時候，我就開始喜歡您的辦公室了。我是做室內木工生意的，卻從來沒見過比這更漂亮的辦公室。」

伊士曼回答道：「要不是您提醒，我自己都快要忘記了。這間辦公室的確很漂亮，是不是？它剛裝修好的時候，我喜歡極了。但來到這裡以後，每天心裡都有太多其他的事情要想，有時甚至幾週都不會看它一眼。」

總裁一邊在屋裡走動，一邊用手摩挲著木制裝飾板：「這是英國橡木制的，對嗎？它和義大利橡木有些細微的差別。」

「是的」伊士曼說，「進口英國橡木，我有一個朋友是上等木料專家，他專門為我挑選了這些。」

然後伊士曼又帶他參觀了整個房間，並不時評論著構造比例、顏色搭配、手工雕刻以及另外一些由他設計或實施的部分。

他們一邊參觀房間，一邊對木工手藝讚不絕口。最後，他們在一扇窗戶前停了下來，伊斯門溫和而謙虛地談到他曾經出資捐助過一些學院，包括羅切斯特大學、羅切斯特總醫院、互助會、兒童醫院等。總裁則對他的高尚行為給予了慷慨的讚美。過了一會兒，伊士曼又打開一個玻璃箱子，拿出了他所擁有的第一架照相機，那是他從一個英國人手中買來的發明成果。

總裁向他詳細詢問了早期創業的奮鬥經歷，伊士曼談到了自己童年時對貧窮的深切感受。他當時是一家銀行的小職員，守寡的母親吃力地經營著一

個寄宿公寓。貧窮的恐懼日夜糾纏，他決心賺到足夠的錢，那樣母親就不必再工作了。總裁不斷提出更深入的問題，並認真而專注地聆聽著。伊士曼自述他在發明攝影感光版時，曾經天天呆在辦公室，有時整晚都在做實驗。只有當化學實驗進行的時候才能小睡一會兒，有時還不得不一口氣工作七十二個小時，困了就和衣而睡。

總裁十點十五分進入了伊士曼的辦公室，並被警告絕不能超五分鐘。結果一個小時過去了，兩個小時過去了，他們仍在談話。

最後，伊士曼對總裁說：「我上次到日本時曾經買了幾把椅子，我把它們帶回家中，放在了玻璃門廊裡。後來太陽把上面的圖案都晒褪了色，我就自己買了些顏料親自畫上了圖案。你想知道我能畫出怎樣的東西嗎？今天中午來我家一起吃飯吧，我讓你看看。」

午飯後，伊士曼為總裁展示了他從日本買回來的椅子。這些椅子只值幾美元，但喬治·伊士曼 —— 這個百萬富翁 —— 卻因它們而感到無比自豪，因為圖案是他自己畫的。

音樂廳的坐椅訂單總價值九萬美元。你認為誰會拿到呢 —— 總裁還是其他競爭者？從那次起，直到伊士曼去世，總裁和他都保持了親密的朋友關係。英國首相迪斯雷利（Benjamin Disraeli）這樣說過：「和人們談論他們自己，他們會聽你聊上好幾個小時。」

做人不要太挑剔

人世間沒有完美的東西，你不必在嘲笑和指責別人過程中度過你的每一天。做人要經常反省自己的行為，嚴格要求自己，加強自己的修養，同時不要對別人太苛責，要以寬容大度的心態對待別人。的確，在生活中，總會有一些人愛挑毛病，覺得這也不好，那也不對，唯有自己是真理的化身，是非的標

準。我們有時也難免會犯這種錯誤，認為自己做的什麼事情都是對的，別人做什麼都是錯的，習慣以教訓人的語氣指責別人。或者自己做不到的事情，卻要求別人去做。要是做得不好，就會橫挑鼻子豎挑眼，指責對方沒有用。

中國人歷來主張：「嚴以律己，寬以待人」，這樣的人的人格是健全的，容易受到人的尊敬。孔子曾說，事事嚴格要求自己，而對別人的要求很寬鬆，就不會帶來很多怨恨。孟子說，要求別人很多，而自己做得甚少，就像不鋤自己田裡的草，卻跑去挑別人田裡的草，這種人是很討厭的。

對近現代中國文化的發展有重大影響的胡適就是這樣的人，他很有長者風範。在一段時間，他的家裡總有客人。窮苦者，他肯解囊相助；倡狂者，他肯當面教訓；求道者，他肯修書介紹；問學者，他肯指導門路；無聊不自量者，他也能隨口談幾句俗話。到了夜闌人靜的時候，胡適才執筆做他的考證或寫他的日記。當時的很多學者，在女子面前道貌岸然，但是胡適不是那樣，他很有人情味。到別人家裡，必定與其太太打招呼，上課見女生穿的單薄，必親自下講臺來關教室的門窗。在這些對待他人的地方，胡適可以說對別人是很寬容很隨和，但他對自己在私德立身上又是很嚴格的。當時很多學者在留洋以後都把家裡包辦的鄉下太太都拋棄了，但胡適對母親包辦給他的髮妻卻始終如一。

胡適就是這樣的一種人，對自己有嚴格的要求，事事走在前面，以行動在為其他人效仿的榜樣。這樣在要求別人做什麼事情或不要做什麼事情時，你的話、你的要求就顯得有分量。有時即使我們自己能做到的事情，也不能苛求別人也做到，因為人和人畢竟是有差別的，你能做到的事情，他人不一定能做得到。因此，這時候就需要你體諒別人的難處，容忍別人的弱點，寬以待人，才能搞好彼此之間的關係，不為人討厭，反討人喜歡。

想讓別人去做的事，自己先要能做。在生活的細節當中要注意不要使自己成為挑人毛病的人。別人可能有如此的錯誤，但是你是否就沒有呢？別人

犯了錯誤你那麼不滿，難道你自己就不犯錯誤嗎？你不原諒別人犯的小錯誤，當你自己犯錯的時候，你能夠要求別人原諒你嗎？人非聖賢，孰能無過，原諒別人就是原諒自己。

人生是個大舞臺，人與人之間又是如此的不同，如果各自為政，世界就會四分五裂，相互爭鬥不已；人人都挑毛病，互相指責，人生也就會永無寧日。人生本來就充滿了各色各樣的艱辛，充滿不幸。人世間沒有完美的東西，何必在互相嘲笑和指責中度過每一天的時光呢？何不用一顆包容的心去面對社會面對別人呢？忍一時，退一步，你會發現生活原來是美好的。

不要有自卑心理

這個世界上最大的缺陷不是體格的缺陷，而是智慧的缺陷。城裡有個鎖匠，先天駝背駝得非常厲害，行走起來有點像駱駝，人們叫他駝子。駝子拜師學藝，學成後在城裡黃金地段開了一家專業賣鎖、修鎖、開鎖、配鎖的店鋪，並取名為「駝子鎖行」。這個名字招來了許多人的非議。有人說原本身體有缺陷還起這樣一個難聽的名字，能吸引人嗎？也有人建議駝子再取一個比較健康的名字。還有人鼓動駝子取個「名家專業精修鎖行」的名字。這些都被駝子否決了，他堅持要用「駝子」這個名字，他說要充分利用自己的缺陷致富。

剛開始創業時他的客戶可說是寥寥無幾。有的擔心矮小的駝子開鎖時不方便，帶來安全隱患；有的對駝子的手藝持懷疑觀望態度；有的競爭對手甚至從中作梗。

時間長了人們慢慢發現駝子為人很誠懇，手藝也不錯，售後服務很好。慢慢地駝子的名氣一天天大起來，他的誠信和技藝受到顧客的一致認可。

有一家大型企業的保險櫃鑰匙折斷後，請了許多開鎖的師傅去修鎖，鎖

還沒打開他們就打聽裡邊有什麼貴重東西，當聽說有巨額錢幣和急需的重要合同在裡面時，有的人就打起主意讓企業負責人給他們一筆可觀的酬金。鎖還沒有打開就漫天要價，這種行為引起了企業的極大反感。後來企業負責人抱著試試看的態度請駝子開鎖。駝子沒有問保險櫃裡有什麼東西，很快就靈巧地開了鎖，且他的收費遠遠低於企業的預料。企業負責人對駝子的職業操守十分敬佩，他們給駝子送了一面錦旗。

電視臺記者獲悉後，電視臺「百姓人家」欄目專門採訪了駝子，駝子因此名聲大振。一些臨近城市的顧客慕名前來請駝子為他們配鎖、修鎖。

短短的時間內駝子的業務越做越大。一些同行競爭對手開始眼紅，他們紛紛把自己的店鋪搬到「駝子鎖行」附近，有的還準備更名為「大駝子」、「小駝子」，企圖傍駝子的品牌壯大自己的業務。駝子從中發現了商業危機，他立馬到工商所註冊了「駝子」商標，先人一步捍衛自己的品牌，那些對手只能望洋興嘆。

為了鞏固自己的品牌和地位，駝子請人設計了獨特的名片，上面印著他醜陋矮小的形象，圖像上他正駝著背跪在地上專心致志地開鎖。上面寫著這樣一行字：「讓我用有缺陷的身體解開你生活的煩惱。」

這別出心裁的名片使駝子的生意比原先更火暴。現在駝子已辦起了一家鎖廠，實行產、供、銷、修、開一條龍服務。城裡的黨政機關、大企業。飯店、賓館和駝子簽訂合同，駝子成了百萬富翁。

駝子對記者說過這樣一句話：「上帝只給了我駝子身體的缺陷，卻沒給我智慧的缺陷。當他用失誤關閉我人生的大門時，我卻用缺陷開闢了成功的窗子。」

駝子通向財富的路徑正是一條從劣勢轉為優勢的道路。一個體格健全的人，只要智慧之門被關閉，再強健的身體也是缺陷。因為這個世界上最大的缺陷不是體格的缺陷，而是智慧的缺陷！

在這個世界上，有許多人，他們以為別人所有的種種幸福是不屬於他們的；以為他們是不配有的；以為他們是不能與那些命運特佳的人相提並論的。然而他們不明白，這樣的自卑自抑，自我抹殺，是會大大縮減自己生命的。

許多人往往認為，世界上許多被稱為最好的東西，是與自己沾不上邊的，人世間種種善、美的東西，只配那些幸運的寵兒們所獨享，對於他們來講只能算是一種禁果。他們將自己沉迷於卑微的信念之中，那他們的一生自然也只會卑微到底，除非他們有朝一日醒悟過來，敢抬起頭來要求「卓越」。世間有不少原本可以成就大業的人，他們最終只得平平淡淡地老死，度過自己平庸的一生，他們之所以落得如此命運，就因為他們對於自己期待太小、要求太低的緣故。

自信心是比金錢、勢力、家世、親友更有用的要素，它是人生最可靠的資本，它能使人克服困難，排除障礙，不怕冒險。對於事業的成功，它比什麼東西都更有效。

「假使我們自比為泥塊」科內里說，「那我們將真的會成為被人踐踏的泥塊。」

假使你在容貌舉止之間都表現出自認為卑微渺小，而處處顯得你不信任自己、不尊重自己，你自然不應抱怨別人，別人也自然不會信任你、尊重你，也會低估你、輕視你。

假使我們能體悟到「天生我材必有用」，覺悟到造物育我，必有偉大目的或意志寄於我生命中，而萬一我不能將我的生命充分表現於至善的境地，至高的程度，這對於世界將會是一大損失。當你抱著積極的心態做某件事時，一定會產生一種偉大的力量。

談論對方感興趣的話題

　　通往一個人內心的捷徑就是談論他最感興趣的話題。某位散文家及耶魯大學教授為人十分親切，而他早年就有這樣的經驗。「我八歲時曾在週末拜訪我的嬸嬸伊莉莎白，她的家在豪沙托尼克河之上的斯特拉特福德市。一天晚上，一名中年男子拜訪了她，在和嬸嬸禮貌地寒暄後，他開始注意到我。

　　那時，我正巧對船舶很感興趣，客人便以一種十分有趣的方式和我討論起來。等到他離開後，我興奮地談起這位客人。在我眼中他真是個了不起的人！嬸嬸告訴我，他是一名紐約的律師，並不喜歡船舶——甚至對這方面一點興趣也沒有。『那他為什麼一直都在談論船舶呢？』『因為他是個紳士。他看到你對船舶很感興趣，就開始談論這個話題讓你高興，這樣他也會受到你的歡迎。』」「從那以後我一直都記著嬸嬸的這句話。」

　　查利夫在一封信中敘述了他是一位積極投身於童子軍工作的人。「童子軍團體大會就要在歐洲開幕了，我希望一家企業的總裁能夠贊助其中一名童子軍前往歐洲的旅費。

　　很幸運，在見總裁之前我聽說他開了一張一百萬美元的支票，並在支票兌現後將它裝裱了起來。於是，我走進他辦公室的第一件事就是要求瞻仰那張支票。那是一張一百萬美元的支票！我告訴他我從來沒聽說有人簽署過這樣一張支票，我要告訴童子軍們自己親眼見到的情形。他很高興地出示給我，我一邊讚美一邊向他詢問開這張支票的緣由。」

　　你注意到了嗎，查利夫先生並沒有一開始就提到童子軍或歐洲團體大會，也沒有涉及自己的需求。他只談論了他人感興趣的話題，而這就是最後的結果：

　　「不一會兒，這位總裁說道：『噢，順便問一句，你見我的目的是什麼呢？』於是我告訴了他。」

「完全出乎我的意料，他不僅很快批准了我的要求，甚至還給予更多。我請求他贊助一個童子軍去歐洲，但他一口氣贊助了我和其他五個孩子的費用。還給我一張一千美元的信用狀，並建議我在歐洲停留七週。甚至寫了幾封介紹信讓我帶給歐洲支行的經理，要求他們到時提供適當的服務。後來，他本人在巴黎接見了我們，並帶著大家遊覽了城市。從那以後，他為幾個家庭困難的童子軍安排了工作，直到現在他仍然是我們組織中積極的一員。

我明白，如果我當初沒有發現他感興趣的地方，使他親切起來，我是沒那麼容易和他接近的。」

這種技巧在商業活動中同樣也能發揮積極的功效。讓我們來看一看吧。

杜弗諾伊先生試圖將麵包賣給紐約一家飯店的想法由來已久。四年來他每週都要拜訪飯店經理。人家參加什麼社交活動他也會參加，他甚至還在該飯店開房間以期望得到訂單，但是每回都失敗。

「學習了人際關係的課程之後，我決心改變方法。」杜弗諾伊說，「我決定找出他的興趣點，那些能讓他充滿熱情的東西。」

「我發現他是一個飯店經理人社團的成員，這個社團名叫美國飯店迎賓者協會。他不僅是該協會成員和主席，而且還以極大的熱情兼任著國際迎賓者協會的主席。無論他們的會議在哪裡召開，他都會毫無例外地出現。

於是，我再次見到他的時候就開始大談迎賓者協會。而我得到了怎樣的回應呢？他興致盎然地和我談了半個小時。我可以明顯感覺到這個社團不僅成了他的愛好，而且已經成為了他生命中的一部分。在我離開辦公室之前，他勸我也加入。

當天我沒有談到麵包的事情。但幾天後，飯店的負責人突然打電話讓我過去商討麵包樣式和價格。

『我不知道你對老傢伙做了什麼』他打趣地說，『但他的確接納了你！』

想想吧！四年來我一直在他身邊遊說，如果我費盡力氣最後也沒能找出他感興趣的話題，可能到現在還在繼續遊說呢。」

談論他人感興趣的話題可以讓雙方都獲益，赫齊格總是遵循這一規則。當問及他從中獲得了什麼，赫齊格先生回答，他不僅從每個人身上得到了不同的回報，而且當他再次和別人談話時，這種回報不僅得到表現，而且有了不斷擴大的趨勢。

學會聆聽他人的訴說

為什麼許多商人在短時期內能夠走上致富的道路？哈佛大學某位前任校長說過：「成功的商業交流沒有祕訣……但是對談話對象保持專注的態度是十分重要的。這麼做比說任何恭維話更能發揮作用。」而他本人就是一個善於聆聽的專家。

美國早期的優秀小說家之一亨利・詹姆士（Henry James）回憶道：「那位校長的聆聽不是只聽不說，而是一種積極的行動。他坐得筆直，雙手規矩地放在腿上，除了偶爾轉動一下大拇指外沒有其他多餘的動作。他看上去不僅是在用耳朵傾聽，也是在用眼睛傾聽。他一邊用心聆聽一邊注意思考你所使用的措辭……以至談話結束時，發言的人都能感覺到他已經抓住了自己講話內容的精髓。」

經營中的許多知識並不是在大學裡能夠學到的，但是很多百貨商店的上司在支付巨額房租、壓縮進貨成本、將櫥窗裝飾一新，並花費上千美元製作廣告之後，卻僱用了一群不懂聆聽的店員 —— 他們打斷顧客的談話、挑釁顧客甚至激怒他們，所有這一切都只會讓顧客遠遠地離開商店。

芝加哥的一家百貨公司就差點喪失一位常客，原因恰恰在於一名店員不懂聆聽。道格拉斯夫人曾於此百貨公司買過一件打折的外衣。回家後她注意

到衣服裡子上有一道裂痕，於是第二天返回商場要求更換。

店員不等她說明情況就拒絕了她：「你買的衣服是打折商品。」她指著牆上的標誌：「你讀讀這個，『一旦售出，概不退換』。你既然買了就得要。自己縫好裂痕不就得了嗎？」「但這件商品是破損的啊。」道格拉斯夫人抱怨道。

「都一樣」店員打斷她，「已經售出我們就不再負責。」

道格拉斯夫人憤然決定離去，發誓再也不來這家商店了。正在這時，商店經理攔住了她，這位經理知道她是多年的老顧客，於是道格拉斯夫人向她訴說了一切。

經理認真地聆聽著整個經過，並親自檢查了那件外衣，她說：「打折商品售出不予退換，但這不包括破損的商品。我們一定會為您修補好，如果您願意的話，我們還可以退還您一部分錢款。」

這兩種做法讓我們看出，如果經理沒有及時趕到，聆聽顧客的聲音，一個忠誠的顧客可能就這樣喪失了。

與商業活動類似，聆聽在生活中同樣發揮著重要的作用。紐約的米莉在自己孩子有話要說時就做到了仔細地聆聽。

一天晚上，她坐在廚房裡，聽兒子羅伯特闡述心中的想法。羅伯特談了好久，最後他說：「媽媽，我知道你非常愛我。」

米莉感動地說：「我當然非常愛你。難道你曾經懷疑嗎？」

「不是的」羅伯特說，「只是每當我有話要說的時候，你無論在做什麼都會停下來聆聽，我由此更加肯定了你對我的愛。」

無論是批評還是抱怨都會在充滿耐心與同情的聆聽者面前漸趨平靜——當這些發怒的人像眼鏡蛇噴射毒液般吹毛求疵的時候，聆聽者應該保持平靜。正如幾年前紐約電話公司面臨的情況一樣：他們發現自己不得不應對一位厲害的顧客。這位顧客咒罵公司的客戶服務代表，咆哮並威脅要把他們的

電話連根拔掉。他拒絕支付自己認為數額有誤的電話費，並寫信給報社。他還向公共服務委員會提出無數次申告，甚至準備起訴電話公司。

最後，公司派出了最老練的「糾紛調節專家」與這位麻煩的顧客見面。暴怒的顧客一股腦地將自己的怨氣發洩了出來，而專家只是安靜地聆聽著，並不時點頭對他的不滿表示同情。

「那天我聽他咆哮了將近三小時」這位「糾紛調節專家」如是說，「後來我又去了幾次，並聽他講了更多。我們一共見了四次面，第四次結束時我成為他創立的一個組織的特級成員。他稱這個組織為『電話使用者保護協會』。我現在仍然是這個組織的成員，也是除了他以外的唯一成員。

在這幾次會面中，我傾聽他的每句話並對其表示同情。在此之前，他從未和任何一位電話代表有過這樣的談話。他的態度漸漸友好起來。從第一次見到他到最後，我都沒有提及訪問目的，但他全額繳納了電話費。他和電話公司產生糾紛以來，第一次從公共服務委員會撤回了起訴。」

當初，這位顧客把自己當作維護大眾權益的神聖討伐者。但事實上，他想得到的只是一種被尊重的感覺。最初他只能採取抱怨發火的方式，當他從一位電話公司代表那得到這種感覺以後，想像中的冤屈便煙消雲散了。

有一天早晨，一位憤怒的顧客闖進了朱利安的辦公室。朱利安是德特默毛紡公司的創始人，這家公司後來成為全球最大的毛紡批發商。

「這位顧客欠我們一小筆錢」，德特默先生向我解釋道，「他不承認這一點，但我知道他確實存在這方面的問題。所以我們的信貸部堅持要他還錢。在接連收到信貸部的幾封信之後，他背起行李趕往芝加哥。很快地，他出現在我的辦公室，通知我他不僅不會支付帳單，而且以後不會再從德特默毛紡公司購買一分錢的貨物了。

我耐心地傾聽他的談話。有幾次都想打斷他，但我意識到這麼做並不明智。於是我等他發洩完，在他平靜下來可以聽進解釋的時候，我輕聲說：『十

分感謝您來芝加哥告訴我這些。您幫了我一個大忙。我們的信貸部門既然打擾了您，肯定也會打擾其他顧客，如果是這樣的話就太糟了。相信我，我非常希望聽到您更多的意見。』

他怎麼也沒有料到我會這麼說。我想他有點失望，因為他大老遠跑到芝加哥告訴我這些事情，卻沒想到我並未反駁反而還感謝他。我保證我們會把這筆款項從帳面上抹掉，因為他是一個很仔細的人，而且只有一筆帳目需要計算，但我們的員工要計算成百上千的帳目。因此，問題肯定出在我們這裡。

我理解他的感受，並表示如果是我無疑也會這麼做。既然他不想再從我們這裡購買東西，我又向他推薦了其他幾家毛紡公司。

他之前來過芝加哥，那時我們經常在一起吃午飯，所以當天我又邀請他共進午餐，他很不情願地接受了。這位客人平靜地回到家中，出於希望公平對待此事的心態，仔細檢查了帳單，發現果然有一筆錢計算失誤，於是他馬上向我們道歉，並寄來了支票。

後來，他的妻子生下一個男孩，他將兒子中間的名字起成了德特默。在他去世前的二十二年裡，他一直都是我們最忠實的顧客和朋友。」

新聞記者以撒訪問過上百位名人，他講到許多人不能給他人留下好印象的原因，正是由於他們不懂聆聽。「他們總是十分關注自己接下來要說的事情，以至於關閉了自己的耳朵……一些知名人士曾經告訴我，他們更喜歡善於聆聽的人而不是健談者，但是和其他美德相比，具備聆聽能力的人似乎少了些。」

佛洛德可謂是最偉大的聆聽者之一。一位曾經見過佛洛德的人這樣描繪他聆聽時的樣子：「我是那樣強烈地被震撼了，以至於永遠都不會忘記。我從未在其他人身上見過他那樣的氣質，也從未受到過如此的關注。那並不是一種能夠『穿透靈魂』的犀利目光，相反，他的眼神溫和而親切，聲音低沉

而和藹，手勢也很少。但他給予我的關注，對談論內容的欣賞是那樣特別，即使我措辭拙劣時依然如此。你無法想像被那樣聆聽意味著什麼。」

如果你想讓朋友們一個個先後背叛你，有的甚至嘲笑你，這裡有一個辦法：一直談論自己，永遠不要耐心地聆聽別人說話。如果你在別人談話的時候突然想起了什麼，別等他說完，直接上前打斷他。

那些只談論自己的人心裡也只想著自己。「只想著自己的人真是道道地地的無知」哥倫比亞大學前任校長尼古拉斯・默里・巴特勒（Nicholas Murray Butler）博士說，「無論他們多具權威，都會顯得很沒有教養。」

因此，如果你希望成為一名優秀的談話者，就先做一個認真的聆聽者吧。對他人充滿興趣，提他人喜歡談論的話題。鼓勵人們談論自己以及他們取得的成績。

懂得去關心別人

任何人都希望別人對他感興趣，但許多時候並非如願。他們只對自己感興趣 —— 任何時候都是這樣。

紐約電話公司曾進行過一次有關電話交談的詳細調查，看哪個詞的使用頻率最高。你大概已經猜到了：正是「我」。在五百個通話中，「我」被使用了三千九百次。

你在看團體照的時候，首先會尋找哪張面孔呢？肯定也是「我」。

如果我們只是努力地想給別人留下印象，並希望別人對我們感興趣，那將永遠得不到摯友。

真正的朋友是需要用真誠來交換的。

拿破崙（Napoleon）最後一次見約瑟芬（Joséphine de Beauharnais）的時候說：「約瑟芬，我已經成為世界上最富有的人，然而此刻你是我在這個世

界上唯一可信賴的人。」而史學家懷疑，他是否真正信賴她。

著名的維也納心理學家阿爾弗雷德·阿德勒（Alfred Adler）著有《對你而言生命意味著什麼》（*What Life Could Mean to You*）一書。他寫道：「那些對朋友漠不關心的人總會在生命中遇到最大的困難，同時帶給他人最大的傷害。也就是這種人導致了人類所有失敗。」

小狄奧多·羅斯福（Theodore Roosevelt Jr.）享有崇高的威望。即便是僕人都很愛戴他，他的貼身男僕曾經寫過一本關於他的書，書中講述了這樣一個故事：

僕人有一次向總統問起什麼是山齒鶉。他從未見過這種動物，於是總統就詳細地向他描述。幾天後，屋裡的電話響了（僕人和夫人住在羅斯福於奧伊斯特貝的一所小屋裡），我夫人接了電話，沒想到竟是總統本人打來的。他打電話就是為了告訴他，現在他的窗外正停著一隻山齒鶉，只要向外望去就可以看到。還有許多類似的小事情，點點滴滴都顯示出總統優秀的品格。當他路過我們的小屋時，還看不到人，就能聽見他大叫著：「妳好嗎，安妮」或者「你好嗎，詹姆士」，他就是以這樣友好的方式表達著自己的問候。

誰能不喜歡這樣一個如此溫和、平易近人的人呢？

一天，羅斯福在塔虎脫（William Howard Taft）總統和夫人外出時訪問了白宮。他的一舉一動裡流露著對下人們真誠的喜愛，他向白宮裡的老僕人們問好並叫出所有人的名字，甚至對洗碗工也不例外。「看到廚房工艾麗絲時」，男僕這樣寫道，「他問她是否還在製作玉米麵包。艾麗絲說有時會為僕人們做，但樓上沒有人會吃這種東西。『他們真沒品味』羅斯福大聲說，『我見到總統時會告訴他的。』艾麗絲用盤子端來一片玉米麵包給他，他在去辦公室的路上邊走邊吃，還不時向路過的園丁和工人們打招呼……

他和大家說話的語氣就像從前一樣。在白宮做了四十年首席接待員的艾克含著淚說：『這是我們兩年來唯一感到快樂的一天，拿一百美元我們都不

會換這一天。』」

同樣地，對小人物的關注讓銷售代表賽克斯保住了訂單。「許多年前」他說：「我負責強生產品在麻薩諸塞地區的銷售。有筆生意是同一家雜貨店談的。每次我走進雜貨店，都會先和店員聊上幾分鐘，再和店主商談訂單事宜。然而某天我拜訪店主時，他告訴我他對強生產品已經不再感興趣，並要求我離開。他認為強生公司的許多活動都是針對食品店和折扣店，對小雜貨店造成了損害。我垂頭喪氣地在城裡轉了幾個小時。最後還是決定回去，至少向店主解釋一下我們的具體情況。

我回到店中，像往常一樣向店員問好。我走向店主，他微笑地歡迎我回來，並給了我和從前相比兩倍的訂單。我驚異地看著他，問發生了什麼事。他指著冷飲櫃旁的一個男孩說，我離開後這個男孩走過來告訴他：在所有來雜貨店的推銷員中，只有我願意和店員交談。如果有人值得獲得這個訂單，那麼這個人就是我。店主聽取了他的意見，我也由此保住了一個忠誠的顧客。我永遠也忘不了，真誠地關心他人對一個銷售人員來說有多麼重要 —— 我會這樣對待每一個人。」

在這個世界上，不管是普通的平民，還是權力至高無上的君主，都希望得到別人的尊重。一戰即將結束時，德國皇帝（Wilhelm II）幾乎成為全世界最為人民痛恨的人。他流亡荷蘭時期，甚至德國也拋棄了他。人們對他厭惡至極，恨不能將其碎屍萬段。然而，就在這充滿怒火的人群中，一個小男孩給他寫了一封簡短而誠摯的信，信中充滿了友好與尊敬。他說，無論別人怎麼想，在他心目中威廉永遠都是國王。皇帝被他的信深深感動了，並邀請這個小男孩來看他。孩子的母親和他一同前往 —— 後來她嫁給了這位皇帝。這個小男孩根本不必學習如何贏得摯友並影響他人，他天生就是這方面的專家。

對他人表現出誠懇的關心，不僅可以讓你贏得朋友，也能令顧客對你的公司忠誠。紐約北美國家銀行的一期出版物裡，發表過一封儲戶瑪德琳的來信：「我想讓你們知道我對這裡的員工有多麼感謝，他們個個謙恭、文雅、樂於助人。排隊等候好久之後，能夠得到出納員友善的問候，真令人高興。去年我的母親曾住院五個月，因此我經常會到出納員瑪麗那裡辦理業務，她很關心我母親，時常問候她的病情。」

瑪德琳女士以後一定會經常光顧這家銀行。與其他人際交往的規則一樣，我們對他人的關心必須是真誠的。這不僅能夠使獲得關心的人受益，同時也讓付出關心的人受益，結果是雙向的 —— 雙方都能有所收穫。

馬丁曾講述了一個故事，故事中一名護士對他的特別關懷深深地影響了他的一生：「那是一個感恩節，我十歲，住在一間城市福利病房裡，第二天就要接受一個大型整形外科手術。父親去世了，母親和我住在一個小公寓裡，靠福利金度日。我動手術那天母親也無法來陪我。

我孤獨、絕望、恐懼，心裡難過極了。我知道媽媽正在家裡擔心著我，她沒有人陪，只能一個人吃飯，她甚至沒錢準備感恩節晚餐。

眼淚湧出我的眼眶，我把頭埋在枕頭和被子下面，無聲地哭了，哭到整個身體都在顫抖。一名實習護士聽到了我的啜泣聲，走到我的身旁，她掀開被子，輕輕地拭去了我的淚水。她告訴我她也很孤獨，因為她必須工作而不能回家過節。她問我能否與她共進晚餐。然後她拿來兩盤食物，有火雞片、土豆泥、果醬和冰淇淋甜點。她和我聊天並盡力安慰我。即使下午四點她已經下班卻還是留了下來，我們玩遊戲、聊天，直到將近晚上十一點我睡著了她才離開。

在這以後的許多年，無數個感恩節來了又去，但我總是忘不了這特別的一天，在我孤獨無望的時候，那裡有來自陌生人的溫暖關懷。

對別人多一分寬容

　　寬容，是容人之過、容人之錯、容人之短，體察他人心情、諒解他人的難處。它是做人的美德，也是成就事業必需的品德。

　　雨果（Victor Marie Hugo）有句名言：「世界上最寬闊的是海洋，比海洋更寬闊的是天空，比天空更寬闊的是人的胸懷。」

　　寬容是成功型人才的個性，總是在對別人付出，關心別人，體諒別人，凡事首先考慮到的也是別人，這樣的人怎麼會得不到人心呢？

　　寬容具有人性，注重維護人性的尊嚴，在人際交往中，把任何人都當人看，平等對待。他們認為，每個人都有值得尊重和敬佩的獨特個性，因而能得到他人的理解和敬重。寬容的人是智慧的人。一個人對別人寬容時，也為自己拓寬了一條生活大道。

　　在美國經濟大蕭條時期，有位十七歲的女孩好不容易才找到一份在高級珠寶店當售貨員的工作。在耶誕節前一天，店裡來了一個三十歲左右的顧客，他衣著破舊，滿臉哀愁，用一種不可企及的目光，盯著那些高級首飾。

　　女孩要去接電話，一不小心把一個碟子碰翻，六枚精美絕倫的鑽石戒指落在地上。她慌忙撿起其中的五枚，但第六枚怎麼也找不著。這時，她看到那個三十歲左右的男子正向門口走去，頓時意識到戒指被他拿去了。當男子將要觸及門把時，她柔聲叫道：

　　「對不起，先生！」

　　那男子轉過身來，兩人相視無言，足有幾十秒。

　　「什麼事？」男人問，臉上的肌肉在抽搐，再次問：「什麼事？」

　　「先生，這是我頭一回工作，現在找個工作很難，想必您也深有體會，是不是？」女孩神色黯然地說。

　　男子久久地審視著她，終於一絲微笑浮現在他臉上。他說：「是的，確實

如此。但是我能肯定，你在這裡會做得不錯。我可以為您祝福嗎？」他向前一步，把手伸給女孩，那枚鑽石戒指就在他的手上。

「謝謝您的祝福。」女孩立刻也伸出手，戒指戴在她的手指上。女孩用十分柔和的聲音說，「我也祝您好運！」

這個小女孩很會照顧對方的情面，那男子也很珍惜沒有丟臉的時機，非常體面地改正了自己的錯誤。這正是寬容給人們帶來的回報。

真誠的寬容應該不在心中譴責別人、評價別人，不會因為別人的錯誤而責怪和憎惡。

寬容的人能正視現實。他不管是在家裡，還是在事業上，或是在人與人之間的關係上，都不會脫離實際。一是能努力透過認清別人的真實面目而真正認知到人的價值。二是能留心其他人的感情、觀點、欲望和需求，多考慮其他人要做些什麼、有麼感受。例如有一位人常跟他妻子開玩笑，每次問：「你愛我嗎？」她說：「每次我留心想一想，我的確是愛你的。」這句話很有道理，除非我們留心想一想別人，否則就感覺不到他們身上的一切。三是懂得待人接物，想到別人是重要的，能把別人當作重要的人來對待。在與人交際時能考慮對方的感情。你怎樣對待別人，別人也同樣能怎樣對待你。雙方都寬容一些，還有什麼誤會不能消除，還有什麼問題不能解決呢？

寬容的人不僅寬容別人，更要寬容自己

一是不能苛刻自己。不要計較出身、不要計較名利、不要計較權勢、不要計較得失、不要計較打擊、不要計較挫折。自己出了錯誤也不要自怨自責，知錯能改就行了。

二是要把自身的目標訂得實際。目標是前進的動力，不可缺少。對自己應有清醒的認識，知道到底想幹什麼、應該怎麼做，才能事半功倍。不可盲目，也不可不切實際。有的人理想遠大，期望值很高，卻沒有實際能力，失敗後就自怨自艾，反倒影響了工作和事業。

寬容自己就是寬厚了生活，是為了生活的品質更好。但，寬容自己絕不是縱容自我，否則就會失去理想的動力。

　　寬容，還要寬容親人。

　　一是夫妻要寬容。夫妻是世間最親密的人，夫妻之間的感情是任何其他情感所不能替代的。不要為了非原則的事情惡語相向，乃至拳腳相對。

　　在婚姻的漫漫旅程中，不會總是豔陽高照、鮮花盛開，也同樣有夏暑冬寒、風霜雪雨。互相寬容的夫妻一定千年共枕，互相寬容的天地一定和平美麗。

　　二是要寬容長輩。我們的長輩也許沒有本事、也許言語粗俗、也許沒有家產、也許疾病在身、也許有許多的也許，我們千萬不能因為他們過去無能、粗暴，心存記恨，冷淡對待。是的，在過去歲月裡，他們打過你罵過你，他們沒有為你添置多少新衣，他們對你關心得很少很少，要求得很多很多。他們干涉過你的戀愛、婚姻，他們武斷地讓你絕對服從。但那已經過去了，當初他們也有他們自己的苦衷呀。

　　三是必須注重寬容孩子。這是十分容易忽視而又忽視不得的問題。兒女是父母的心頭肉，是父母的安慰劑，也是父母的情結。許許多多的父母都是那樣的心態──我這一生就這樣了，我的孩子一定要有出息。所以，迫切希望孩子出人頭地，考得第一第二，上頂尖大學，做人家羨慕的事。那些家長日復一日，年復一年，規範孩子的一言一行，糾正孩子的一舉一動，抓緊孩子的一分一秒，關注孩子的一文一題，好惡孩子一試一卷，一差一錯。可謂一絲不苟，兢兢業業。心急的幾乎揠苗助長。一旦失望，重則打罵，輕則指責。寄予燦爛的希望無可厚非，但這樣的父母，你要想一想啊，當初你是如何呀？你的父母難道就沒有寄厚望於你？你當學生時就是得的第一？你就是出類拔萃，獨占鰲頭的？假若你確實做過「狀元」，可曾做過世界第一。就算世界冠軍，也只是某一方面的突出，你不是樣樣都行啊。再說了，你能做

到，孩子就一定做得到嗎？想想呀，別人做到的事情，你自己不也是做不到麼？為何不能寬容孩子呢？

多多寬容吧，有了寬容的心態，與人有什麼還不能溝通呢？

對人要坦誠相待

坦誠待人是指坦率真誠地與他人互相交往。應該說，坦誠是最吸引人的品格之一。世界上任何一個人在人際交往中，都希望對方對自己坦誠相待，而不是信口雌黃或口蜜腹劍。做生意要坦誠，做事業要坦誠，贏得愛情也要坦誠。坦誠比任何力量都強大，它能使你贏得對方的信任和尊重，這是人生走向成功的可靠保障。

坦誠，其含義是指真實不欺、誠實無妄。坦誠如神，有了這種品德與態度，就可以貫通仁義道德，成己成仁，甚至能夠盡人之性，盡物之性，達到「天人合一」的境界。今天，人們強調坦誠待人，可說是抓住了為人處世的真諦。

學會坦誠，不僅是為人處世基本的道德品格，也是立論、立言、立學、立身的基本素養。學會坦誠，是美好的品德。有了坦誠，就可以牽繫出許多優秀品德來，失去了它也就失去了許多美德。一個人如果失去了坦誠，就失去了人性；失去了坦誠，就失去了光明。有了坦誠，我們才有真正的人性；有了坦誠，人才無愧為萬物之靈。這樣的人，才能勇於面對現實，能正視自己的過錯，更勇於對抗外來的一切橫逆、誣衊、誘惑、冷視。誠能耐久，經得住時間的考驗。一切虛偽矯飾的東西都必定被歷史的大浪滌蕩淨盡。只有坦誠、真實，才能經歷歲月的磨礪而光彩熠熠。

學會坦誠，並不是一件容易的事，它需要一種勇於犧牲自我的精神。它需要襟懷坦白，不隱瞞自己的觀點；它需要當朋友的「諍友」，勇於直言相

見；它需要出以公心、成人之美，而不是「氣人有笑人無」，心懷嫉妒；它需要是非分明，當別人受到不公正待遇，或集體、國家、人民的利益受到損失時，勇於挺身而出，堅持原則；它需要平等對待頂頭「上司」和「一般」群眾，實事求是，直言不諱。

學會坦誠，是處世的方式，並不等於處世的藝術。坦誠待人也要講究表達方式，區分不同對象，講究了解、理解他人的心理，才能使坦誠待人的動機和效果達到統一。

學會坦誠，是力量的一種象徵，它顯示了一種高度自重和內心的安全感和尊嚴感。應該說坦誠待人得益的不只是他人，而且也增長了自己人格的魅力、吸引力和凝聚力。坦誠待人能使你活得坦然瀟灑，至少不必為一句謊言而費盡心機，也不必為掩飾自己的某些破綻而裝模作樣，搔首弄姿。

應該說坦誠是玉，雖有瑕也不掩其彩；坦誠是冰，雖冷淨卻晶瑩透明。坦誠的人如皎皎皓月之真純，如幽幽白雲之高潔。讓我們永遠對自己說：做一個坦誠的人吧。

平和待人留餘地

平和是一種心態，是一種美德，秉持平和的心態做人，自然能妥善地對待世間的人和事，既尊重自己，又能贏得別人的尊敬，這也是低調做人的要義。

古代有個叫韓琦的人，曾同范仲淹一道推行新政，北宋時長期擔任宰相職位。韓琦在定武統帥部隊時，夜間伏案辦公，一名侍衛拿著蠟燭為他照明。那個侍衛不小心一走神，蠟燭燒了韓琦鬢角的頭髮，韓琦沒說什麼，只是急忙用袖子蹭了蹭，又低頭寫字。過了一會兒回頭，發現拿蠟燭的侍衛換人了，韓琦怕主管侍衛的長官鞭打那個侍衛，就趕快把他們召來，當著他

們的面說：「不要替換他，因為他已經懂得怎樣拿蠟燭了。」軍中的將士們知道此事後，無不感動佩服。按理說，侍衛拿蠟燭照明時不全神貫注，把統帥的頭髮燒了，本身就是失職，韓琦責備一句也是應該的，即使不責備，被燒到時「哎呀」一聲也難免。可他不但忍著疼沒吱聲，還怕侍衛受到鞭打責罰，極力替其開脫。他這種容忍比批評和責罰更能讓士兵改正缺點、盡職盡責，而且韓琦統帥的是一個大部隊，事情雖小，影響卻大，上上下下一知曉，誰不願意為這樣的統帥賣命呢？

韓琦鎮守大名府時，有人獻給他兩隻出土的玉杯，這兩隻玉杯表裡毫無瑕疵，是稀世珍寶。韓琦非常珍愛，送給獻寶人許多銀子。每次大宴賓客時，總要專設一桌，鋪上錦緞，將那兩隻玉杯放在上面使用。結果有一次在勸酒時，被一個官吏不小心碰到地上摔個粉碎。在座的官員驚呆了，碰壞玉杯的官吏也嚇傻了，趴在地上請求治罪。可韓琦卻毫不動容，笑著對賓客說：「大凡寶物，是成是毀，都有一定的時數，該有時它獻出來，該壞時誰也保不住。」說完又轉過臉對趴在地上的官吏說：「你偶然失手，並非故意的，有什麼罪呢？」這番話說得十分精彩！玉杯已經打碎，無論怎樣也不能復原，責罵、痛打一頓肇事者，徒然多了一個仇人，眾位賓客也會十分尷尬，好端端的一場聚會便不歡而散，也會大大有損自己的形象。而韓琦此言一出，立刻博得了眾人的讚嘆，而肇事者對他更是感激涕零，恐怕給他做牛做馬也心甘情願了。

元代吳亮在談到韓琦時說：「韓琦器量過人，生性淳樸厚道，不計較疙疙瘩瘩一類的小事。功勞天下無人能比，官位升到臣子的頂端，但不見他沾沾自喜；經常在官場的不測之禍中周旋，也不見他憂心忡忡。不管什麼情況下，他都能做到泰然處之，不被別的事物牽著走，一生不弄虛作假。在處世上，被重用，就立於朝廷與士大夫們公平議事；不被重用，就回家享受天倫之樂，一切出自真誠。」韓琦一生處於危險之地，又一直立於不敗之地，這

是為什麼呢？正如他自己所說的：「天下之事，沒有完全盡如人意的，一定要用平和的心態去對待。不這樣，連一天也過不下去。即使是和小人在一起時，也要以誠相待。只不過知道他是小人，就同他少來往罷了。」這就是韓琦處世高人一籌的祕密。

由此可見，「道有道法，行有行規」，做人也不例外，用平和的心態去對待人和事，也是符合客觀要求的，因為低調做人才是跨進成功之門的鑰匙。

做一個有準備的人

動之以情

人是有感情的動物。古代孟子說：「惻隱之心，人皆有之；羞惡之心，人皆有之；恭敬之心，人皆有之；是非之心，人皆有之。」說的是性格中存在著向善的先天因素。其中的「惻隱之心，人皆有之」，應該引起我們的重視，你說的話，你設置的情境，如果能打動對方心靈深處的那根情感「弦」，就會很容易引起對方情感的共鳴，你要辦的事也就順理成章了。所以古人又說「感人心者莫先乎情」，意思是情感最容易打動人心。

《紅樓夢》第三十四回，標題叫《情中情因情感妹妹，錯裡錯以錯勸哥哥》，其中的經典對白向來被人們所稱道。寶玉挨打後，賈府中人紛紛來看望他，安慰他。薛寶釵是托著一丸藥來，先給襲人說明藥的功能，再問候賈寶玉身子好不好，對賈寶玉說：「早聽人說一句，也不至今日，別說老太太、太太心疼，就是我們看著，心裡也疼。」而林黛玉則不然，她聽到賈寶玉被打得動彈不得，先是在自己房裡痛哭了一番；然後怕人家看到笑話她，等到大家都不去了，才過去看寶玉，見賈寶玉還在睡覺，又是哭了起來，哭聲

把寶玉驚醒了。她只對寶玉說了八個字:「你從此可都改了罷!」可就這八個字,著實打動了寶玉,成為經世傳頌的經典對白。蒙府評價說:「心血淋漓,釀成此語句。」關於這段經典對白的評論文章,多不勝數。這裡只說一點。從對話中可以看出,薛寶釵雖然心疼寶玉,但含有理性的責備,有道德說教的意味;林黛玉則不然,她的話全是感性,沒有說教的成分,把自己的一顆心全部投放了進去,裡面飽含著一種銘心刻骨的感情,賈寶玉能不被打動嗎?

其實,只要你留心,你就會發現生活中以情動人的事例幾乎無處、無時不在,善於利用以情動人的談話術,往往能夠得到別人的諒解,化解矛盾,或者化險為夷。這裡只說幾件生活中簡單的小事。

· 小明上學遲到了,他到教室門口時,班導正在等他。班導:「怎麼遲到了?全班就你一個人遲到!」老師的話很嚴厲。小明說:「昨天晚上我爸爸加班沒回家,我媽媽出差了,我一個人在家,不會調鬧鐘,今天早上睡過了頭,請老師原諒。」說著說著小明就哭了。班導:「趕快進教室,準備一下,認真聽課。」班主任原諒了他。小明只是一個十幾歲的孩子,他講的理由是實實在在,是很容易讓人原諒的一畢竟是一個孩子,一個人在家確實不容易,而且他還哭了,至少認錯態度很好嘛。

· 王阿姨在路邊攤看中了一款衣服。她問攤主說:「多少錢?」攤主說:「200 元。」王阿姨:「能不能便宜些?」攤主:「150 元。」王阿姨:「能不能再便宜些?」攤主看了看她:「最低 150 元,少了一元也不能賣。」王阿姨:「再便宜些,100 元吧。你看我失業了,沒賺錢的法子,身上只帶了 100 元……」攤主:「那好吧,就按進價賣給你,100 元就 100 元吧。」王阿姨之所以成功買下這件衣服,就在於她的經歷贏得了攤主的同情一失業者實在不容易啊!生活真是很艱難啊!

· 在一家門市前，店主扯著嗓子喊：「大家瞧一瞧、看一看，本店虧本大拍賣，跳樓大拍賣啦。」有顧客進去，攤主說：「我們這家店鋪要拆遷，這間房子再過兩天就要推倒，現在實在是沒有辦法，只好跳水啦。怎麼樣，要不挑兩件？」顧客在店裡，仔細地挑選了一番，買了兩件走了。這裡，攤主在利用顧客貪小便宜的心理基礎上，又曉之以情，有的顧客當然要花錢了。

· 一所學校想方設法招進了一名姓王的博士，但王博士在單位裡工作並不是很安心，剛來沒幾天就有要調走的想法。學校的校長找他談話。校長：「王博士，你在這裡工作覺得怎麼樣？」王博士：「還可以。」校長：「生活上有沒有困難啊？」王博士：「也還可以吧，就是住的地方有點亂，做學問不太安靜。」校長立即叫來辦公室主任：「看看學校有沒有空房子，給王博士換一套安靜點的房子。」校長接著對王博士說：「聽說你的孩子在這裡上小學很不方便，你來回接送需要花很多時間，我已經跟我們學校附近的小學聯絡好了，叫你孩子下週到學校報到就可以了。怎麼樣？」王博士已經深深地被感動了，主動說：「校長，你放心，我在這裡一定會好好地工作。」這裡，校長知道王博士工作不安心，但他沒有談這一敏感問題，而是從王博士的實際生活困難談起，為他解決了房子、孩子上學等問題，王博士怎麼還好意思提調走的事呢。

準備充分

「工欲善其事，必先利其器。」若能夠真正做到「未雨綢繆」，個人還必須要具備以下幾種基本素養或者說是能力：

· **口齒要清楚**：這是一種最基本的素養。說話吞吞吐吐，結結巴巴，給人的第一印象就不好，談話的結果可想而知。

· **要有一種憂患意識**：憂患意識並不是患得患失，只有具有了憂患意識，才能夠在談話前認真的準備，才能夠進行前瞻性的預測，古人所說的「生於憂患，死於安樂」就是這個道理。

· **富有想像力**：想像力是在談話前的準備工作所具備的，要對談話的各個細節有合理的想像，並在此基礎上，對談話進行合理的安排。

· **思路要開闊**：要想到談話的各個方面，不要侷限於一點或一個方面。否則，只能是畫地為限，對意外情況不能隨機應變。

· **要有思辨力**：思考問題要有邏輯性，環環相扣，對可能發生或者不可能發生的事情，透過自己的推理做到心中有數。

· **要有競爭精神**：就是敢去想、敢去說、敢去爭，要有「舍我其誰」的勇氣和信心。這不只是談話，也是做好其他任何工作所必須具備的一種基本素養。

· **要富有才華**：這是一種多年累積的能力，是一個人想做什麼事情或者就能夠做什麼事情的基礎。

總之，成功的談話，屬於未雨綢繆的人，屬於有準備的人，屬於會預測的人，屬於善應變的人。因為他們知道這個道理：不打無準備之仗！

第四章
善於洞悉人心：瞬間看透他人的心思

　　人們常說，「知人知面不知心」，這恐怕也道出了「人心難測」的道理。有人說不要輕易相信他人，這不是沒有道理的。在交際過程中，與其感嘆人情冷暖，我們不如練就洞悉人心的技巧，只要很好地掌握了這種技巧，就意味著你可以在瞬息之間，看透周圍的人和事，洞察一個人內心深處潛藏的玄機，可以讓你以不變應萬變，從而使你在人生的大舞臺上左右逢源，盡情揮灑。

氣質是人的綜合反映

　　氣質是人的學識、修養和內心世界綜合的反映。一個人的氣質和他的行為有著密切的關係，氣質常常決定一個人行為的方式，而行為又表現為與氣質相吻合的特徵。辨別一個人的氣質，對於合理調配人的行為規範是有重要影響的。

　　所謂氣質，是先天的德性、人品與後天的培養、修練、知識累積的總和，它涵蓋的方面很多。一般而言，有知識不等於有文化，有文化不等於有涵養，有涵養不等於有人品。所以，囊括知識、文化、涵養的是人品而非其他，四者的綜合才能形成獨特的「氣質」。氣質是一種說不清、道不明的東西，即你的精神面貌和總體素養、你的人生閱歷總和、你的畢生累積之大成。它反映在你的舉手投足之中，展現在你的為人處世之上，更流露在你的言談話語之間。

　　氣色的變化還能展現出一個人的心態：憂懼害怕的臉色大都是疲乏而放縱，熱燥上火的臉色大都是迷亂而汙穢，喜悅歡欣的臉色都是溫潤愉快，憤怒生氣的臉色都是嚴厲而明顯，嫉妒迷惑的臉色一般是冒昧而無常。所以一個人，當他說話特別高興而臉色和言語不符時，肯定是心中有事；如果其口氣嚴厲但臉色可以信賴時，肯定是這個人語言表達不是十分流暢敏捷；如果尚未出言便已怒容滿面時，肯定是心中十分氣憤；將要說話而怒氣衝衝時，是控制不了的表現。所有上述這些現象，都是心理現象的外在表現，根本不可能掩飾得了。

　　「色」是一個人情緒的表現，「色」愉者其情歡，「色」沮者其情悲。也有不動聲色之人，需從其他角度來鑑別他們的情緒狀態。

　　從今天的觀點來看，人不是生而知之的，但人確實與先天氣質有關係。要了解那些從出生給我們帶來的氣質特徵，對照下列內容可以有一個大體的了解：

- **積極型**：積極型的人剛毅勇敢，不輸他人；在別人的眼裡，他是一個有作為的人；不重利，認為得利必有失；堅信自己的信念；善於自我解釋；經常積極、活躍地活動，與自己的心情好壞無關；動手能力強，自我傾向性強；不易接受他人意見；做事有恆心，失敗了不灰心，頑強奮鬥，堅持到底；不受他人情緒好壞的影響。

- **躁鬱型**：躁鬱型的人能與性格古怪、思維方法不一樣的人輕鬆往來；樂意為他人服務；聽到悲哀的話，立即為之感動；做事衝動，常辦錯事；常被他人稱為好好先生；遇事不冷靜思考，就立即採取行動；服從分配，上司吩咐做什麼就做什麼；對初次見面的人很容易親近；能輕鬆地與人談笑，開玩笑；不古怪，不彆扭

- **黏著型**：黏著型的人做任何事一開始就孜孜不倦，有耐心；常被人指責為不通融合群；做事毫不馬虎；與人交往中絕不缺情，正義感很強；處理事物時，原則性很強，但方法不太漂亮；常勃然大怒；專心處理一件事時，未做完之前，其他事一概不管；心情好時，動作也來得慢；一方面積極，一方面保守；喜好潔靜。

- **分裂型**：分裂型的人不善交際，獨自一個也不寂寞；寧願多思考，也不輕易採取行動；呆呆地好像在想什麼問題；對他人的喜怒哀樂並不介意；人家都娛樂時，他會為自己的某一件事而憂慮；有點神經質，對世俗的反映顯得遲鈍；給人的印象是冷淡，不易親近；並非惡意，但有時會挖苦人家；進入新環境中，不容易與他人親近；對任何事物總是從廣泛的角度去深思理由，不喜歡在某一規定範圍內行動。

- **折衷型**：折衷型的人有時含著微笑講話，有時卻冷淡對人；時常無緣無故地不耐煩、大發雷霆；平時心情悲觀，但有人安慰時顯得高興、愉快、任性，說話表情過分；相信道聽塗說，容易接受他人暗示；喜歡華麗，好擺闊氣；有時顯得撒嬌；多嘴多舌，但感情冷淡；喜好炫耀自己。

- **否定型**：否定型的人內心煩惱，但表情上不表露；自卑感強；做什麼事都猶豫不決，沒有決心做下去；不希望想的事，偏偏要留在腦子裡想；即使是微不足道的小事，也表現出恐懼之感；自己做過的事，時常掛念在心裡；對做過的什麼事都沒有滿意的時候；已經過去的不順利的事，還永遠記在心裡，悶悶不樂；意志消沉，沒有耐心；應該說的，不敢說出來。

除人的類型之外，血型也是影響氣質的重要因素。我們知道，每個人都有自己的血型特徵，氣質特徵和性格特徵。血型特徵與氣質特徵都以遺傳因素為主，絕大多數成分產生於先天，而性格特徵則因人的後天修養累積而成，可以改變，也可以或多或少地影響人的氣質特徵。概括地說，氣質既是內在的修養，又是外在的表現。人可以用知識來彌補氣質上的不足，遮掩其中的缺點，並使優點發揚光大。

表情是內心的真實寫照

正所謂「相由心生」，臉的情態與性格有著必然的密切關係，我們不難從一個人的性格推斷出他大致的表情，也不難從一個人的性格判斷他常具的表情。

在高明的觀察者看來，每個人的臉上都掛著一張反映自己生理和精神狀況的「海報」。狄德羅（Denis Diderot）在他的書中說過：「一個人他心靈的每一個活動都表現在他的臉上，刻畫得很清晰、很明顯。」

在人類的心理活動中，表情是最能反映情緒表面化的動作，傳統的人相學以臉型、相貌等占測一個人的性格與命運，是有失偏頗的，但如果憑面部表情來推測和判斷一個人的性格，大致上是有相當的準確性的。

- **性格達觀的人**：這種人一貫心情開朗愉快，表現得無憂無慮，不會杞人憂天，自尋煩惱。總是給人微笑的印象，面部肌肉較為鬆弛、平滑，兩唇微張，嘴角上揚，腮部的肌肉突出，抬頭紋和眼角下的皺紋表現得較明顯。

- **性格內向的人**：這種人平時安靜沉穩，處事謹慎入微，但在具體工作中常「前怕狼，後畏虎」，優柔寡斷，性情孤僻。他們行為舉止較為緊張，給人很不舒服的感覺，兩唇緊閉「一」字形，顯得嘴小了些，唇頰相接部位的皺紋和眼角皺紋表現得較明顯。

- **性格幽默詼諧的人**：這種人時常保持快樂的心態，動作滑稽，言談輕鬆詼諧、妙趣橫生。他們的面部表情是嘴角上揚，口為上凹弧狀，而眼眉挑起成上凹弧，恰好與口的上凹弧遙相呼應，眼睛瞇成一條縫，總有一種讓人忍俊不禁的感覺，抬頭紋和眼角下的皺紋表現得較明顯。

- **性格憂鬱的人**：這種人常常情緒苦悶、孤獨、焦慮、憂愁。其表情拘謹，極不舒展，眉間紋、人中紋和唇下紋一般表現都比較明顯。屠格涅夫（Turgenev）在《前夜》（*On the Eve*）中對葉琳娜的面部表情有這樣的描寫：「她的唇際，當她沒有笑容時，卻有一抹幾乎看不見的線痕，表現出一種隱祕的永在焦慮。」屠格涅夫筆下葉琳娜唇際的這抹「線痕」，正是她漂泊生涯中長期鬱積心頭的焦慮刻在她面部肌肉上的痕跡。

人的大腦分為兩半球，發自內心的感情通常由右腦控制，卻具體反映在左臉上；而左腦則專司理智性感情（即經過克制和偽裝的感情），然後反映在右臉上。因此左臉的表情多為真的，右臉的表情有可能是假的。若想知道對方的真實感情，必須強迫自己去觀察對方的左臉。

從表情的動作上，能夠一眼洞察別人的內心動機，春秋時期的淳于髡就是這樣一個「高手」。

　　梁惠王雄心勃勃，廣召天下高人名士。有人多次向梁惠王推薦淳於髡，因此，梁惠王連連召見他，每一次都摒退左右與他傾心密談。但前兩次淳於髡都沉默不語，弄得梁惠王很難堪。事後梁惠王責問推薦人：「你說淳于髡有管仲、晏嬰的才能，哪裡是這樣，要不就是我在他眼裡是一個不足與言的人。」

　　推薦人以此言問淳於髡，他笑笑回答道：「確實如此，我也很想與梁惠王傾心交談。但第一次，梁惠王臉上有驅馳之色，想著驅馳奔跑一類的娛樂之事，所以我就沒說話。第二次，我見他臉上有享樂之色，是想著聲色一類的娛樂之事，所以我也就沒有說話。」

　　那人將此話告訴梁惠王，梁惠王一回憶，果然如淳於髡所言，他非常嘆服，淳於髡的識人之能。

　　從面部表情上，讀透了內心所蘊藏的玄機，是識人高手厚積一世，而薄發一時的祕技，而最經典的莫過於三國時，諸葛亮和司馬懿合唱的「空城計」了。

　　一部《三國演義》，婦孺皆知、耳熟能詳的莫過於「空城計」，當諸葛亮帶領一幫老弱殘兵坐守陰平這座空城時，兵強馬壯的司馬懿父子，率領二十萬大軍兵臨城下。

　　在城牆之上，諸葛亮焚香朝天，面色平靜，他旁若無人地洞開城門，自己端坐在城牆之上，手揮五弦，目送歸鴻，飄飄然令人有出塵之想。

　　一場千古的雙簧戲，由此拉開了帷幕，諸葛亮和司馬懿，這對謀略上勢均力敵的高手，一個在城牆之上，一個在城牆之下，用心機對峙著。諸葛亮知道司馬懿一眼能看穿他虛張聲勢的空架勢，但諸葛亮更知道，司馬家族和曹氏家族的衝突，倘若司馬懿拿下了諸葛亮，三國鼎立之勢不再，司馬家族目前羽翼未豐，最後難逃兔死狗烹的下場。

嫻於軍事的司馬懿當然知道幫劉邦打天下的韓信的下場。諸葛亮的存在，讓司馬懿有了和曹操周旋的機會，對付諸葛亮，曹操還必須倚重司馬懿，諸葛亮一倒，曹操立刻沒了後顧之憂，安內是必然之舉，那一刻，哪裡還有司馬家族的容身之地。

所以，在表情平靜的背後，倆人心中都在波瀾起伏，就是因為諸葛亮一生謹慎，心知司馬懿不會下手，才敢下這看似冒險之局，當司馬懿的兒子提醒說，諸葛亮在使詐，城中必無伏兵，心知肚明的司馬懿，立即打斷他的話，以諸葛亮一生謹慎的話，搪塞過去了。機智的司馬懿從諸葛亮平靜的表情上領悟到，這是諸葛亮用謀略和他合唱雙簧戲，這齣戲，非大智大慧的人，絕不可能唱得如此之好。

走姿反映人的內心世界

走路是任何一個健全人體的本能。這種動作與生俱來，而且看似平常，沒有半點特別，卻最能反映出一個人的性格特徵。

在洩露人的心理活動這一方面，腳部是全身最誠實的部位。可惜很多人都顧不上或不注意觀察這個部位，對這方面的知識也缺乏了解。如循規蹈矩主人的走路姿態，與積極上進主人的走路姿態絕對是大相徑庭。由於這種分析具有一定的準確性和科學性，所以我們要學會透過觀察他人的走路姿態，從中找出他們的真實性格。

走路沉穩的人務實

有的人走路從來都是不慌不忙的，哪怕碰到了最重要最緊急的事。這種人辦事歷來求穩，無論做什麼事情都要「三思而後行」。這樣的人比較講究信義，比較務實，一般來說，工作效率很高，說到做到。

走路前傾的人謙虛

有的人走路總是習慣上體前傾，而不是昂頭挺胸。這種人的性格比較內向和溫和，為人比較謙虛，一般不會張揚，很注意嚴格要求自己，很有修養。有的人走路把頭低著，雙手緊緊地背在背後。他們的腳步有時很慢，不時還會停下來踢一下石頭，或者撿起什麼東西來

。看一下，然後又丟下。從一般的情況看，有這種行為的人往往心事重重。他們或許正在為一件很難辦的事情而焦頭爛額。

走路低頭的人沮喪

有的人走路的時候總是拖著步伐，把兩隻手插進衣袋裡，頭常常低著，只埋頭走路，不抬頭看路，不知道自己最終要去哪裡。這樣的人往往是碰上了難以解決的問題，到了進退維谷的境地。很多快要走入絕境的人常常有這樣的表現。

有這樣一個故事：

一天早晨，有位牧師遇到了這樣一個人。牧師很可憐他，給了他兩塊錢，並對他說：「不要絕望，前途會變得很光明的。」

第二天早晨，這位牧師又見到了這個人。

那個人正朝牧師走來，並且很高興地對牧師說：「不要絕望，前途會變得很光明的。」並遞給牧師四十元，說：「那匹馬贏了，賠注是一賠二十。」

看來這個人是因為囊中羞澀而感到沮喪，牧師在關鍵的時候給了他必要的幫助。

走路兩手叉腰的人急躁

有的人走路兩手叉腰，上體前傾，就像一個短跑運動員。他們可能是一個急性子，總希望在最短的時間之內跑完急需走完的路程。

這種人有很強的爆發力，在要決定實施下一步計畫的時候常常表現出這樣的動作。在這段時間裡，從表面上看，他們處於沉默的階段，好像沒有什麼大的舉動。其實，這叫「此時無聲勝有聲。」

他們的這種動作，實際是一個大大的「V」形，正是他們在告訴別人，勝利正在向自己走來，你們就等著我的好消息吧。

高抬下巴走路的人傲慢

有的人走路的時候，下巴高高地抬起，手臂很誇張地來回擺動，腿就像高蹺一樣顯得比較僵硬。他們的步子常常是那樣的穩重而遲緩，好像刻意要在別人的心目中留下深刻的印象。

這種人很傲慢，被人們稱為「墨索里尼式」步態。如果不想與這樣的人對抗，在他們的面前最好表現的謙虛一點。

喜歡踱步的人善於思考

就姿態而言，這是非常積極的姿態。但是旁人可能對踱步者講話，因而可能使他思緒中斷，並且干擾到他正想做的決定。多數成功的推銷員了解：要讓踱步的顧客單獨思考是否決定購買自己所推銷的商品，不要去打擾他，這點是很重要的。假如他想要問問題時，他們才讓他停止踱步思考。有許多成功的談判乃至於一方咬著舌頭不吭氣，讓另一方繼續決策行為，在地毯上踱方步。

漫步的人外向，端步的人內向

有的人走路總是不正規，就像玩似的，一點兒也不合規範。這種人與上一種人正好相反。他們屬於外向型的人，對周圍的一切事情都感興趣。這樣的人對什麼事情都不會很認真，可以接受各式各樣的意見，人們稱之為曲線型的人。

有的人走路頭幾乎不動，筆直地往前走去。這樣的人關心自己超過關心別人，很少注意目的地之外的人和事。這樣的人是內向型的人，主觀意識很強，處理問題很少有彈性。他們如果去當會計、出納，要在他們那裡開後門是不容易的，他們被稱為直線型的人。

背著手走路的人有優越感

有些人走路的時候昂首挺胸，雙手背在身後，給人一種很有優越感的印象。有大量的研究顯示，具有這種動作的人，往往是比較有地位和權勢的人。政府重要官員、高級軍官、學校校長、公司董事長等，常常以這樣的姿勢出現在公共場所。研究認為，這是一種非常自信、比較狂妄的姿勢。

把手背到身後，不僅可以產生一種權威的效果，還可以給自己一種「鎮靜」的作用。如果一個人感到焦躁不安的時候，把手背到身後可以一定程度地減少這種緊張情緒。那些接受採訪、自以為受了冤枉的嫌疑犯，他們出場的時候往往會作出這種姿勢，以便為自己壯膽打氣。心理學家研究發現，把手背在身後可以使人感到比較坦然，碰到事情不會緊張，自己彷彿有了一種膽量和權威。

背手壯膽的方法在學生當中比較流行。譬如老師叫學生到講臺前去背書，學生往往會不由自主地把手一背走向前去。很多資料證明，這種方法的確是一種比較好的鎮靜劑，很多人因此變得自然起來。

很多大人物都有這種背手挺胸的習慣，由此可見這種姿勢所表現出來的不可一世。研究發現，在享有同等地位的人們裡面，那些經常背著手、挺著胸的人的確有一種唯我獨尊、自以為是的心態。與這樣的人交流，如果不注意方式方法，很難與他們和平共處。

坐姿是人心靈的暗示

坐姿是心靈的暗示。從坐的方式、坐的姿態、坐的距離中,都可以窺出一個人真實的意思,了解一個人心理上的動向。

在日常生活中,人們就坐時的樣子千姿百態。但是你知道嗎?雖然每一種坐的姿勢,看似無意,貌似隨意卻隱藏著人的性格特徵。一些善於觀察和熟知心理學的人可以從其坐姿探出一個人心理活動的規律。

自信型的坐姿

這種人通常將左腿交疊在右腿上,雙手交叉放在腿跟兩側。他們有較強的自信心,對於自己的見解深信不疑。如果他們與別人發生爭論,可能他們並沒有在意與別人爭論的觀點與內容。

他們的天資聰穎,有理想、有行動,總是能想盡一切辦法並盡自己的最大努力去實現自己的理想。雖然也有「勝不驕、敗不餒」的品性,但當他們完全沉醉在幸福之中時,也會有些得意忘形。這種人很有才氣,而且協調能力很強,在他們的生活圈子裡,他們總是充當著上司的角色,而他們周圍的人也都心甘情願。

溫順型的坐姿

溫順型的人坐著時喜歡將兩腿和兩腳跟緊緊地併攏,兩手放於兩膝蓋上,端端正正。這種人一般性格內向,為人謙遜。他們慣於封閉自己的情感世界,哪怕與自己特別傾慕的愛人在一起,他們也不會說出甜言蜜語,更看不到一絲親熱的舉動;對於感情奔放的人來說,實在是欲拒難捨,欲捨難離。

這種坐姿的人常常替別人著想,他們的很多朋友對此總是感動不已。正因為如此,他們雖然性格內向,但他們的朋友卻不少,因為大家尊重他們的「為人」,在互助中很容易建立起深厚的友誼。

第四章　善於洞悉人心：瞬間看透他人的心思

古板型的坐姿

　　坐著時兩腿及兩腳跟併攏靠在一起，雙手交叉放於大腿兩側的人為人古板而自傲，他們從不願接受別人的意見，即使明知別人說的是對的，但他們仍然不肯低下自己的腦袋。

　　他們明顯地缺乏耐心，哪怕是只有十分鐘的短會，他們也時常顯得極度厭煩，甚至反感。

　　這種人凡事都想做得盡善盡美，做的卻又是一些可望而不可即的事情。他們愛誇誇其談，而缺少求實的精神，所以在事業上他們的成功率不高。雖然這種人為人執拗，不過他們大多富有想像力。說不定他們只是經常走錯門路，如果他們在藝術領域裡發揮自己的潛能，或許會做得更好。

羞怯型的坐姿

　　把兩膝蓋並在一起、小腿隨著腳跟分開成一個「八」字樣、兩手掌相對放於兩膝蓋中間的這種人特別害羞，多說一兩句話就會臉紅，他們最害怕的就是讓他們出入社交場合。這類人感情非常細膩，但並不溫柔，因此這種類型的人經常使人覺得莫名其妙。

　　這種人屬於保守型人群的代表，他們的思想通常比較落伍，跟不上時代的步伐。在工作中他們習慣用過去成功的經驗作依據，因循守舊，故步自封，結果頻繁地遇到挫折。不過他們對朋友的感情是相當真誠的，每當別人有求於他們的時候，只需打個電話他們就肯定會效勞。

堅毅型的坐姿

　　這類人喜歡將大腿分開，兩腳跟併攏，兩手習慣於放在肚臍部位。

　　這種人很有男子漢氣概，有勇氣，也有決斷力。他們一旦考慮了某件事情，就會立即付諸行動。在愛情方面，他們一旦對某人產生好感，自然就會

去積極主動地表明自己的意向；不過他們的獨占欲望相當強，動不動就會干涉自己戀人的生活，時常遭到對方的討厭。

他們勇於不斷追求新生事物，也勇於承擔社會責任。這類人當上司的權威來源於他們的氣魄，其實很多人並不真心地尊重他們，只是受他們那種無形的力量威懾而已。從另一個角度來說，他們不會成為處理人際關係的「老手」。當他們遇到比較棘手的人際關係問題時，他們多半會不知所措。但是如果生活給他們帶來什麼壓力的話，他們一定能夠泰然處之。

開放型的坐姿

這種人坐著時常常將兩腿分開距離較寬，兩手沒有固定擱放處，這是一種開放的姿勢。

這種人喜歡追求新奇，偶爾成為引導都市消費潮流的「先驅」。他們對於普通人做的事不會滿足，總是想做一些其他人不能做的事，或許不如說他們喜歡標新立異更為確切。

冷漠型的坐姿

這種人通常將右腿交疊在左腿上，兩小腿靠攏，雙手交叉放在腿上。

這種人看起來覺得非常和藹可親，似如菩薩，很容易讓人接近。但事實卻恰恰相反，別人找他談話或辦事，一副愛答不理的舉動讓你不由得不反思「我是否花了眼？」你沒有花眼，你的感覺很正確，他們不僅個性冷漠，而且性格中還有一種「狐狸作風」。對親人、對朋友，他們總要向人炫耀他那自以為是的各種心計，以致周圍的人不得不把他們打入心理不健全的一類人。

悠閒型的坐姿

這種人半躺而坐，雙手抱於腦後，一看就是一副怡然自得的樣子。這種人性格隨和，與任何人都相處得來，也善於控制自己的情緒，因此能得到大

家的信賴。

他們的適應能力很強，對生活也充滿朝氣，從事任何職業好像都能得心應手，加上他們的毅力也都不弱，往往能達到某種程度的成功。

語速展現人的個性

有人說話速度快，有人說話速度慢；有人說話語氣緩和，有人說話則堅決果斷。人的說話速度和語氣之所以呈現出千差萬別，其實都是受到他們性格的影響。

語速主要指說話的快慢，也就是上文所說的韻律或節奏問題。語速與心理活動連繫密切，一般來說，當人比較懈怠或安逸時，語速較緩；當人情緒波動較大時，語速就會明顯加快。人們的說話速度和語氣透露出他們的真實性格，透過觀察對方的說話速度和語氣，我們可以將他們看得更透澈。

- 語速稍快，說起話來彷彿在放鞭炮似的，幾乎都屬於外向型的人。外向型的人說話聲音流暢，聲音的頓挫富於變化，且能說善道，只要一想到什麼事情，就會不假思索、恰如其分地表達出來，有時還會把自己的身體挪近對方，說到關鍵之處，唾沫橫飛，有時甚至會隨意打斷對方的話語，以便貫徹自己的主張。
- 說話速度非常快的人多性格外向，有青春活力，朝氣蓬勃，總給人一種陽光般的感覺。
- 說話速度太快的人，會給人一種非常緊張、迫切，發生了非常重大的、緊急的事情的感覺，同時也會讓人覺得焦躁、混亂以及些許粗魯。
- 說話緩慢的人，會給人一種誠實、誠懇、深思熟慮的感覺，但也會顯得猶豫不決、漫不經心，甚至是悲觀消極。他們大都是性格沉穩之人，處事做人是通常所說的慢性子。

- 說話速度較平常緩慢的人，對所談論的話題或對談話者有很多的不滿，甚至還包含敵意，他們的談話往往得不到滿意的結果或解決不了實際問題。而說話速度較平常緩慢的人，表示此時心中存有自卑感，或者根本就是在說謊，期望借用這種方式掩飾自己的言不由衷，但這種掩飾卻欲蓋彌彰，恰好暴露了他們的真實想法。

- 語速反常的人，這種人平時少言寡語、慢條斯理，突然之間誇誇其談、口若懸河，說明他們在內心深處有不願意被他人察知的祕密，想用快言快語作為掩飾，轉移他人的注意力。或許他們還有讓對方了解的願望，倉促之間不知道該如何表達，所以在語速上出現了反常。

- 由自信決定語速的人。自信的人多用肯定語氣與別人對話；而沒有自信心和怯懦的人，說話的節奏緩慢，多半慢慢吞吞，好像沒有吃飯似的沒有力氣。喜歡低聲說話的人，不是有女性化的傾向，就是缺乏自信。

- 喜歡用含糊不清的語氣和詞語結束話題的人，非常膽小怕事，大多神經質，明哲保身，需要承擔責任時常常推託搪塞。比如說「這只是個人的看法」、「不能以偏概全」、「從某種意義上講」或「在某種形勢下」等等。

- 說話輕聲細語的人，這種人生性小心謹慎，具有一定的文化修養，措辭嚴謹適當，而且謙恭有禮。他們對人很有禮貌，別人也會尊重他們；胸襟寬闊，能夠包容他人的缺點和錯誤，對人也很客氣，不輕易責怪與怨恨他人，注重交往，能夠主動與周圍的人拉近距離。

- 經常滔滔不絕談個不休的人，一方面目中無人；另一方面好表現自己。並且，這種類型的人，一般性格外向。當話題冗長、須相當時間才能告一段落時，談論者心中必潛在著唯恐被打斷話題的不安，唯有這種人，才會以盛氣凌人的方式談個不休。至於希望盡快結束話題交談的人，也有害怕受到反駁的心理，所以試圖給予對方沒有結果的錯覺。

· 講話時竊竊私語，或者彷彿耳語一般小聲囁嚅，聲音不知不覺中變小者一定是屬於內向型的人。內向型的人往往會在無意識之中跟對方保持一定的距離，而且還會採取內閉式的姿勢。他們對別人的戒心非常強烈，而且認為不必讓對方知道多餘的事情。正因為如此，他們連自己應該說的話也懶得說出來，一心想「隱藏」自己，聲音當然就會變成囁嚅了。這種情況不僅是在一對一的聊天時如此，在會議上的發言亦如此，因為他們並不想積極地說出自己的想法，以至欲言又止，變成了喃喃自語似的，聲音很小又很緩慢。說話時，往往不是明確而直截了當地說出來，總是喜歡繞著圈子，使聽的人感到焦躁不安。這種人即使是對於詢問也不會做明確的答覆，態度優柔寡斷，給人一種索然無味的感覺。

這種人對別人的戒備心理固然很強烈，但是內心幾乎都很溫和，為了使自己的發言不傷害到別人，總是經過慎重的考慮之後再說話；同時又擔心自己發表的意見將造成自己跟他人的對立。因為膽怯又容易受到傷害，而且過度害怕錯誤以及失敗，只好以較微弱的聲音娓娓而談。也許他們認為這種說話方式最安全。不過，對於能夠推心置腹的親友以及家屬就不一樣了。對於這一類特別親近的人，他們都會解除戒心，彼此間的距離也被拉近了，因此能夠以爽朗的大嗓門以及毫不掩飾的態度跟對方交談，能夠很自然地露出笑容。

從言語中辨析人的品德情操

　　一個人的言語，在一定程度上反映一個人的一些實際情況，從言語中可以辨析人的品德情操。

　　古人的名言，對我們正確地知人識人很有啟示。我們可以透過辨析考察的言語來了解和掌握他們的德才行為，因此，言語辨析法不失為知人識人的

有效方法。

使用言語辨析法知人，需要有言語做基礎，沒有言語，辨析也就成為一句空話。從人們生活實踐看，獲取考察對象言語的方法主要有三種：

一是直接交談法。就是透過與被考察對象直接交談來辨別他的德才行為。這種方法是人們在知人識人中應用最為廣泛的一種。實踐也證明，這是獲取被考察者言語並能正確判斷其德行較好的一種方法。

日本名古屋商工會議所主席土川元夫有一次接待一位要求到他那裡工作的人。談了二十分鐘，便作出決定：不能留用。當推薦者問他為什麼這麼短的時間就能決定取捨的時候，土川元夫說：「這個人和我一見面就滔滔不絕地說個沒完，根本不讓我有說話的餘地，我在說話時他又滿不在乎地不注意聽，這是他的第一個缺點。其次，他很得意地宣傳他的人事背景，說某某達官貴人是他要好的朋友，另一位名人也是常常和他一起喝酒的酒友，沾沾自喜地炫耀出來故意讓我知道；第三，我想聽的話，他又沒有說出來，真令人擔心，這種人怎麼能做同事呢？」聽了這番分析，推薦人也佩服得直點頭。

二是耳聽八方。就是在與被考察者廣泛接觸中，做善聽他們言談的有心人。對被考察者的話，在正式場合下說的要聽；日常生活中說的也要聽；順耳的話要聽，逆耳的話也要聽；正確的話要聽，錯誤的話也要聽。從被考察對象的各種閒言碎語中知人識人。譬如一個人在正式場合說話的內容是滿口的政治套話，而在「自由市場」上卻說話不負責任，甚至散布一些不滿的言論，說一些極為消極的話。這時，我們就可以判斷出此人心口不一，不可信其言語。

三是委託傳輸法。就是透過第三者來獲取被考察對象的言語。由於主客觀條件的制約，被考察者說話也有一定的選擇和掩飾性。比如有的人在場時不敢說，有的脾氣不合的不願說，還有的性格內向的不善說。這時，我們可以透過與被考察對象合得來的第三者與其談話，來獲取真實的言語。但是，

第四章 善於洞悉人心：瞬間看透他人的心思

領導者選擇的第三者應該是為人正直，有責任心的可靠的人，這樣才能保證傳輸言語媒介的「保真度」。

經過多種管道，獲得了考察對象的大量言語資訊後，從這些言語資訊中去辨析考察者的一些實際情況。在知人的實踐中，最難辨析的還是奉承和吹捧自己的言語。善聽順耳之言是人的天性。奉承吹捧者把錯的說成對的，黑的說成白的，以致有的人聞「順言」而放棄原則。我們在實踐中要掌握識別吹拍之徒的方法，常見的識別方法主要有三種：

- **自省法：**就是當聽到奉承讚美之言時，要客觀地分析自己與「美言」之間是否名副其實，以便找出讚美者的動機。知人者在聽到讚揚之言的時候，不要自我陶醉，飄飄然、昏昏然。首先要用鏡子照一照自己，比較一下，檢查一下，看看自己的實際情況和讚揚相符不相符。如果不相符，就要認真分析一下讚揚人的動機，是出於偏愛，還是出於懼怕，出於有求於自己。

- **反證法：**是指聽到過頭的讚美之言，就可以初步斷定對方的不良德行。聽到「美言」，就可以對被認知者懷疑有不善之心，其做法雖有些偏激，但它仍不失為一種觀察人的有效方法。

- **明技法：**就是了解和掌握善諛者的常用技法，以便更好地識別其不良動機。從實踐看，善諛者最常用的技法，就是根據「人心向善」的心理，把被說服者的優點吹得天花亂墜，把其缺點或問題圓滑得天衣無縫。

言語談吐也可以反映一個人的才能學識，這是許多實踐所證明了的真理。當然，無論從洋洋萬言或一句話中，還是從聲音大小中來識別人的才能學識，都離不開國情、地情、時情和人情等客觀環境，離開了這個環境，就無法做出正確的鑒別。另外，知人識人者要特別注意鑒別那種「嘴尖皮厚腹中空」的誇誇其談者，不要把誇誇其談誤認為是才能學識的表現。如果不注

意這一點，就要吃大虧。這在歷史上也有教訓。成語「紙上談兵」，便給人深刻教訓。

從言語中辨析人才的德才行為，看起來很簡單，事實上，卻不是件容易的事，辨析對象是活生生有思想、有心機的人，有的甚至把自己的心裡話埋在肚子裡不說，有的見風使舵專撿好聽的話說，等等。

花言巧語不可信

在日常生活中，有的人為了達到某種目的，或是想往上爬，或是想獲取某種利益，便採取說好話的方式，以花言巧語巴結、奉承別人，或是做出過分親密的事，讓你上當受騙；也有的人是採取拉關係、套近乎，跟你拐彎抹角扯親攀友，這些都應該有所警惕。

荀攸是曹操的謀士，他從小就有奇才，十三歲那年，他的祖父去世了，就在一家人極為悲痛的時候，他祖父昔日的下級張權跑來弔喪。

張權一走到荀攸祖父靈柩前面，就大放悲聲，如喪考妣。他哭著，還一再表示要為故去的老太守守墓，以報答老太守的深恩大德。張權的虔誠表現令荀家上下十分感動，全家都懷著感激的心情準備答覆他提出的請求。這時，始終不動聲色的荀攸，經過觀察，覺得此人態度反常。他想到祖父生前從來沒有向家人提起過張權這個人，可見他與祖父並無深交，更沒有聽誰說過祖父對此人有什麼值得厚報的深恩。他覺得一個人施之過重，必有他意。此人對死者的悲情是言不由衷，對死者之愛也是言過其實。而且此人請求過切，談吐又閃爍其詞，料他必有所隱；再者此人面帶憂愁，必有所懼。荀攸看出破綻，忙找叔父荀衢談了自己的疑慮。果然，待叔父喚過張權，經過一番盤查，此人便招認自己犯了殺人之罪，是想借為老太守守墓之名，逃脫法律的制裁。

荀攸識破張權的言行，是採取站在一旁靜聽，與說話人保持距離審視地聽，一邊聽他說話一邊搜索記憶，從記憶裡尋找祖父對這個人的影響和說話人所表示的態度的差異，經過對照，確定張權言行有詐。

總之，對向你花言巧語的人，應該採取警惕、戒備和慎聽的態度，這樣你才不會受騙上當。

當年，呂布戰敗後被曹操手下擒獲。

曹操得知生擒呂布大喜過望。曹操愛才，素知呂布驍勇善戰，武藝高強，天下無敵。虎牢關劉、關、張三英戰呂布，也只不過打了個平手。曹操有意想勸呂布歸降自己。

呂布這個人，武藝雖然高強，但是缺乏政治立場，先時做丁原的乾兒子，被董卓用高官厚祿收買，殺了丁原；後做了董卓的乾兒子，又被王允設美人計離間了他與董卓的關係，他又殺了董卓。他唯利是圖，反覆無常，對他這個人的品性，天下人都有評論。到他被曹兵所擒時，他的貪生怕死的性格又暴露了出來。當他被推到曹操帳下時，他便用可憐的聲音試探曹操，說：「縛得太緊了，實在難受，請稍鬆一點行嗎？」曹操訕訕地說：「縛虎不得不緊。」呂布聽出曹操對自己有憐惜之意，便乘機說：「丞相所顧慮的，不過是我。今我為你所擒，只要不殺我，我真心實意輔佐你，天下何慮不定？」呂布一席話說出來，有哀有求，正對了曹操的口味。曹操聽後，就打算收用呂布。

可是曹操佯裝思索，呂布擔心曹操猶豫，見劉備坐在曹操身邊，便又懇求劉備替他在曹操面前說幾句好話。曹操這時也想聽聽劉備的意見，便兩眼看著劉備。沒料想劉備冷不防冒出一句：「丞相難道不記得董卓和丁建陽嗎？」

就是劉備這句話提醒了曹操，曹操立即命令刀斧子將呂布推出斬首。

曹操熟知呂布為人，出於對他武藝的偏愛有意要將他收用，又被他花言巧語所迷惑，正要免他死罪收在麾下，卻被劉備一句話提醒，立刻改變主意

將其斬首。姑且不論劉備一句話出於何種用心，單就呂布這種品格的人，曹操一旦留下來，對他自己來說，也可以說是凶多吉少。

總之，對花言巧語要存有戒心，「害人之心不可有，防人之心不可無」。對突然闖進來的「善意」，對超越範圍的「親熱」，對為了達到某種個人願望的「乞求」，都應該慎聽、嚴察，一旦被花言巧語所困，又不聽人提醒，後果就不堪設想了。

透過握手方式判斷人的性格

握手，是現代社會中人與人交往一種較為普遍的禮節。雖然只是簡單的一握，但這其中卻也有很大的學問。有專家研究表明，握手可以反映出一個人的很多資訊。透過握手的方式也可以觀察出一個人的性格特徵。

行為是心理的呈現，這一點還可以從手的表現上看出來。從「握手」、「易如反掌」、「袖手旁觀」等字句的探討可以發現，握手時表現人際關係最有力的情感傳達工具，利用手與手的關係，或是手的動作便可易如反掌地解讀出對方的心理，並且還可以不費事地將自己的意　思傳達給對方。

握手是一種禮節，握手是什麼時候產生的呢？據說握手開始於人類仍然處於赤身裸體生活的階段。在開始的時候，男人之間初次見面通常要用手來掩蓋對方性器官表示友好。不久，

這個動作逐漸演變手與手之間的行為。所以對原始人來說，握手不僅表示問候，也是表示手中未持有任何武器，是一種信賴的保證，包含著契約、發誓的觀念。

握手不僅僅是一種禮節，更主要的是在握手的一瞬間有可能識破對方的性格。從這個意義上說，握手不僅僅是一種禮貌行為，而且還是傳達人際資訊的重要方法，因此觀察握手也是「察人」的重要途徑。

第四章　善於洞悉人心：瞬間看透他人的心思

握手時的力量很大，甚至讓對方有疼痛的感覺，這種人多是逞強而自負的。但這種握手的方式在一定程度上又說明了握手者的內心比較真誠和煽情。同時，他們的性格也是坦率而堅強的。

握手時顯得不甚積極主動，手臂呈彎曲狀態，並往自身貼近，這種人多是小心謹慎，封閉保守的。

握手時只是輕輕的一接觸，握得不緊也沒有力量，這種人多屬於內向型人，他們時常悲觀，情緒低落。

握手時顯得遲疑，多是在對方伸出手以後，自己猶豫一會兒，才慢慢地把手遞過去。排除掉一些特殊的情況以外，在握手時有這種表現的人，性格多內向，且缺少判斷力，不夠果斷。

不把握手當成表示友好的一種方式，而把它看成是例行的公事，這表明此種人做事草率，缺乏足夠的誠意，並不值得深交。

一個人握著另外一個人的手，握了很長的時間還沒有收回，這是一種測驗支配力的方法。如果其中一個人先把手抽出、收回，說明他沒有另外一個人有耐力。相反，另外一個人若先抽出、收回手，則說明他的耐心不夠。總之，誰能堅持到最後，誰勝算的把握就大一些。

雖然在與人接觸時，把對方的手握得很緊，但只握一下就馬上拿開了。這樣的人在與人交往中多能夠很好地處理各種關係，與每個人都好像很友善，可以做到遊刃有餘。但這可能只是一種外表的假像，其實在內心裡他們是非常多疑的，他們不會輕易地相信任何一個人，即使別人是非常真誠和友好的，他們也會加倍地提防、小心。

在握手時非常緊張，掌心有些潮溼的人，在外表上，他們的表現冷淡、漠然，非常平靜，一副泰然自若的樣子，但是他們的內心卻是非常的不平靜。只是他們懂得用各種方法，比如說言語、姿勢等來掩飾自己內心的不

安，避免暴露一些缺點和弱點。他們看起來是一副非常堅強的樣子，所以在他人眼裡，他們就是一個強人。在比較危難的時候，人們可能會把他們當成是一顆救星，但實際上，他們也非常慌亂，甚至比他人還要嚴重。

握手時顯得沒有一點力氣，好像只是為了應付一件不得不做的事情，而被迫去做。他們在大多數時候並不是十分堅強，甚至是很軟弱的。他們做事缺乏果斷、俐落的幹勁和魄力，而顯得猶豫不決。他們希望自己能夠引起他人的注意，可實際上，其他人往往在很短的時間內就會將他們忘記。

把別人的手推回去的人，他們大多都有較強的自我防禦心理。他們常常感到缺少安全感，所以時刻都在做著準備，在別人還沒有出擊但有這方面傾向之前，自己先給予有力的回擊，占據主動。他們不會輕易地讓誰真正地了解自己，如果不是這樣，他們的不安全感會更加強烈。他們之所以這樣，在很大程度上是由於自卑心理在作怪。他們不會去接近別人，也不會允許別人輕易接近自己。

像虎頭鉗一樣緊握著對方的手的人，在絕大多數時候都顯得冷淡、漠然，有時甚至是殘酷。他們希望自己能夠征服別人、上司別人，但他們會巧妙地隱藏自己的這種想法，而是運 用一些策略和技巧，在自然而然中達到自己的目的。

用雙手和別人握手的人，大多是相當熱情的，有時甚至熱情過了火，讓人覺得無法接受。他們大多不習慣於受到某種約束和限制，而喜歡自由自在，按照自己的意願生活。他們有反傳統的叛逆性格，不太注重禮儀、社交等各方面的規矩。他們在很多時候是不太拘於小節的，只要能說得過去就可以了。

從電話中分析人的個性

　　接電話是交際中必要的動作行為，從接電話的方式中，我們可以分析出人們個性特徵。我們平時與一個人交談時，可以從他的聲音判斷出他的性格。那麼，在「只聞其聲，不見其人」的電話裡，我們又怎麼透過聲音斷定他的性格呢？

- **外向型**：外向型的人一開口說話聲調就富於節奏感，給人一種爽朗而活潑的感覺。他能夠禮貌周到地報上自己的姓名，雖然說話多少快了一些，但是能夠很快地說明他打電話的用意。這一種外向型的人，都希望面談的時間越快越好，至於見面的地點，他也會配合著對方的意思，很快做出決定。

- **內向型**：內向型的人在開始的「喂……喂……」時，就叫人覺得聲音低沉而混濁，好似在打探對方的情緒似的。如果你回答：「您有什麼事情」時，他往往會一時為之語塞，然後再以緩慢的口吻開始打招呼。這種招呼打起來聲音細小，很難聽清楚。

- **溫和型**：這種人對接電話會很有耐心，如果手頭工作較忙，他會讓電話在長久的等待中響著鈴聲，然後不緊不慢地踱步過去。如果此時的電話是多日不見的老熟人，便會暫時放下手頭的工作，與人天南地北地聊起來，並不在意身邊是否有同事恰巧要用電話。這種人有太強的自我意識，容易在上司面前做假態，在弱者面前逞強。

- **急躁型**：電話鈴聲剛響一兩聲，無論自己身在何方，都會快步衝來，拿起話筒，如果對方暫時沒有回應，會對著話筒高聲呵斥幾聲，然後啪的一聲摔上電話，再接著忙自己的事情。如果電話要找的人恰好不在現場，你就永遠不要要求他會耐心地詢問對方單位名稱、姓名。這種人一般脾氣火暴，容易與人計較從而發生口角。

- **清高型**：這種人接電話總是嗯嗯啊啊，沒有更多的話，對於再熟悉的人，也不會家長里短，甚至連一句禮貌的問候都沒有。他們對待任何事情往往不會有太多的熱情，經常擺出一副「事不關己、高高掛起」的明哲保身的態度。
- **悠閒型**：這類人用電話時舒舒服服地坐著或躺著，一副泰然自若狀。他們生活沉穩鎮定，泰山壓頂仍面不改色。
- **緊張型**：這類人習慣於用手中的圓珠筆等去撥動號碼。這類人個性比較急躁，經常處於緊張狀態，而且不讓自己有片刻的空閒。
- **好奇型**：他們通電話時從不喜歡坐立在同一位置，喜歡在室內走動，邊走邊談。這類人好奇心極重，喜歡新鮮事物，討厭任何刻板性的工作。
- **謹慎型**：他們喜歡把話筒夾在手和肩之間。此類人生性謹慎，對任何事情必須先考慮周詳才做出決定，他們處處小心從事，極少犯錯誤。
- **分心型**：通電話的同時，常常要做一些瑣碎的工作，比如整理文具等。此類人富有進取心，珍惜時間，分秒必爭。
- **豁達型**：打電話時不停地玩弄電話線。此類人生性豁達，玩世不恭：天下來當被蓋，非常樂天知命。
- **堅毅型**：通話時緊握話筒的下端。這類人外圓內方，表面看似怯懦溫馴，其實個性堅毅，無論對事對人，一旦下定決心，永不改變。
- **藝術型**：一邊通話，一邊在紙上信手塗鴉。這類人大多具有藝術才能和氣質，富於幻想。他們獨具的樂觀個性使他們經常能度過困境。

從待人接物中看人

有些待人態度與接物姿勢，對一個人來說是比較穩定的。他如果對上司和前輩不很積極，那對你自己也就不會怎麼積極，如果他對上司和前輩忠誠厚道，那也就會一如既往對待你。

—— 個人在工作中，往往因為他與上司之間的隔閡，而使得自己的工作難以進行。能夠與上司融洽相處的人，一般認為是掌握別人情感，了解他人性格的高手。因為他知道上司並非 —— 開始就像現在這樣難以接近，這道理正如同現在的你不難接近一樣。幾年前、十幾年前，他們像現在的你 ——樣，才剛進入單位，既單純，又直率，是個朝氣蓬勃的年輕人。

能夠與上司融洽相處的人，因為他可以把上司跟自己的家長做比較，善於理解別人，把別人放在自己的長輩的位置去看待，這才使得自己易於讓上司接受，這一點不難理解。我們知道 —— 個人的父親在家庭中是好父親，但到單位後，就像自己的上司一樣，變成了鬼臉， 就給人以可怕和難以接受的感覺。為什麼會這樣，這僅僅是因為他們擔負的工作很重，還要挑著家庭負擔，所以從這兩個方面去對待你的上司，就找到了正確的態度。也就能了解他們就像你父親一樣，原本絕無惡意，也非凶神惡煞，跟你的父親不同的是，反正他是個外人而已，除此之外，他並無任何特殊的地方。

能夠與上司融洽相處，他必定是 —— 個善於了解別人性格、善於掌握別人做事風格的人。一個人只有了解自己的上司是一個什麼樣性格的人，他通常的處事方式如何，他才能超前 —— 步理解上司的意圖，避其鋒芒，以博得上司的賞識。

前輩和上司不同，前輩與自己沒有職位的差距，但是前輩有長於自己的優點。與前輩結交，可以一定程度上反映出一個人謙虛、變通、知禮節等許多優點，這是考察一個人對待他人的重要指數。

　　前輩與自己的差別不是年齡的不同，而是進入公司時間長短和工作經驗多少的不同。在自己的前輩中，也許會有比自己年紀小的前輩。前輩與晚輩之間沒有像大學生運動會上劃分為大一、大二、大三、大四那樣的具體嚴格。雖然如此，身為晚輩，意識裡也一定要經常記著自己是晚輩。

　　比如，在上司交給前輩一件工作時，身為晚輩如果想幫忙的話，就要試著問：「有什麼需要幫忙的嗎？」或者在上司說：「誰做都可以，把這件事處理一下」時，自己要搶著說，「我來做吧！」這樣的主動姿態非常重要。相反，「他雖然是前輩，可年齡與自己沒有什麼差別嘛！」「我也正忙著嘛！」「什麼事都要由晚輩做不是太可笑了嗎！」這樣想、這麼做的話，你和前輩的人際關係是不會好的。

　　在工作上經常給予自己提醒和警告的多是前輩。前輩提醒和警告自己時的說話方式和態度，自己當時可能難以接受。可是，前輩能直接給予提醒已是很難得的了。

　　一位有名的作家以前是某個有名月刊雜誌的編輯。他在回憶自己做編輯的時候說：我非常懷念那個嚴厲的前輩。一般的前輩在你稍微出錯的時候會說：

　　「年輕人嘛，這也是沒辦法的事。」或「工作經驗少嘛，出錯是難免的。」只有那個前輩叱責我說：「笨蛋！重做！做到好為止！」當時我很生氣，為了證明自己並非無能，為了要幹出點成績來讓那個前輩看看，我就拚命地工作。現在回想起來，那個前輩的嚴厲對我來說真是一筆難得的財富。

　　所以，在前輩警告或批評時，一個人如果可以認知到別人為自己好，能倘然接受的話，這個人則被認為是積極上進，明白事理之人。

　　在公司中，可以說同事是最知心的人，因此考察一個人對同事的態度與觀點，可以展現一個人的隨和、開朗、謹慎等人格魅力。

事實說明，—— 個能夠與上司和前輩融洽相處的人，他可能是升遷較快，前途較為寬廣的人。—— 個在人生奮鬥中，都離不開上司和前輩，各行各業都是如此。如果把與上司和前輩的關係處理好了，有的群眾都會主動靠近你，從古到今都這樣，這就是生活的擒王之計。與上司和前輩的關係好壞，一定程度上決定著 —— 個人的仕途。

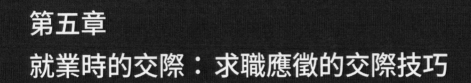

第五章
就業時的交際：求職應徵的交際技巧

　　求職就業的過程中也是你交際技能展現的時候，交際是向企業推銷自我的第一步，只有個人先融入到集體、融入到社會中才有實現自身價值的可能性。因此，一個人如何在求職就業時敞開心扉，展示自己的才能就顯得尤為重要，做好就業時的交際是你走向成功的前提。

培養健康的就業心理

十多年的苦讀，終於有了結局，每一個大學生都將從學校走入社會裡。工作是對大學生學習生涯的獎勵，獎品如何，就看評定的結果。

然而，求職中的一些不良心理如不糾正，必將使求職受挫，還將嚴重影響人生的成功。

糾正碰運氣心理

在校時成績突出者，卻被招聘單位拒絕，而那些在校時不顯山不露水的同學，卻得到了他人羨慕的職位。鑒於此種情況，許多大學畢業生錯誤認為，如果得到一份較為理想的工作，只不過憑機遇而已。我們不得不承認，許多公司確實存有招人用材的不妥之處，導致許多人才浪費，但並不等於說真才實學沒有用武之地。再說了，再好的本事只能用在合適的職位上才顯出恰當，如果，某些單位用不上你的才學，你的本領再強也是等於零。這是供需平衡的常理。你應該全面看問題，不能以偏概全，貽誤自身。如果，你不糾正「運氣」心理，必然不會認真對待求職，即使遇到了合適的單位，也會錯失良機。

減輕怨憤心理

選材用人中的不正之風確實存在，因為有關係，某些畢業生就能順利謀求到他人夢寐以求的單位和職位；而有些畢業生不求得到職位，即使想得到所求單位不予錄取的真實原因都不可能。這樣，那些求職累累受挫的畢業生心裡肯定不舒服。如果，遭遇挫折後能及時調整心態，順其自然，倒也可以。如果生出怨憤無疑會坑害自己。任何單位不會因為你的怨憤就對你網開一面，你也不會因為怨憤舒坦身心，怨憤只能讓你悶悶不樂，影響到你下一步的求職。

放棄急於求成的心理

這種心理主要發生在家庭經濟拮据，急於要賺錢養家的畢業生身上。只要有公司接受，只要待遇過得去，無論專業合適與否，就接受了。殊不知，解決了暫時的困難，卻為今後的職業生涯留下了較大的隱患。試想，一個公司怎麼可能重用一個隨意放棄人生價值觀的員工呢？一個人在學非所用的職位能創造出多大的業績呢？一個只是將工作作為謀生途徑的人，能做出有所作為的業績嗎？一個有志向的畢業生，就不能放棄自己的人生追求而成為經濟的俘虜。

改正清高的心理

這樣的心理發生在家庭環境很好的大學生身上。不如意的公司看不上，不稱心的職位不做，其他同學去了還說風涼話。

這樣既不利於同學的團結，也不利於自身的成長。一個人總不能依賴家庭過一輩子，依靠家庭經濟的支撐也不能顯出個人的能耐。人家沒有你同樣的條件，不與你比，但你不能硬要他人和你保持一致。

再說了，適者生存是社會生活的實際。任何人只能適應社會，順應環境，否則就會被淘汰。你看上的公司，人家還不一定看得上你，你不要自命不凡，應該全面正確認識自己，在有些時候降低目標不失為明智之舉。

丟掉消沉心理

因為求職受挫，有些人就消沉起來，認為幾年大學白讀了，以為從此就難有用武之地。這是錯誤的認知。一時受挫，不等於長期受挫，失去今天的機會，明天還會有單位來挑選。再說了，即使找不到接受單位，也不能認為人生從此暗淡，許多大學畢業生自謀出路，創造出光輝業績的事蹟是可以效法的。此外，還有其他的路可以走，例如，到基層去、到農村去，不在大城市、不進大型企業，也是能譜寫出人生的壯麗篇章的。

求職時懂得閃亮登場

　　人生活在社會上，離不開集體，如何才能順利成為集體中的一員，首先要了解自己，介紹自己，推銷自己。介紹自己要講究技巧。

　　許多人往往急於介紹自己，推銷自己，卻因為講話不夠藝術而引起面試考官的反感。吳小京去某報社應徵業務主管，主持面試的負責人問他：「你日常的興趣是什麼？」他說是愛看書。主試官問：「你愛看什麼書。」吳小京回答說：「愛讀西方經濟學著作。」主試官又問：「主要有哪些著作？」吳小京搜腸刮肚偏偏一部著作也想不起。其實他的確讀一些，只是時間太長了，近日根本沒有摸過這類書，一時想不起書的名字。吳小京滿以為可以把自己塑造成為愛讀書、學識淵博，有能力勝任主管工作的人，但由於介紹不「暢」，反而把自己弄成愛吹牛皮的人了。面試結果，他沒有收到錄取通知書。

　　看來，求職面試時，求職者的自我介紹非常重要，要想做好這個關鍵的開場白，需做到以下幾點：

謙虛有禮

　　在做介紹前，要先對主試官打個招呼，道聲謝，如：「經理，您好，謝謝您給我這麼好的機會，現在，我向您做個簡單的自我介紹。」介紹完畢後，要注意向主試官道謝，並向在場面試人員表示謝意。

主題明確

　　在做自我介紹時，要簡單明瞭，抓住重點，突出特長。求職面試中的自我介紹宜簡不宜繁，一般包括下列基本要素：姓名、年齡、學歷、學業情況、性格、特長、愛好、工作能力和工作經驗等等，對於這些不同的要素該詳述還是略說，應按招聘方的要求組織介紹材料，圍繞中心說話。假如招聘

單位對應徵對象的工作能力和工作經驗很重視，那麼，求職者就得從自己的工作能力及經驗出發做詳細的敘述，而且整個介紹都是以這個重點為中心。

讓事實講話

在自我介紹中，要盡量避免對自己做過多的誇張，一般不宜用「很」、「第一」、「最」等表示極端的詞來讚美自己。在面試場上，有些人為了讓面試官對他留下深刻的印象，往往喜歡對自己事蹟有過多的誇張，如「我是很懂業務的」，「我是年級成績最好的一個」，總是喜歡帶著優越的語氣說話，不斷地表現自己。要知道，人外有人，天外有天，太多的炫耀自己反而會引起面試官的反感。

談論自己的話題，應盡可能避免一些誇大的形容詞，把話講得客觀真實，盡量用實際的事例去證明你所說的，最好用真實的事例來顯露你的才華給面試官。

開朗自信

在談論自己，推銷自己時，要做到不卑不亢，落落大方最好。而在平時生活中也常常聽人們說：「我有什麼好說的。你們天天不都看見了嗎？」這就使他們養成從不自我評價、自我展示的習慣，可到了要談論自己時，免不了有些難以啟齒。范萍萍去面試，整個過程，他的聲音都如蚊蠅，特別是談到自己時，更顯得羞於張口。後來她打電話給公司祕書，公司祕書非常為難地告訴她，面試官說，你那麼小的聲音，顯得對自己不自信，缺乏活力，也缺乏必要的應酬能力。范萍萍拿著電話機哭了起來。

自我介紹，不管你措辭多麼恰當，內容多麼豐富，語氣一定要自信，說話的速度要勻速、快慢適度。

口齒一定要清晰。別使面試官感到你的聲音疲乏、膽怯。聲音具有很強

的感染力，一旦你的聲音中注入了活力和自信，對面試官的感染將是非常強烈的。如果你有優美的嗓音，一定要好好利用，那是你最有利的武器。

壓軸戲放在最後

當你有足夠的資歷和能力勝任某項工作時，不要在「自我介紹」中和盤托出、暴露無遺，要為自己留一手，以免引起人反感，留在後面說，會給人以謙虛誠實的印象，使面試官對你格外的刮目相看。

小秦曾經得過全國發明獎。他跟面試官沒有提過這件事，因為他覺得目前這份工作與他的發明沒什麼關係。沒想到當談話進一步深入時，面試官無意中提出這項發明。小秦笑笑說：「這是我前年發明的，去年和今年又發明了兩項。」面試官問：「得獎了嗎？」小秦說：「那有什麼可值得提的。」小秦也許在今年和去年都沒有得獎，他對得獎的淡漠，贏得了面試官的格外好感。面試官十分高興，錄取了小秦。

試想，如果小秦一開口講話就說自己獲得過幾次全國發明獎，面試人員也許會認為他更適合搞發明創造。而且心理還會想：這人有什麼了不起的，別拿什麼獎來嚇唬我。你越用過去的業績來炫耀，面試官就越不買你的帳。

當你談到自己的業績時，絕不要以彙報的方式，一板一眼。最輝煌的事，要用最輕描淡寫的口氣，避重就輕，避實就虛，神情淡漠，語言隨和。千萬不要賣力氣去談你的業績是多麼輝煌，業績的得來是多麼多麼不容易，因為這一切在面試官眼中，不過小菜一碟，不值一提。你的渲染不能表明你的能力和堅強，反而表現出你的無能與懦弱。

留有餘地

面試中的自我介紹既要坦誠，又要留有餘地；既要介紹自己的能力，又不要把自己搞成進退維谷的兩難境地。在自我介紹中，不要說太絕對的話：

「這件事沒問題！」「我非常熟悉這項業務！」「我保證讓部門改變面貌！」這些話常常是因為衝動而發出來的，在這些話下面沒有具體內容。如果面試官以為難的口氣問：「那麼你談談有些什麼措施？」或者：「這項業務最新發展動向是什麼？」你常常會張口結舌，尷尬萬分。

你要盡可能保存你的實力，因為自我介紹只是面試中的談話內容之一，在自我介紹中信口開河，把自己暴露無遺，下面的話題就很難進行下去。

求職面試學會察言觀色

俗話說，到什麼山上唱什麼歌，對怎樣的人說怎樣的話。此話提醒我們，與人打交道，要學會「察言觀色」，否則，說出不該說的話，做出不該做的事，想辦的事情就辦不成。求職面試更是如此。

進入面試考場，求職者主要要觀察面試官的臉色、神態和舉止，面試官的這些外在特徵，可以反映出他的心理狀況和處事的方法。例如，一位心境較好的考官，在你進入考場後，他會以微笑和親切的目光迎接你，說話的語氣也平穩；相反，性格比較內向、心情不好的考官，笑容很淡，似乎很勉強，他是為他的職責而啟動了笑的機能，他講話是比較生澀的，他不是衝你來的，而是他性格養成或其他原因導致，你不能因此產生錯覺，影響情緒。

還有，因為某事導致情緒不佳的考官，會把那還沒有完全消除的壞情緒帶到考場裡，雖然不是對著你，但會讓考生倒楣。在這樣的考官面前，最好不要展示充分的自信，但也不可太卑微，講話的語速偏慢一些為好。

在面試的過程中，你要根據考官的表情和舉止，體察他的態度。比喻你在介紹自己的某個特長或者某段實習經歷，面試官卻不時地移開目光，或者抬腕看錶，那就表明他對介紹不在意、沒興趣，你就應該盡快跳過，機靈地轉換話題。

面試官一再詢問或反覆證實某一方面的問題，如英語、電腦的等級證書等，實習的情況與收穫，那麼說明該公司非常在意這方面的情況，你應該把獲得的證書一個不少地展示出來，把自身的特長一一介紹出來。當你提出工作待遇等方面的要求後，考官的臉色和態度沒有剛才自然，那麼說明對方在這個問題上持保留意見，他也難得做主。

　　你確實認為達不到待遇要求就不準備受聘，可以直接說出來，聽考官答覆後再做決定。假如所求職位在發展前景上很有潛力，你也願意改變原有主意，那麼在此時就應該巧妙地表示願意自己的態度，從而避免因為待遇問題錯過一個良好的機會。

　　有些時候，想真正解讀出對方的心意，不能只聽他說了哪些話，更要緊地是看他是如何說出這些話的。心裡就該合理掂量了。

　　要始終表現出對考官的尊重與信任，這是一條根本原則。你對考官表現出信任，考官才能相信你。這是人際關係中的互動原理，也是互惠的法則。

　　察言觀色涉及諸多因素，需要不斷體會、總結。你在應徵前一是與同學多交談，獲取經驗，二是向前幾屆的同學請教，三是透過電視等途徑學會分析。掌握一些主要要領後，吃虧的機率就會大大縮小。

非言語行為展現素養

　　美國加州大學洛杉磯分校曾有一項研究表明，個人行為表現百分之五十五取決於非語言交流。非語言交流的重要性由此可想而知！

　　面試中的非言語行為對面試結果是有重要影響的，特別是不良的非言語行為將使你淘汰出局。

　　梁去一家公司應徵，筆試第二，在面試初試時，回答得不錯，考官的印象很好，特地向人事主管做了推薦。但梁進入複試現場時埋著頭就進了門，

不跟人事主管打一聲招呼，人家向他示意，他卻沒有看見。公司原來將他作為重點人選，複試考察就嚴格一些。當他發現人事主管就在現場，自己忽略了禮節時，心情受到干擾，只想用出色的回答彌補。在面試過程中過於集中精力，自始至終不抬頭看考官，兩眼就盯著自己面前的小桌子，總是沉思狀。結果落選了。

如何注重自己的非言語行為呢？

考官中有認識的人，不必立即認

走進面試考場，突然發現，有自己熟識的招聘考官，心中不免欣喜。是立即打招呼，還是點頭示意，還是……

大家要明白，瓜田李下，人們素有避嫌的習慣，如果你去認考官，或者考官與你稍作寒暄或鼓勵你：「不要緊張、好好發揮」，旁人見了能不誤解嗎？

有一考生進入面試考場，看到主考就是哥哥大學最好的同學，他喜出望外，馬上過去寒暄，親切之情溢於言表，其他考官看著他們，露出了令人難以琢磨的神色。該生興奮的情緒尚未調整過來，考試開始了，可是他精力分散、思路混亂，回答考官提出的問題前言不搭後語，心裡煩躁起來。他以為，主考與自己家裡的關係非同一般，絕對不會為難自己的，只不過走走過場而已。誰知，那麼認真，他的心理又出現一個難調整的情緒。結果，他落選了

千萬記住，到了考試的單位，無論遇到什麼熟人，最恰當的方式是以點頭、微笑等作為招呼即可，不要表露你們的關係，以避非議。對熟人講禮貌，視同不認識的考官一般，不能有過分之舉。同時，心情該平靜，告訴自己不可指望熟人關照，錄取與否，取決於自己的表現是否符合要求。

第五章 就業時的交際：求職應徵的交際技巧

文明入場

彬彬有禮是每個大學生的素養之一，在面試中就要展現出來。

進入考場應輕輕敲門。當你被通知進入考場，在門外輕輕敲門，得到允許後，方可進入。敲門不可用力太大，也不可未進門先將頭伸進去張望，更不要大大咧咧或是埋頭直接進入。 進門後接著應輕輕地轉身，輕輕把門關上，不然，考官會提醒你：請把門關上。

主動問候考官。進入考場後，主動與考官打招呼，或鞠躬，或點頭微笑，也可言語問候：「各位考官，上午好！」或者：「各位上司好！」

不要亂稱呼。不能因為取悅考官，就給人家戴高帽子：「××博士，……××經理」，也不要胡亂稱呼：「師傅」。如果主考對你介紹了各位考官，你要記住，按照介紹的職務和稱呼去稱呼他們，絕對不能出現張冠李戴的情況。假如忘記了，就不要稱呼，只稱考官就可以。

不要主動去握手。考官沒有主動與你握手，你千萬不要主動去與他們握手。他們主動與你握手，那麼你應該讓考官感受到你的手是有力的，是溫暖的，但不要用力過大。

姿勢表現內在素養

不同的姿勢有不同的內涵，斜著身子坐著顯得不夠穩重或嚴肅；坐下後腳尖抖動表示你心情十分緊張；目光不敢與考官接觸，表明你自信心不足……

站有站相，坐有坐勢。站著，身板挺拔，坐著端端正正，自己舒服，人家的感覺也好。

面試現場是一種很規矩的場合，姿態的正規表示你的重視和禮貌。

當然，你不要過於拘謹，筆挺筆挺，一動不動。你畢竟不是軍人，沒有那個必要。而是既要規矩，又要自然。注意力要集中，千萬不要有任何小動作，諸如撫弄頭髮、摸臉、腳點地等等。

表情和手勢作為言語的補充

面試中，自然微笑，始終如一。太嚴肅了會顯得呆板，讓人感覺你對應徵似乎不熱心；表情太活潑了會顯得不夠穩重，哪一個單位都不想招聘舉止輕浮的人。

面試時與考官保持視線的接觸，是交流的需求，也是起碼的禮貌，更是考生自信的一種表現。面試時若迴避對方目光，會被考官認為你太膽怯，心中無底；或許太傲氣，不將考官放在眼中。目光柔和，平視考官，表現自信和胸有成竹，說明自身心態良好。正常狀態下，應將大部分時間望著向自己發問的那位主考官，但不要將目光盯著對方的眼睛，否則會讓人覺得你太咄咄逼人，會被認為向主考官挑戰。正確的方法是把目光放在對方額頭上或鼻樑上，這樣會使對方覺得你是在聚精會神地和他交流。保持目光的自然、輕鬆、柔和，傳達出你的真實思想。不要低頭看自己眼前的東西，不要左顧右盼。

手勢也重要，如在你面前有小桌子，可以將雙手自然地放在桌子上。腿應平放，切忌翹二郎腿。講話時，配合手勢助內容表述，但力度不要太大，更不要激動，不能給人居高臨下的感覺。

自我介紹時強調自己的特長

自我介紹並不一定要很完善，面面俱到，有時候還需要留有餘地，但一定要有自己的特色。這個特色是指介紹的特色，二是自身的素養特色。

急於表現自己，誇誇其談，長篇大論，滔滔不絕；或者不敢表現自己，遮遮掩掩，唯唯諾諾，生怕考官摸清自己的底細而小看自己；不善表現自己，說話吞吞吐吐，含糊不清，會給考官留下不良印象。這些都是不可取的，有時是需要極力避免的。

　　自我介紹，不僅依靠聲調、態度、言行舉止的魅力，更主要的是依靠自己的實力來打動考官。

　　自我介紹時要清晰地報出自己的名字，可以用詼諧的方式增加考官的印象：「我叫馬飛，駿馬的馬，起飛的飛，並非張飛的飛。應徵貴公司，就是要找到起飛的平臺。」介紹時，要掌握好時機，一方面不破壞或打斷考官的興趣，另一方面又能夠很快抓住對方的注意力。在需要等待的時候，一定要等待，而且努力使自己當好考官的忠實聽眾。同時要自信。如果你先了解考官和與其相關的人，話題涉及他們時，盡可能以自然流暢的語調來讚美對方，讓人感覺你是從心裡發出的，而不是過分奉承和吹捧。還要盡量表示友好、誠實和坦率。這不僅要從你的話語中自然流露出來，更應該從態度和眼神中展現出來。

　　一段短短的自我介紹，其實是為了揭開更深入的面談而設置的。自我介紹的時間比較短，所以必須簡明扼要，切忌拖泥帶水。自我介紹猶如商品廣告，在較短的時間裡，要針對「客戶」的需求，將自己最美好的一面，毫無保留地表現出來，如自己的特長、職業基礎和可塑性。還要準備考官問及你的缺點，要有心理防備，心裡擬定一二條。缺點可以適當縮小，但不能誇大，介紹應該客觀，但不能給人是在找遮掩的感覺。

　　千萬不能多說求職信上都寫得清清楚楚之類的話題，主要是補充那上面還沒有講透的情況。

　　劉意到一外資企業應徵部門主管。面試時在自我介紹時，他從容不迫，凱凱而談，先講自己讀研時所學的課程和成績、參加過什麼社會活動、得過什麼獎；後談自己寫論文的情況，什麼時間在什麼刊物發表等等一切極盡其詳……

　　洋洋灑灑，口若懸河，考官只是埋頭看手頭的資料，他仍然沒有在意……

這樣面面俱到、重點不突出的自我介紹，雖然沒有什麼破綻，但由於沒有新意、冗長瑣碎，使得考官對他的表達、綜合等諸方面的能力不能贊同，沒有給以好分。

自我介紹不要求多求全，要求精，在短時間內讓考官了解自己的能力、特長，就足夠了。

有兩位剛走出校門的大學畢業生張小姐和楊小姐，同是學習英語專業，都是優秀學生，又同時到一家獨資企業應徵高級祕書職位。人事經理看了簡歷以後，難以取捨。於是通知兩人面試，考官讓她們分別做一下自我介紹。

張小姐說：「我今年二十二歲，剛從某大學畢業，所學的專業是英語。父母均是工程師。我愛好音樂和旅遊。我性格開朗，做事一絲不苟。很希望得到貴公司的工作。」

楊小姐介紹說：「關於我的情況簡歷上都介紹得比較詳細了，在這裡我強調兩點：我的英語口語不錯，曾利用假期在旅行社做過導遊，帶過歐美團。再者，我的文筆較好，曾在報刊上發表過六篇文章。如果您有興趣可以過目。」

最後，人事經理錄取了楊小姐。

當應徵到外企或其他用人單位時，求職者往往最先被問及的問題就是「請先介紹介紹你自己。」這個問題看似簡單，但求職者一定要慎重對待，它是你突出優勢的特長，展現綜合素養的好機會。回答得好，會給人留下良好的第一印象。

回答這類問題，要掌握幾點原則：

· 開門見山，簡明扼要，一般最好不要超過三分鐘。

· 實事求是，不可吹得天花亂墜。

· 突出長處，但也不隱瞞短處。

- 所突出的長處要與申請的職位有關。
- 善於用具體生動的實例來證明自己，說明問題不要泛泛而談。
- 說完之後，要問考官還想知道關於自己的什麼事情。

　　要想順利表述你的經歷和要求，不得不提前做好準備。所以最明智的做法應是準備一分鐘、三分鐘、五分鐘的介紹稿，以便面試時隨時調整。一分鐘的介紹以基本情況為主，包括姓名、學歷、專業、家庭狀況等，注意表述清晰；三分鐘的介紹除了基本情況之外，還可加上工作動機、主要優點缺點等；五分鐘介紹，還可以談談自己的人生觀，說些生活趣事，舉例說明自己的優點等。

讓主考官從心裡喜歡你

顯露你與面試人員的共同興趣

　　劉海亞到新加坡一家大公司面試，他在準備面試時絲毫不敢懈怠。作為準備的一部分，劉海亞在面試前一天傍晚去了一趟他準備前往應試的公司。

　　他純粹只想看看公司辦公樓裡面究竟是什麼樣子，可就在他看的時候，一名正在掃地的大樓管理員注意到了他，並且問他是否需要幫忙。劉海亞說了實話：「明天我要來這裡接受一個重要的面試。我想先了解一下這個地方。」那名管理員把劉海亞請到面試官的辦公室，並把擺在高高的架子上的幾艘製作得非常精緻的輪船模型指給他看。顯然，負責面試的人是個收藏迷。那天晚上，劉海亞趕緊去了趟圖書館，查看了有關舊輪船的資料。

　　當劉海亞第二天與面試官見面時，他指著其中的一隻輪船模型說：「嘿！那艘帆船不就是哈得遜號嗎？」這立刻引起了面試官的好感，他也因此得到了這個工作機會。

你和面試官也許並不完全相同，但你應該找出你們興趣相同的方面：比如共同喜歡的電影、工作方法和產品等等。如果你成功地使有權決定錄取員工的面試官看到了你們的共同之處，例如世界觀、價值觀以及工作方法等，那麼你便贏得了他的好感並因此獲得工作機會。

細心聆聽

人們喜歡別人聽自己說話勝於自己聽別人說話。你應該透過總結、複述和回答面試官說的話，使對方喜歡你，而不是僅僅注意你要說什麼。

適當讚美

當看到辦公室好看的東西時，你可以趁機讚美幾句以打破見面時尷尬，但不要說個沒完，多數面試官討厭這種赤裸裸的巴結奉承。相反，你應該及時切入正題 —— 工作。

若有所思

這麼做能使你顯得是那種想好了再說的人。這種做法在面對面的面試時是可以的，因為面試官可以看得出在思考而且是想好了才回答。在電話面試和可視會議系統面試時，不要作思考的停頓，否則會出現死氣沉沉的緘默。

適當做筆記

隨身攜帶一本小筆記本。在面試官說明時，特別是你問完一個問題之後，或者他在非常強調某件事情時，你可以做些記錄。做筆記不僅表明你在注意聽，而且也表明你對面試者的尊重。

注意面試時的細節問題

　　面試時間通常為三十分鐘左右，一般不會超過一小時。短短的幾十分鐘，決定著你的前程。有的考生，注重了問題的回答，卻忽略了相關細節，結果功虧一簣。

　　最好不帶手機入場。隨身帶有手機，必須關機。答問或是在傾聽考官提問，手機響起，必然有重大干擾。

　　不要帶無關物品。無論你帶提包或者背背包，或是女性的手包，都有一個與衣飾匹配的問題，你對此沒有研究，就可能給人很不協調的印象；再者，你是去應徵，不是談生意、走親戚，顯得乾脆俐落能襯托你的精神。

　　要善於調整情緒，使其保持良好狀態。

　　某地招聘碩士做公務員，從中選拔了三名筆試、面試都優秀的人員。因為他們將長期在上司身邊工作，考察就多了一道程式。這三人被通知加試，住在飯店裡，一人一間房。其中一人，進房後就心情不安，不知道自己的問題出在什麼地方，越想心情越難平靜，為將失去良好的時機懊惱不已。次日，他起床後，就告知可以回家等通知了，理由是出題的上司有要事出差了。

　　第二人整理好書本和室內物品，打開電視看看新聞，就在室內運動，一小時後，洗澡，洗衣；然後進餐，再看新聞播報，午睡、看書，一直都有規律，情緒也一直平靜。連續兩天仍然如此。第三天工作人員告訴他，考試還需要等待，究竟是哪一天尚未確定。給了他一些資料，讓他看看。他在原有規律的生活中，插進閱讀資料的專案，做筆記，寫分析，三天后居然寫成了一篇論文。最後，他被安排做了上司祕書。

　　第三人起初心情難靜，他做了調整，恢復過來。他愛看報，看書，每天都是靜靜的。第三天被通知考核過關。

　　原來他們在接受特殊考核。單位在考察他們的心態，確定其是否適合做

那樣重要的工作。

你在接受考試時，可能會因為某事導致你的情緒不佳，這時必須提醒自己調整過來，例如，深呼吸，緊握拳頭再放開，注意！動作不要太大，時間不能拖長，最好是不讓考官覺察。因此，事前做點準備是很有必要的。

講究公德。在等待面試時，你講話的音量，你咳嗽、吐痰的舉動都反映出你的公德，別以為考官不在場就可以隨意。還有一些很有創意的考官，會創造出新鮮的方法，考察你其他方面的素養。

某市自一次招考公務員，在面試場設置了這樣一個情景：在每個應考者進門前，故意把幾片廢紙撒在入口的不遠處，屋角放有一個廢紙簍，然後觀察每個應考者進門後的反應。結果發現，有的考生昂首闊步一直走到面試席前，根本沒有注意到地上的廢紙。有的考生走過去才發現，但瞟了一眼又繼續向前走。有的考生一進門就發現了，但猶豫了半天也沒把廢紙撿起來。有的發現後，猶豫了一會兒然後把廢紙撿起來扔進了廢紙簍。有的考生發現地上的紙片後毫不猶豫地撿起來放進了廢紙簍。

考官根據各人不同的反應，給每個人下了不同的結論，錄取結果也就不同。例如，那位發現紙片後毫不猶豫撿起來扔進廢紙簍的人評語是：工作認真細緻，辦事果斷，個人修養好……獲得了最高的評價，在眾多的競爭者中脫穎而出。

影響面試成功的禁忌

在求職面試時，千萬要謹慎開口，不可信口開河，以免釀成大錯，失去良機。下面幾點是影響面試成功的禁忌。

· **缺乏自信心**：許多人在面試時講不出個所以然來，而是一個勁地問自己能不能到單位來上班。「你們要不要女的？」這樣詢問的女性，首先給

自己打了「折扣」，是一種缺乏自信心的表現。面對已露怯意的女性，用人單位正好「順水推舟」，予以回絕。你若是來一番不同凡響的介紹，反倒會讓對方認真考慮。「外地人要不要？」一些外地人出於坦誠，或急於得到「兌現」，一見到面試官就說這麼一句，弄得人家無話可說。是本地人還是外地人這並不是關鍵問題，關鍵是要看你的實際情況能否與對方的需求接上，讓人家覺得很有必要接納。

· **過早問待遇**：「你們的待遇怎麼樣？」工作還沒開始做就先提條件，何況人家還沒有說要你呢！談論報酬待遇，無可厚非，只是要看準時機，一般在雙方已有初步意向時再委婉地提出。

· **拉熟人關係**：「我認識你們單位的某某」，「我和某某是同學，關係很不錯」等等。這種話面試官聽了會反感。如果面試官與你所說的那個人關係不怎麼好，甚至有矛盾，那麼，你這話引起的結果就會更糟。

· **答非所問**：面試官問：「請你告訴我你的一次失敗經歷。」「我想不起我曾經失敗過。」你如果這樣說在邏輯上是講不通的。又如：「能做什麼？」「我可以勝任一切工作。」這也不符合實際情況。

· **本末倒置**：例如一次面試快要結束時，面試官問應試者：「請問你有什麼問題要問我們嗎？」這位應試者欠了欠身，開始了他的發問：「請問你們的規模有多大？中外方的比例各是多少？請問你們董事會成員中外方各有幾位？你們未來五年的發展規模如何？」參加求職面試，一定要把自己的位置擺正，像這位應試者，就是沒有把自己的位置擺正，提出的問題已經超出了應該提問的範圍，使面試官產生了反感。

· **裝腔作勢**：有一位從新加坡回國求職的建築工程師，由於在新加坡待了兩年，「新加坡腔」比新加坡人還厲害，每句話後面都長長地拖上一個「啦」字，諸如「那是肯定的啦。」半個小時面試下來，面試官們被他「啦」得暈頭轉向，臨別時也回敬了他一句：「請回去等消息啦！」

‧ **少用反問**：面試官問：「關於工資，你的期望值是多少？」應試者反問：「你們打算出多少？」這樣的反問就很不禮貌，很容易引起面試官的不快。

傾聽是一門很深的學問

考官提出的問題具有廣泛性，目的是全面考察考生的能力、素養、心理特點、求職動機等情況。在主要問題談過之後，考官可能會提出一些比較敏感、尖銳的問題，以便深入、徹底地了解，為錄取抉擇提供更加充足的資訊。所以，應考面試時，你一定要用「心」去傾聽，善於捕捉考官的思維變化、談話內容的要點、主題的轉變，語音、語氣、語調、節奏所透露的各種資訊，明白考官的意圖，快速而準確分析判斷再做回答。

「聽」的特點

排除雜念，絕對不能先入為主，自以為是。應密切注視考官表述的內容，講話時的情緒，得到比較真實而完整的資訊。

每一個成功的人，都是優秀的傾聽者。不懂得傾聽，就不會給人留下好印象。

聚精會神，但不要緊張。微笑面對考官，目光平視但不能盯著考官的臉。在考官講完之後，停留約十秒，你方可以回答，以防備考官做相關的補充。

留心傾聽是起碼的禮貌。搶著回答是無禮的表現，現出浮躁的壞情緒，考官不會有好印象。不聽清楚就回答，往往意味著粗心。答非所問，表明你不是緊張，就是缺乏必要的知識。「聽」，不只是用耳朵，關鍵是用心。

要耐心地聽

面試的目的在於用人單位全面了解你、信任你、接受你。

有時，考官的問話講的時間很長，可能就你回答問題作出故意歪曲的評價，這也是一種考察方式。考察的是你的心理素養與基本人品。所以你要耐心，讓考官把話講完。確實需要插話時，應先徵得同意。舉手得到說話的允許，就用商量的語氣問一下：「請等一下，就您的問題，我解釋一下，行嗎？」考官不實的言辭不必計較，你不是來與他探討問題的，更不是來比高下，爭輸贏的。唯有耐心，才不至於使事情變得更糟糕。

專心地聽

應考者應全神貫注，始終保持飽滿的精神狀態，專心致志注視著考官，以表明你對他的興趣和認真。如果你一時沒有聽懂或有疑問，可以提出一些富有啟發性或針對性的徵詢式問題，這樣不但使你的思路更明確，對問題了解更全面，而且讓考官覺得你聽得很專心，對他的話很重視。

如果你認為考官所講有錯誤，就表現出不以為然，甚至思想不集中，你就錯了。因為考官的錯誤很可能是有意的錯誤，在考察你，所以你仍要從容而耐心地傾聽。雖然不必表示你對他所說的都贊同，應在他闡述且無錯誤的間隙以點頭表示你的興趣。

留心地聽

注意考官盡量避而不談的有哪些方面，這些方面可能正是問題的關鍵所在。

必要時，將考官所說的問題重述，探明考官出題的要旨所在。遇到你確實不懂的問題，不妨直言，也可以請求考官解釋。這樣也可以贏得好感。

傾聽的要點

關注中心問題，不要使思維迷亂。記錄下重要的部分。傾聽只針對資訊，而不是針對傳遞資訊的人。盡量忽視周遭環境中讓你不舒服的東西。注意說話者的非言語資訊。

回答考官提問的技巧

- **你為什麼來應徵這份工作？**

  「我來應徵是因為我相信自己能為公司做出貢獻，我在這個領域的經驗很少有人比得上，而且我的適應能力使我確信我能把職責帶上一個新的臺階」。

- **你有工作經驗嗎？**

  這是展示你才能的黃金時間。但在你行動之前，你必須絕對清楚對於應試者說什麼是重要的。如果你不知道在起初的六個月時間裡你將涉足什麼項目，你必須詢問。你的思考和分析能力將得到尊重，你得到的資訊將自然使你更能貼切地回答問題。

- **你了解我們公司嗎？**

  說幾件你知道的事，其中至少有一樣是「銷售額為多少」之類。

- **你為什麼辭去原來的工作？**

  「以我的專業、我的能力和志向，我想更好地發揮自己的特長。我認為貴公司則是我中意的。」

- **你怎樣和未來的上司相處？**

  「我重視的是工作和成果。我能屈能伸，可以和任何人打交道。」你回答的主旨在於表現你交際能力較強，心胸開闊，在處理與上司關係時，以服從公司利益需要為原則，決不會陷入個人的恩怨問題中去。

- **如果你對公司安排的職位不滿意，你將怎麼辦？**

  「我感到遺憾，不過我還是樂意服從分配。我是基於對貴公司業務發展與工作作風的充分了解，才欣然前來應徵，所以無論在哪個部門都會努力工作，況且我可以學到更多新東西。當然，如果今後有合適機會仍可從事我所期望的工作時會很高興。」

- **最能概括你自己的三個詞是什麼？**

  最好的回答是：適應能力強，有責任心和做事有始有終，結合具體例子向面試官解釋，使他們覺得你具有發展潛力。

- **你過去的上級是怎樣的人？**

  別貶低過去的上司，提一下他的長處和不足。

- **你最低的薪金要求是多少？**

  這是必不可少的問題，因為你和你的面試官出於不同考慮都十分關心它。你聰明的做法是：不作正面回答。強調你最感興趣的是這個機遇和挑戰並存的工作，避免討論經濟上的報酬，直到你被僱用為止。

- **你想過創業嗎？**

  這個問題可以顯示你的衝勁，但如果你的因答是「有」的話，千萬小心，下一個問題可能就是「那麼為什麼你不這樣做呢？」

- **你的業餘愛好是什麼？**

  「我平時在課餘時間喜歡打籃球，下象棋，但從未因此而影響過工作。」這個問題看來很單純，但是往往有更深一層的意義，這是面試官企圖明白你的休息娛樂活動是否會干擾工作。

- **你還有什麼要問嗎？**

  你必須回答「當然」。你要準備透過你的發問，了解更多關於這家公司、這次面試和這份工作的資訊。假如你笑笑說「沒有」，心裡想著終

於結束了，長長吐吐了口氣，那才是犯一個大錯誤。這往往被理解為你對該公司、對這份工作沒有太深厚的興趣；其次，從最實際的考慮出發，你難道不想聽話聽音敲打一下面試官，推斷一下自己入選有幾成希望？

這裡有一些供你選擇的問題：

- ◆ 為什麼這個職位要公開招聘？
- ◆ 這家公司最大的挑戰是什麼？
- ◆ 公司的長遠目標和戰略計畫您能否用一兩句話簡要為我介紹一下？
- ◆ 您考慮在這個職位上供職的人應有什麼素養？
- ◆ 決定僱用的時間大致期限要多久？
- ◆ 關於我的資格與能力問題，您還有什麼要問的嗎？

巧妙應答離職的問題

你以前在哪些單位工作過？為什麼你要離開最近的一個工作單位？這類問題在面試時經常會被問及，面試官能從中獲得很多關於你的資訊。因此，你在回答這個問題時應該集中精力。

像「大鍋飯」阻礙了發揮、上班路途太長、專業不對、結婚、生病、休假等等都是可以理解的因素，是盡可以如實道來的。可是，下列因素談起來就要很慎重了。

- · **人際關係問題**：現代企業講求團隊精神，要求所有成員都能有與別人合作的能力，你對人際關係的膽怯和避諱，可能會被認為你心理狀況不佳，處於憂鬱焦躁孤獨的心境之中，從而妨礙了你的從業取向。
- · **待遇問題**：這樣回答會使對方認為你是單純為了收入取向，很計較個人得失，並且會認為你「如果有更高的收入，會毫不猶豫地跳槽而去的。」

- **分配不公平**：現在企業中實行效益薪金、浮動工資制度是很普遍的，旨在用物質刺激手段提高業績和效率；同時，很多單位都採取了人員收入保密的措施。如果你在面試時將此作為離開原單位藉口，則一方面你將失去競爭優勢，另一方面你會有愛打探別人收入乃至隱私的嫌疑。

- **更換上司人**：工作時間，你只管做自己的事，上司層中的變動與你的工作應該是沒有直接關係的。你對此過於敏感，也表現了你的不成熟和個人角色的不明確。

- **談論上司問題**：既然你在社會中求生，就得學會和各式各樣的人打交道。假如你挑剔上司，說明你缺乏工作上的適應性。

- **工作壓力太大**：現代企業生存狀況是快節奏的，企業中的各種人皆處於高強度的工作生存狀態下，有的單位在招聘啟事上乾脆直言相告，要求應試者能在壓力下完成工作，這是越來越明顯的趨向。

- **競爭過於激烈**：隨著市場化程度的提高，無論是在企業內部還是在同行之間，競爭都日益激烈，需要員工能適應在這種環境下做好本職工作。

第六章
辦公室交際 1：與上司愉快溝通

　　職場生存，三分在工作能力，七分在於為人處世之道，所以如何與上司交際就顯得更加重要。與上司相處，要永遠記住：真理不是爭來的，做一個好下屬，就要學會經常自批自省，這樣你才能成熟起來。上司總是對的，這句話涵蓋了如何與上司相處的全部精華。這並非說上司的任何決定都是正確的，而是要你注意與其相處的語言和行為方式。

懂得維護上司的尊嚴

張三正氣在火頭上，非要找李四拼個魚死網破不可。究其原因，他只說一句：「他傷了我的面子！」外人似乎就能理解了。由此可見人們酷愛面子，視面子為珍寶。而領導者則尤愛面子，很在乎下屬對自己的態度，往往以此作為考驗下屬對自己尊重不尊重的一個重要「指標」。

從歷史上看，因為不識時務、不看上司的臉色行事而觸礁的人並不在少數，也有一些一生忠心耿耿的人，因一時衝撞了上司而備受冷落。

面子和權威為什麼如此重要，根本原因在於他們與上司的能力、水準、權威性密切掛鉤。得罪上司與得罪同事不一樣，輕者會被上司批評或者大罵一番；遇上素養不高、心胸狹窄的人可能會打擊報復，暗地裡刁難你，甚至會壓制一個人一輩子的發展。現實中一些人有意無意地給上司丟面子、損害上司的權威，常常刺傷上司的自尊心，因而經常遭到刁難、受冷落的報復。從與上司相處的角度講，不慎言慎行，一旦衝撞了上司，就會影響你的進步和發展。

維護上司的權威

· **上司理虧時，也不要窮根究底**

　常言道：「得讓人處且讓人，退一步海闊天空」。對上司更應這樣。上司也不一定總是正確的，但上司又都希望自己正確。所以沒有必要凡事都與上司爭個孰是孰非，得讓人處且讓人，給上司個臺階下，維護上司的面子。

· **上司有錯時，不要當眾指出**

　如果錯誤不明顯又無關大局，其他人也沒發現，不妨「裝聾作啞」。如果上司的錯誤明顯，確有糾正的必要，最好尋找一種能使上司意識到而不讓其他人發現的方式糾正，讓人感覺是上司自己發現了錯誤，而不是下屬指出的，如一個眼神、一個手勢甚至一聲咳嗽都可能解決問題。

- **不衝撞上司的喜好和忌諱**

  喜好和忌諱是人們多年養成的心理和習慣，有些人就不注意尊重上司的這些方面。一位處長經常躲在廁所抽菸，經了解得知，這位處長手下有五個女下屬，她們一致反對處長在辦公室抽菸，結果處長無處藏身，只好躲到廁所裡過把菸癮。他的心裡當然不舒服，不到一年，五個女下屬炒掉了四個。

- **給上司爭面子**

  懂得禮貌的下屬並不是消極地給上司保留面子，而是在一些關鍵時候、「露臉」的時刻給上司爭面子，給上司錦上添花，增光添彩，取得上司的賞識。

勇於挑重擔

成功的領導者希望下屬和他一樣，都是樂觀主義者。有經驗的下屬很少使用「困難」、「危機」、「挫折」等詞彙，他把困難的境況稱為「挑戰」，並制定出計畫以切實的行動迎接挑戰。而一個勇於面對挑戰，善於有條不紊地處理應付各種複雜局面的下屬總是能吸引上司的目光。

誠實守信

他們最討厭的是只會誇誇其談而不可靠，沒有信譽的人。如果你承諾的一項工作沒兌現，他就會懷疑你是否能守信用。如果工作中你確實難以勝任時，要盡快向他說明。雖然他會有暫時的不快，但是總要比等到最後失望時產生的不滿要好得多。

了解你的上司

對上司的背景、工作習慣、奮鬥目標及他的好惡等等瞭若指掌，這對於你大有好處。如果他愛好足球，那麼在他所喜歡的球隊剛剛失利後，你去請

求他解決重要問題，那就是失策。一個精明的上司欣賞的是能深刻地了解他，並知道他的願望和情緒的下屬。

與上司保持一定距離

和上司相處，切忌交往過密。交往過密，無形中會形成一些不愉快的事。其中的理由是顯而易見的，上司和你的地位不同，交涉過密，就有一種透明化、平等化的趨勢，這會扭曲和干擾上下級之間的正常關係。

你越是親近上司，他就越對你提出更多的要求。而你總有達不到的時候，這難免失去信用，而他也會因此而對你感到失望。兩個人長期交往，缺點洞若觀火，這時對你不是一件好事，偶爾言及他的缺點，一不高興，會危及到你的職位。俗語說，僕人面前無偉人，上司在某種程度上，思想有所威儀，而你和他過於親近，他就難以進入角色，顯不出那一份尊重來。

正確看待上司的弱點

「金無足赤，人無完人」，每個人都有優點，同時也會有自己的弱點。上司也一樣，雖然上司的工作能力很強，但這並不代表上司就不會犯錯誤，這就要求下屬去發現，去了解上司的缺點。在必要的時候挺身而出，替上司巧妙地掩飾，從而產生意想不到的效果。

人都有一些不想讓人知曉的弱點，並且人的弱點各不相同，有些人怕黑，有些人怕高，有些人喝醉了愛撒酒瘋，有些人五音不全。人們平時都會把自己偽裝起來，掌握了上司的弱點，可以在適當的時候幫助上司來掩蓋這些弱點，這樣，上司就會由衷地感激你，進而對你產生好感。

高穎剛到一家公司上班的時候，並不被自己的上司所喜歡。上司是行業中的菁英人士，多少有些心高氣傲。他總是要求下屬發揮百分之二百的力量

來為公司工作。高穎剛進公司，並不了解情況，剛走出大學的校門，也有點心比天高，對即將面臨的社會還懷著激情，所以對一些事情總是不以為然，還和上司鬧意見，結果吃虧的還是高穎。

有一次，高穎和上司一起陪客戶吃飯。客戶是個嗜酒如命的人，非常喜歡喝酒。開席的時候就說誰也不能不喝。席間客戶拚命地想要灌倒高穎的上司，而高穎的上司恰恰是個滴酒不沾的人，幾杯酒下肚說話就有些不利索了。上司有苦難言，萬般無奈，只好悄悄地告訴高穎自己不能喝酒，借去洗手間的機會離開。高穎看到這個情況，感覺到上司再喝下去恐怕就要在客戶面前失禮，要是不辭而別的話又不禮貌，於是主動地和客戶解釋說自己的上司這兩天一天喝兩頓，今天中午還喝了半斤二鍋頭呢！估計晚上是不行了，可不可以讓自己替上司喝。客戶聽到這話自然不好勉強，就再也沒有灌高穎的上司，避免了上司的尷尬。從此以後上司對高穎的態度有了一百八十度的轉變，以後有應酬上的事總喜歡讓高穎陪同。

其實這樣的事情在上司和下屬之間是經常發生的。上司需要一個能夠幫自己掩蓋不足的忠心下屬，而下屬又需要透過這種機會加強和上司的溝通，兩全其美，何樂而不為呢？

當然，了解上司的弱點並不單單是為了和上司溝通和討好上司，同時它也可以避免下屬在上司面前犯錯。試想高穎的上司自己不喜歡喝酒，那麼他就很可能對那些嗜酒成性的人心有成見。平時公司聚會喝酒在所難免，上司自然不會流露出對喝酒的反感。因為這也是上司了解下屬的大好時機，酒後吐真言嘛！這個時候，如果下屬事先了解上司的喜好，那麼你一定會注意自己的言行，而避免去碰釘子。

了解上司的弱點可以使自己在面對上司時，保持冷靜，應付自如，而不至於心情緊張，手足無措。同時能夠好好利用自己的弱點，避免做不喜歡的事情，出力不討好。

如果下屬面對的是一個工作能力強的上司，那麼了解他們的弱點就更有實用價值。畢竟，上司為了在下屬面前樹立自己的形象，往往不希望自己的弱點被暴露出來，這時候如果下屬掌握了他們的弱點，到關鍵時候，為上司掩飾一把，立功的機會就來了。

凡是留心觀察的下屬都不難發現，每個上司都有弱點，這對你來說既是一個機遇也是一個挑戰。如果你能從容應對上司的弱點，幫助上司樹立上司的完美形象，這對你來說無疑是一個好的表現機遇；但如果你無形中把上司的弱點無限制擴大，那麼你在上司的眼中就不會成為一個值得欣賞的好下屬。這對你日後的發展來說，將是一個嚴峻的考驗。

學會適度地讚美你的上司

人人都喜歡別人的讚美。一句恰當的讚美猶如在點心中夾著一塊乳酪，使人甜在心裡。因此，適度的讚美是贏得上司的青睞、縮短與上司之間距離的重要方法。

值得注意的是，讚美是有分寸的，讚美上司時稍不注意就會變成了「拍馬屁」。讚美實在是一門微妙的藝術，下屬讚美上司時，有以下講究。

讚美上司要不卑不亢

有人認為活著就是為了升官發財、榮光耀祖，就需要借助別人尤其是上司的力量，而溜鬚拍馬是最容易贏得上司青睞的方法，因此不擇手段，以喪失人格和尊嚴為代價換取一時的利益，實在不可取，也是與上司相處的忌諱。

不卑不亢是稱讚上司的原則，也是關係到人格和尊嚴的問題。

讚美上司要恰到好處

恰到好處的讚美被譽為「具有魔術般的力量」、「創造奇蹟的良方」，稱讚他人是一種內功，稱讚應讓人感覺到是發自內心的，而不是恭維、阿諛、拍馬屁。

讚揚與欣賞上司身上具有的特點，意味著肯定這個特點。只要是優點，是長處，對集體有利，你可毫不顧忌地表示你的讚美之情。上司也是人，也需要從別人的評價中，了解自己的成就及在別人心目中的地位，當受到稱讚時，他的自尊心會得到滿足，並對稱讚者產生好感。如果得知下屬在背後稱讚自己，還會加倍喜歡稱讚者。

讚美上司要有針對性

要選擇上司最喜歡或最欣賞的事和人加以讚美。卡內基（Dale Carnegie）說：「打動人心的最佳方式是談論他最珍貴的事物，當你這麼做時，不但會受到歡迎而且還會使生命擴展。」切忌對無中生有的事加以讚美，若你這樣做，會使人們感覺到你是在「溜鬚拍馬」而心生厭惡感。

另外，不要在讚美上司時同時讚美他人，除非他是上級最喜歡的人。即使這樣，你在讚美他人時也應掌握一個尺度。

讚美上司要實話實說

溜鬚拍馬的另一個特點就是說謊話、說大話、脫離事實，在外人看來更是可笑之極。讚美必須是由衷的，虛情假意的恭維不但收不到好的效果，甚至會引起對方的鄙夷及厭惡。

上司也不傻，他們知道自己的優缺點所在，如果有人胡亂奉承，他們不會胡亂接受。即使表面上像是接受，而實際上也能夠分辨出誰在胡言亂語，誰是忠誠踏實。

以大眾的語氣讚美上司

上司固然想知道自己在個別下屬心目中的形象，但他更關注的是自己在大家或大眾心目中的聲譽。一個人的讚揚只能代表稱讚者本身對上司的看法，而一般的上司都明白一個道理，一個人說好不算好。高明的稱讚要加上大眾的語氣，以大眾的目光來稱讚上司，並把自己的讚美融入其中。

以大眾的語氣稱讚上司，代表的是同事集體的一致的看法，不僅可以避免同事的妒忌和非議，而且還把同事的好的看法傳達給上司，可贏得同事的尊重。在上司看來，這樣的讚美不含個人的動機，代表大家的意見，不是逢迎諂媚，容易自然而然地接受。

以大眾的語氣稱讚上司必須符合實際，真正代表大家的共同看法，否則就與逢迎諂媚混淆不清了。如果大家實際上對上司的某一做法不滿意，而謊稱「大家一致認為您的做法很好」，不僅欺騙了上司，也篡改了群眾意志，最終有一天會露餡。

以大眾的語氣稱讚上司，需要注意下面幾點：

- 平時注意觀察同事對上司的反應，眼觀六路，耳聽八方，搜集各種資訊，並善於歸納出一些大家都贊同的好的事情。常言道：凡事豫則立，不豫則廢。平時如果不留心別人怎樣看待上司，當自己稱讚上司時，有可能會出現偏差，存在片面性。

- 以大眾的語氣稱讚上司還要有寬廣的胸懷。有人奉「人不為己，天誅地滅」為經典，處處為自己私心所困，心胸狹隘，不僅妒忌別人稱讚上司，更沒有勇氣把同事稱讚上司的話傳達給上司，生怕這樣做是徒勞無功。這樣的人既不能贏得上司的信任，也不能獲得同事的好感，最終不能成就大事。只有胸懷坦蕩、心底無私的人，才有勇氣和信心把大家稱讚上司的意見轉達給上司。

- 要注意在公共場合，多以大眾語氣稱讚自己的上司。上司的形象需要時時處處維護，尤其在公共場合，上司更希望得到認可和稱讚。比如會議、參觀訪問等，上司很需要顯示形象，顯然靠自吹自擂是不行的，此時，下屬若以大眾的語氣宣傳自己的上司、稱讚自己的上司，更容易讓別人接受，更具有說服力。

讚美上司要分場合

讚美上司也要「因地制宜」，因場合和情景不同採取不同的方式。這裡列舉幾種特殊場合分析一下稱讚上司時應注意的事項。

(1) 在上司親屬面前稱讚上司

下屬在單位或其他場合碰到上司的親屬是司空見慣的事。上司在家人面前往往很要面子，不僅需要此時下屬表現得「聽話、順從」，還很希望下屬能當著親屬的面「美言」兩句，長長自己的面子。因此，你應該：

- 抓住上司與其親屬間的共同特點加以稱讚。一家人總有一家人共同的性格、愛好、能力等方面的特點，一般地講，讚揚這些方面的同時就讚揚了上司一家人。
- 當著上司親屬的面稱讚他，可以代表集體的看法，以集體的口吻來稱讚。
- 要坦率、真誠，說話不要含糊，更不要吞吞吐吐。
- 不要片面追求全面稱讚，稱讚不要過於具體。上司在單位和家庭之間的表現不盡一樣，有的表現差距很大，稱讚的方面過多，難免會有不當之處反被其親屬抓住。

(2) 當著上司的上級的面稱讚上司

你的上司也有上級，上司的前程很大程度上是由他的上級掌握。你的一句或許不經意的話，也可能成為上司的上級替你的上司評定功過是非的依據。

其次，要弄清楚你的上司與他的上級之間的共同點和分歧點，弄清楚他們倆矛盾的情況。對他們的共同點可以稱讚一番，而不必擔心得罪什麼人。

（3）在交際場合怎樣讚美上司

常言道：強將手下無弱兵。上司的能力強、本事大、名譽好，下屬也差不到哪兒去。所以，在交際場合，在介紹你的上司時，先一番讚美，對推銷你的上司和你都是絕對必要的。

對上司的隱私要保密

在上司身邊工作的許多下屬，如上司的副手、祕書等人，尤其需要注意嚴守上司的祕密，特別是正在策劃中的重大決定和各項舉措。倘若你提前透露消息，重則打亂了整個戰略部署，甚至使整個計畫全盤皆輸；輕則給工作帶來各種麻煩，至少會招來一大堆閒言碎語。通常只有那些做事缺乏原則又想籠絡人心，或者慣於信口雌黃的人，最容易扮演長舌婦的角色，殊不知「禍從口出」。

當下屬接觸到需要保密的資訊時，應該守口如瓶。多話的人往往就是麻煩的製造者。有時會因無意中的一句話，困擾到周圍的人，使上司陷入困境，最後還是會自嘗苦果。如果被上司認定「重要的事不能告訴他」，這就說明上司已對你完全失去信任，那時你的處境就不妙了。

然而在許多單位都經常發生一種現象：希望傳播的資訊在某處停住，不希望暴露的資訊卻廣為流傳。

一般人的心理是，一聽到重要消息，往往不識真假，就想迫不及待地告訴別人，以滿足我比你早知道這個消息的虛榮心理。也因為每一個人都有這種虛榮心，所以消息就你傳我，我傳她，一個接一個，很快就傳得沸沸揚揚。

我們都知道，在一個公司中職位越高，所能獲得的資訊也就越多。上一級往往比下一級獲得更多更機密的資訊。

一般來說，上司獲得資訊，其可信度總比下屬道聽塗說來的消息可靠性高。如果他盡可能地把重要資訊告訴下屬，這就表示上司對這位下屬的充分信賴。因此當我們能夠接觸到這類重要資訊時，就要做到如下幾點：

影響上司間關係的話要保密

在生氣的時候，人們往往很容易說出一些在平時根本不可能說的話，比如會影響上司關係的話。身為上司心腹的下屬一定要對這些話保密。

有這樣的一則事例：一部隊發生了一起事故，國防部立即布置召開記者會，當祕書通知上司時，上司煩躁地說：「這個時候開什麼會，胡鬧。」顯然，這句話的分量是很重的，一旦傳給部長，一定會產生很不好的效果。可後來部長問祕書有沒有通知上司，上司有沒有說了什麼的時候，祕書只是模糊地回答說：「出了事故，上司心情也很沉重，沒說什麼。」這樣一來，部長也就不再追問，聰明的祕書就這樣巧妙地掩飾過去了。試想，如果把上司在特定的條件下說的話，尤其是一些氣話、過頭話、牢騷話傳來傳去，那麼後果可想而知。

對上司的隱私要保密

在公司的白領女性，由於工作職責一般與上司的距離較近，容易成為上司的心腹。經常和上司打交道，熟知上司的各種言行舉止、脾氣愛好、行事作風，甚至缺點等，這就要求她們要從維護上司形象這一點出發，對上司的缺點和隱私加以保密。特別是上司個人生活上和婚姻上的問題，更應該守口如瓶。

對上司的過失和失誤要保密

古人說：人非聖賢，孰能無過。不論哪個人，不可能每一句話，每一個字都說得準確、完整，說漏嘴的，說「走火」的，說了無意中傷害別人的話，也是在所難免的。因此，作為下屬就不能把無意當有意，把偶爾當經常，把不該當回事的話傳出去，更不可抓住上司的一次失誤就對人津津樂道。

比如，一位上司長期在基層工作，相對來講對機關工作比較生疏。因此，其他上司往往稱讚這位上司為「部隊型」的，實幹精神好。如果你從貶義的角度去分析，也可以理解為大家在議論這位上司只有基層工作經驗，沒有機關工作經驗，或者說只適應基層工作，不適應機關工作。三人成虎，也許「說者無意」，可若是「傳者有心」的話，那肯定要搞得面目全非了。

所以，下屬在非正式場合涉及上司的話題，聰明的人都會選擇沉默，以免引起誤解，使自己陷入難堪之地。

一個聰明的下屬，要充分了解公司各個方面的情況，更重要的是要成為一個不該開口就絕不開口的下屬，這樣才能獲得上司的真正信賴。如果你獲得上司的信賴，你反而會增加接觸到更多資訊的機會。這對你工作的順利進行，有意想不到的好處。

化解與上司之間的誤會

在工作中，上下級之間難免會產生一些摩擦和碰撞，引起衝突。這時候，作為下屬如果處理不好，就會加深矛盾，陷入困境，甚至導致雙方的關係徹底破裂。那麼，一旦與上司發生衝突後怎麼辦？常言道：「冤家宜解不宜結」，通常情況下，緩和氣氛，疏通關係，積極化解，才是正確的思路。具體來講，主要有以下一些方式方法：

- **先從自身找原因**：心態要強硬，態度要誠懇，若責任在自己一方，就應勇於找上司承認錯誤，道歉求得諒解。如果重要責任在上司一方，只要不是原則性問題，就應靈活處理，因為目的在於和解，下屬可以主動靈活一些，把衝突的責任往自個身上攬，給上司一個臺階下。人心都是肉長的，這樣人心換人心，半斤換八兩，極容易感動上司，從而化干戈為玉帛。

- **主動找上司說話**：不少人當與對方吵架之後，雙方誰見了誰也不先開口，實際上雙方內心卻都在期待對方先開口講話。所以，作為下級遇到上司特別是有隔閡後，就更應及時主動地答腔問好，熱情打招呼，以消除衝突所造成的陰影，這樣給上司或大眾留下一種不計前嫌、大度處事的印象。不要有僥倖心理，見面憋著一股強勁不答腔不理睬，昂首而過，長期下去就會舊疙瘩未解又結新疙瘩，矛盾像滾雪球般越滾越大，勢必形成更大的隔閡，如此再想和好就晚了，困難會更大。

- **當作什麼事也沒有發生**：就是當下屬與自己的上司發生衝突之後，身為下屬不計較、不爭論、不擴散，而是把此事擱起來，埋藏在心底不當回事，在工作中一如既往，該彙報仍彙報，該請示仍請示，就像沒發生過任何事情一樣待人接物。這樣不揭舊傷疤，噩夢勿重提，隨著星移斗轉，歲月流逝，就會逐漸沖淡，忘懷以前的不快，衝突所造成的副作用也就會自然而然消失了。

- **找人從中和解**：就是找一些在上司面前談話有影響力的「和平使者」，帶去自己的歉意，以及做一些調解說服工作，不失為一種行之有效的策略。尤其是當事人自己礙於情面不能說、不便說的一些語言，透過調解者之口一說，效果極明顯。調解人從中斡旋，就等於在上下級之間架起了一座溝通的橋樑。但是，調解人一般情況下只能產生穿針引線作用，重新修好，起決定性作用的還是要靠當事人自己去進一步解決。

- **在電話中解釋**：打電話解釋可以避免雙方面對面的交談可能帶來的尷尬和彆扭，這正是電話的優勢所在，打電話時要注意語言應親切自然，不管是由於自己的魯莽造成的碰撞，還是由於上司心情不好引發的衝突，都可利用這個現代化的工具去解釋；或者換個形式利用書信的方式去談心，把話說開，求得理解，形成共識，這就為恢復關係初步營造了一個良好的開端，為下一步的和好面談鋪平了道路，這裡需要說明的是此法要因人而用，不可濫用，若上司平時就討厭這種表達方式的話就應禁用。

- **伺機和好**：就是要選擇好時機，掌握住火候，積極化解矛盾。譬如：當上司遇到喜事受到表彰或提拔時，身為下級就應及時去祝賀道喜，這時上司情緒高漲，精神愉快，適時登門，上司自然不會拒絕，反而會認為這是對其工作成績的認可和人格的尊重，當然也就樂意接受道賀了。

- **寬宏大量，委曲求全**：當與自己的上司發生衝突後，運用這一方法就要掌握分寸，要有原則性，一般來講在許多情況下，遇事能不能忍，反映著一個人的胸懷與見識。但是，如果一味地迴避矛盾，採取妥協忍讓、委曲求全的做法，就是一種比較消極和壓抑自己的奴隸行為，而且在大眾中自身的人格和形象也將受到不同程度的損害，正確的做法是現實一些，肚子要大，宰相肚裡能撐船，不要小肚雞腸，斤斤計較，既然人在屋簷下，就應夾起尾巴做人，不妨暫時先委屈一下自己，適度地採取忍讓的態度，既可避免正面衝突，同時也保全了雙方各自的面子和做人的尊嚴。

綜上所述，是站在下屬角度而言的，燈不撥不亮，理不辯不明，我們把話說回來，如果下屬偏偏遇到的是位不近情理，心胸狹窄，蠻橫霸道的上司，必欲將其置之於死地時，就應該機立斷，毫不猶豫地「三十六計走為上」。

上司誤解你了怎麼辦

人與人之間的想法不同，在交往中，往往會產生一些誤解，特別是有的人由於思考比較細膩，當被上司誤解的時候，更容易困惑迷茫。

社會心理學家曾作出這樣的分析：信任是人際溝通的「篩檢程式」。只有對方信任你，才會理解你的良好動機。否則，即使你提出的動機是好的，也會經過「不信任」的「過濾」作用而變成其他的東西。這種東西往往是被扭曲了的，帶有懷疑主義的色彩，這使得他不可能很理智地去分析你的意見和建議，你的每一句話都會與你的「不良」動機連繫在一起。

上司對下屬性格、工作的不了解也會產生誤解。一般來說，下屬與上司產生誤解的原因是上下級之間存在著資訊溝通不足。由於下屬和上司間缺乏足夠的交流，彼此對對方的情況沒有一個較為清晰的認識，判斷時容易加入一些主觀色彩和心理因素，這就導致對對方的不客觀認知和推測。

那麼，一旦你的上司誤解了你，你如何做才能既澄清自己的清白，又同時不傷及上司的面子呢？

上司誤解了下屬，有其主觀上的原因，更有客觀上溝通不足的原因。上司處於一個中樞性的職位，事務繁重，責任重大。他只能透過人事檔案、他人的彙報、平時的印象、特殊考驗等管道對你有所了解，但一般而言，他不會主動去找你溝通。這樣，便缺乏對你全面、直接和理性的認識，容易受他人意見的影響、本人直覺的左右和主觀判斷的影響，從而對你的言行產生認知誤差。

下屬對待上司誤解最明智的態度就是：及時、主動地去化解它，不能讓它成為上司的定形之見，更不能消極迴避和等待。

主動溝通、積極接觸

有時候，理不講不清，話不說不明。既然上司已明顯地表露出對你的某些看法，而且他不可能會主動找你談心。那麼你就應該主動地走上前去，找準機會，向上司展示自己的真實個性和真正意圖，使上司能對你有一個較為全面的了解和認識。

必要時，你不妨針對上司對自己的誤解坦白地談，這樣既能直指問題要害，把扣子解開，又能為彼此的交流創造一種坦誠、公開的氣氛，從而有利於解決問題。

但是，你一定要顯示自己的真誠，向上司多提供一些正面的資訊，培養自己在上司心中的良好形象；同時，對自己一些缺點也不妨勇敢地承認，以便使上司能充分感受到自己的真誠和坦率。特別是對上司也指出或有所察覺的缺點，更是要主動承認。必要時加上一些誠懇的表白或合適的辯護。自然，最後要表示改正的決心，這樣會使上司有權威感。

用自己的行動說明一切

無論是在工作生活中，還是在人際關係中，有些事情是很難用語言來表達的，或者不宜於說破。有時候佯裝不知，「難得糊塗」，反而會比洞察秋毫，反應敏捷要好得多。

因此，下屬覺察到上司對自己有了某種誤解後，不妨裝作不知，以「大智若愚」、「問心無愧」的態度待之，抓住機會用實際行動來證明自己，消除上司的誤解。

你誤解上司了怎麼辦

上司可能會誤解下屬，有時下屬也會對上司產生誤解。這是因為，二者所處的位置、考慮問題的角度、掌握的資訊以及價值標準都存著一定的不同。因此，當上司言行中發出的資訊不能夠為下屬所準確地理解時，往往也會造成種種誤會。

不動聲色，從容應對

下屬誤會了上司，其種種想法可能深藏於心裡，並未在言行上加以暴露，可能並不為外人所知，或為上司所察覺。

知道自己誤會了上司時，下屬最好的方法就是不動聲色，言行照舊，不讓別人了解自己內心的這些變化，但在內心上要從容地找出應對策略。

上司已經覺察時，主動道歉

當你一不小心，在行動中表現出了對上司的誤解，而恰恰為上司所察覺時，不動聲色轉變態度的方法就不可行了。「解鈴還須繫鈴人」，這時，下屬可以從兩個方面採取行動：

(1) 主動溝通，當面道歉

下屬主動去找上司，坦率地講出過去的誤解和得知真相後的心情，並當面表達自己真誠的歉意和支持上司工作的決心，以求消除上司的誤會和猜疑。

當下屬因對上司有誤解而產生敵意，許多時候上司可能並不真正了解導致這種情形的原因，他也可能因猜疑而對你產生種種誤會和敵視言行。所以，你一定要講明原委，以真誠的力量化解上司心中的疑慮。一旦把問題講清楚了，上司多半會很欣然地接受，並有興趣進一步了解下屬，甚至有可能使彼此的關係發生重大的轉折，邁上一個新臺階。

（2）為上司、為公司多做幾件力所能及的實事

固然，下屬和上司之間真誠、坦率的交流有助於雙方解除誤會。但是，如果沒有行動上的支持，也許會有新的誤會產生，甚至上司會對你的動機產生懷疑。所以，下屬一定要採取實際而有效的行動，使上司感受到自己對他的支持和擁護。一個支持性的舉動，會增強你的可信度，拉近你與上司之間的距離；而如果你忽略這樣一個行動，你在上司心目中的可信度就會逐漸降低，甚至成為負值，彼此之間的誤會則會進一步擴大。

因此，下屬一定要重視行動，掌握時機，甚至不惜付出損失某些切身利益的代價來表示自己的支持。

事實上，人與人之間誤解的發生是極其常見的，這也是非常複雜的問題，它涉及人類心理活動的複雜性。對於職場中的每一位來說，嫉妒、多疑、防範、自負等心理很容易誘發上司對自己產生不信任感，導致種種誤解。同時對上司複雜個性的不了解，是下屬對上司產生誤解的一個原因。

打破被上司冷落的尷尬

身為下屬，被上司冷落的滋味肯定不好受。但是你因為被冷落而抱怨、消沉，只會使上司更加疏遠你。處於事業低潮，人更要調整好心態，積極地、有策略地生活，為迎接光明創造條件。

如何打破被上司冷落的冰封期？從以下四個方面著手會對你有所幫助。

調整心態

無論是新聞出版界，還是學術界，都曾談論一個「情商（EQ）」與「智商（IQ）」的問題。一個重要的觀點就是，一個人的成功，智力因素也許並非是最重要的，而情感因素，如情緒、意志、性格、熱情等卻往往對人的成

功產生至關重要的決定作用。

其實，人的心態問題就應屬於「情商」的範圍，大凡事業有成者都是善於調整自我情緒的高手，即使是在逆境中也能掌握自我、保持心態的某種平衡。

既然受到冷落已成為一個事實，最高明的辦法莫過於坦然地接受它，並努力使自己的心態做到平和，不但不為逆境所困擾所挫傷，而且還能化不利為有利，使自己的精神永遠不能被打敗。

曾國藩在第二次回家奔喪時，可謂正是人生的低谷。在某部書中，作者生動地描繪了曾國藩當時的處境：「江南大營在源源不斷的銀子的鼓勵下，打了幾場勝仗，形勢對清廷有利。咸豐帝便順水推舟，開了他（曾國藩）的兵部侍郎缺，命他在籍守制。後來，曾國藩見到這道上諭後，冷得心裡直打顫，隱隱覺得自己好比一個棄婦似的，孤零零，冷冰冰。」

曾國藩曾因此而時常生病，心情差到了極點。但後來，他經過一位醜道人的指點，受其「岐黃醫世人之身病，黃老醫世人之心病」的話的開導，開始重新研讀《道德經》、《南華經》，終於大徹大悟，領悟到其中的種種玄機奧妙。

由此，曾國藩從委屈苦惱中解脫了出來，身心日漸好轉。

後來，曾國藩又獲得出山的機會時，他的身心狀態已是大不一樣，事業蒸蒸日上，終留功名於史冊，令後人驚嘆不已。

這告訴我們，調整心態是多麼的重要，它不僅僅是一時的權宜之策，更是今後建功立業所不可或缺的修行。失意會給你一個變得更加堅強的機會，而這種堅強又是一個人事業有成的重要因素之一。

增長才幹

受上司的冷落，並不意味著你的一生都失去了發展的機會，若想到這一點，你就應為迎接機遇而做好最充分的準備。而最好的準備莫過於武裝自己，充實自己，增長自己的才幹。

　　有的時候，你的受冷落，可能確實是因為你的工作能力不佳，不能夠勝任上司分派的工作。此時，你就更應該為自己補補課了。

　　在受上司冷遇的日子裡，你可以從繁忙沉重的工作負擔中解脫出來，擁有一片閒適的自由空間。在此期間，你可以去上夜大、考取一項職稱、讀讀史書或者去完成一項你思慮已久卻沒空去做的任務。只要你不頹廢，不絕望，用心去做，你會收穫非常多的東西。

　　美國前總統尼克森（Richard Milhous Nixon）曾兩次競選失敗，但他並未因此而氣餒。在經受失敗煎熬、得不到權力中心重視的日子裡，他認真總結了自己的經驗，並積極展開各種政治交往活動，最終登上了總統的寶座。乃至另一位美國的前任總統曾評價說：「在美國歷史上沒有一個人為履行總統職責，曾經做過這樣周到的準備。」

增加接觸

　　有許多時候，上司冷落某一個下屬，是因為他不大了解這個人，不能深入地知道下屬的才幹，或者對下屬的忠誠沒有把握。因此，在你尚未得到重視之前，是很難得到上司的重用的。很多時候，這就是下屬被上司冷落的一個原因。

　　屬於這種情況的，下屬就應該採取主動措施加強與上司的溝通和接觸，或者注意提高自己的知名度。有意識地去尋找與上司交流的機會：請教一個問題、提出一個建議、與上司聊天……同時，你不妨在某一領域一顯身手，如跳舞、書法、寫作，從而引起上司的注意。甚至你可以透過增加在上司面前出現的頻率來增加他對你的印象和興趣，從而為交流奠定某種心理基礎。

使自己變得重要

　　當下屬確實有能力，卻又得不到青睞，那該怎麼辦呢？在目前這種競爭激烈的環境下，對有些下屬來說，等待的代價似乎太大了。此時，下屬就不

妨開動一下腦筋，運用智慧和技巧，藉以提高自己的重要性，使上司不敢或不能忽視你。

戰國時，齊王聽信離間，以為孟嘗君名高而擅權，所以就罷免了他的相國之職。這時，孟嘗君的謀士提出要為他活動。這位謀士先是遊說秦王，使他同意用十輛車、百鎰黃金的禮物去迎接孟嘗君。

接著，他又遊說齊王，指陳利害，指出孟嘗君對於秦、齊爭霸的重要性，終於打動齊王，對孟嘗君重新加以重用。

當然，如何用謀、採取何種技巧必須要因時因勢而定，這取決於你的能力與特長以及你所遇的時機，這裡並不存在一成不變的模式。但是，學會與上司鬥智，有時的確會讓你受益匪淺。

在現代職場之中，「酒香不怕巷子深」的時候早已過去，下屬必須學會使用技巧，使自己的重要價值被上司重視，從而使自己走出事業的低谷，獲得上司的青睞與賞識，做出一番成就。

虛心接受上司的批評

身為下屬，誰都有可能遭到上司的批評與指責，不管是什麼原因，在面對上司批評時，要注意以下幾個方面：

- **先聽上司說**：上司批評你時，不要急於爭辯，靜靜地聽他把話說完，尤其要注意自己的動作、表情，不要讓他感覺到你不願意繼續聽下去。正確的做法應該是直視他的目光，身體稍微前傾，表明你在很認真地聽取他的批評，等對方把話說完後再解釋，或提出反對意見。
- **口頭向上司認錯**：即使上司對你的批評沒有道理，你也要在口頭上肯定他的誠意。如果上司確實有誠意的話，你的態度會讓他感到欣慰，從而他的態度也會漸漸緩和下來。如果上司是另有動機的話，你表現出來

193

的禮貌和涵養會讓他心虛，從而表現出不自然。這樣，你還可以從對方的反應分析他的批評是否是善意的，不要暗示對方，認為他對你的批評是基於某種不為人知的企圖，這樣，在你們之間會產生更深的對立。因為，即使上司確實出於某種動機，也有權利對你的某些行為提出異議。

- **讓上司把批評你的理由說清楚**：你應積極地促使批評者說出他的理由，這種方法有利於你了解真相，從而找到解決問題的方法。有些上司在提出批評時，不能做到就事論事，而是用一些含糊其辭的言語，這時讓他把要說的話徹底說完，這樣對方在說話過程中自然而然會流露出他真實的想法，你也因此能捕捉到事情的緣由。採用認真、低調、冷靜的方法對待上司的批評，不會損害你們之間的關係。

- **不要和上司對著幹**：上司不會無緣無故地批評下屬，聰明的下屬能善於利用批評、對待批評，這也展現了對上司的尊重。即使是錯誤的批評，處理得好，壞事也會變成好事，上司認為「此人虛心，沒脾氣」，可能會對你留下好印象；而如果你橫加頂撞，雖然一時痛快，但你和上司的關係就會惡化。他會認為你「批評不得」，因此也就得出了另一種結論「這人重用不得」。

  當面頂撞上司不僅令上司很失面子，你自己也可能下不了臺。如果你能在上司發火的時候給他個面子，大度一點，事後上司會感到不好意思，即使不向你當面道歉，以後也可能會以其他方式給你補償的。

- **不要強調過多理由**：對於一般的批評，要有忍耐性，你大可不必百般申辯。挨批評只是使你在別人心裡的印象有些損害，但如果你處理得好，上司會產生歉疚之情、感激之情，你不僅會得到補償，甚至會收到更有利的效果，這與你面子上的損失一比，哪頭輕哪頭重，顯然是不言自明的。而你要是反覆糾纏，寸理不讓，非把事情搞個水落石出，上司會認為你氣量狹窄，斤斤計較，怎能委你以重任呢？

‧ **不要將批評看得太重**：上司批評你時，他最希望下屬能服服貼貼、誠懇虛心地接受批評，最惱火的是下屬把上司批評的話當成了「耳旁風」，依然我行我素。

其實，上司也不是隨便出言批評你，所以你應誠懇地接受批評，要從批評中悟出道理來。

當然，也不應把批評看得太重，覺得自己挨了批評，以後在同事面前就抬不起頭了，工作打不起精神，這樣最讓上司瞧不起。把批評看得太重，上司會認為你氣度太小，他可能不會再指責你了，但他也不會再信任和器重你了。

按理說，上司是單位上的上司，是工作上的上司，而下屬的私家事是他權轄之外的事情，從道理上講可以不管、不幫忙，但因是上下級關係，下屬家中有急事或困難時，也可以過問、幫忙。

成為上司的得力助手

每一個上司為了成就自己的事業，總是在千方百計地尋找自己所需的人才，而這樣的人才的第一個特徵必須是服從，服從的員工一定是上司的得力助手。

對上司服從是第一位。下級服從上司，是上下級開展工作、保持正常工作關係的首要條件，是融洽相處的一種默契，也是上司觀察和評價自己下屬的一個標準。

做上司的得力助手，讓上司做重要的事，我們做他分配給我們的工作。因為上司所承受的壓力最大。公司的政策、業務方面，無一不是他費心之處。假如能試圖縮短他的工作時間，讓他多花心力而非勞力，相信為公司帶來的收益，一定超乎想像。

做上司的得力助手，在上司發布命令的時候，要參透他的意思，事事為上司著想，這會讓上司有一種安全感，他的上司才能在一個內部關係順暢的團隊中會表現得更好。事實上，比起下屬來，上司們的榮譽感和進取心要更強烈些，只有那些懂得為上司創造展示機會、事事強調上司地位，也就是說事事能夠服從的員工，才能從上司那裡獲得更多的回報。

在一些公司裡，經常碰到一些紀律觀念不強、服從意識差的人，他們是上司最感頭疼的對象。這些人或是一無所求，上進心不強，對上司吩咐的工作滿不在乎；或是自以為懷才不遇，恃才傲物，無視上司。

缺少服從意識的人，一定是一個自制意識差的人。而服從的人最終都會形成一種嚴謹的做事風格。這就是西點軍校對學員的訓誡和要求。西點為什麼要這樣做呢？請看一看一位畢業於西點的將軍給一位西點學員父親的信：「為什麼我們讓這些孩子經受四年斯巴達式的教育？他們住在冷冰冰的兵營，上午九點三十分之前不能往垃圾桶裡倒垃圾，水池必須始終乾淨，不堵塞。如此多的規定和規則，為什麼？因為一旦畢業，他們將被要求全無私心。在軍隊的這麼多時間內，他們將要吃苦，將在耶誕節遠離家庭，將在泥地上睡覺。這份工作有許許多多的東西讓他們把自我利益放在次要地位 —— 因此，必須習慣這樣。」一個自制意識差的人，又怎麼能做好自己的工作呢？因此，這樣的人上司不會喜歡。

有的人企圖在人群中脫穎而出，因此，他認為服從的人是沒有創意的。脫穎而出本來是一個非常好的意識，而且是讓你往上努力奮發的動機，但是卻常常會碰到有些人走入偏鋒，因為他一心想脫穎而出，可是事情並不如他想像的那麼順利，於是專為反對而反對。這樣的情況，在我們的團體中，是不難發現很多案例。譬如，上司規定十二點才能進餐廳，有的人就偏偏要十一點五十分進餐廳，事實上他不是為了要爭取這十分鐘，而是要向大家證明他跟人家不一樣。因為他要脫穎而出，又不能如其所願，所以，他就走火

入魔，用其他的方法來證明他的突出，這是非常危險的。這樣的人漸漸地就會形成一個懶散的習慣，一種對抗的意識，這樣的員工絕對是上司的心病，即使再有才華，遭裁員的威脅還是存在。

有人說，服從上司的人肯定是諂媚的，這樣的人，我做不來。其實，這是一種錯誤意識。核心的員工會在服從中有創意。他們積極配合有明顯缺陷的上司。我們所處的時代，是科學技術飛速發展的時代，有些上司原來文化基礎較差，專業知識不精。這樣的上司，在下屬心目中位置也就不高，越是這樣的上司，越對下屬的反應越敏感。

如果你有這樣的上司，你不妨借鑑他多年的管理經驗，以你的智慧與才幹彌補其專業知識的不足，在服從其決定的同時，主動獻計獻策，既積極配合上司工作，表現出對上司的尊重與支援，又能施展自己的才華，英雄有了用武之地，成為上司的得力助手。這樣的員工有哪個上司不愛呢？

曾有一位著名的田徑教練，每當見到運動員，便苦口婆心地勸他們把頭髮剪短。據說，他的理由是：問題並不在於頭髮的長短，而是在於他們是否服從教練。可見，縱然不懂教練的意圖，但不找藉口地服從，這才是教練所期望的好選手。同樣，服從並執行，這才是公司所期望的好員工。

員工服從與否，直接決定上司決策的執行水準和品質。所以，如果你真有水準，想發揮自己的聰明才智，就應該認真執行上司交辦的任務，巧妙地彌補上司的失誤，在服從中顯示你不凡的才華，這樣的員工才會成為上司的得力助手，也才能是上司的最愛。

經常向上司提出好的建議

上司也是人，他不可能是一個十全十美的上司。有些部下可能會覺得：「真沒辦法！我竟然有這種上司……」不僅如此，組織中的工作死板，職能不調，在其中工作你會覺得很沒意思，並失去工作的興趣。

「這樣下去好嗎？」上司問。

「照這樣下去，大家都會遭殃，一定要改才行。」你一定會這樣想。

倘若你真的覺得這件事很令人憂慮，乾脆就不客氣地向上司提出你的意見，這並不是說要你指出上司的缺點，而是提出為了公司的發展建議。因此，上司也不得不仔細考慮你的建議呢！上司若是個有心人，一定會採取你的建議，讓你滿意。

即使未能全面地接受你的意見，也必然會採取其中一部分建議。所以，你要不斷地發現公司的缺點，提出有效的建議。

倘若你對公司的現狀沒有任何可行性的建議，久而久之，總有一天你會成為不滿分子。最不受欣賞的是什麼事都不關心，也不表示興趣的職員。因為有關心，有興趣，你才會對工作認真，有作為。若每天只做一點工作沒事時就耗時間，常常打哈欠，反而說：「大家怎麼都這麼認真呢？到底他們為什麼會那麼有興趣呢？大家都是為了生活而工作，這怎麼會有意義呢？」這種人明顯是不求上進。

「各人做各人的工作，大家互不相干。我覺得真無聊。」這種表示出虛無主義態度的人，也是個懶惰蟲。

當一個職員對公司的工作毫不關心時，就表示他對自己本身的生活也不關心。對工作或職業場所，無論是否感到有趣都是個人的感受問題，也是關心與否的問題，倘若失去了興趣和關心，這就是個消極的人，這種人最好還是辭去現有的工作，去尋求自己感到興趣能予以關心的工作，這樣對自己或

別人都有利。

任何一個職員，都要經常在工作中提出問題或建議，而且比較中肯，這樣你才會感到生活是有意義的。如果你是個有時也有些意見，卻認為「提出來也沒有用，反正上級不會採用」的人，覺得是自找麻煩，而且自我逃避，那麼你就是個缺乏勇氣的人。

你若想在這公司打拼下去，並希望它更快發展，那你就一定會發現，「這樣不行，這一點一定要這樣改」等等的問題。為了使公司更為健全，更為壯大，你應向上司提出意見與感想。公司很期盼這種有熱忱的職員。

凡事皆應循規蹈矩，若不按軌道行駛則會出軌翻覆。所謂「軌道」到底是指什麼呢？即提出意見時不要有損於上司的尊嚴，這才是應有的「軌道」。另外，不要強調自我的私怨，這也是一種「軌道」。

你提的建議必須是合理的，是站在公司或大家立場上的。還有，不要讓你的上司認為：「這傢伙只是為了自己的私欲，才提出這個意見」。能做到以上兩點，上司極有可能採用你的意見。當然，你本身的工作表現也要在水準以上，以得到上司的肯定為前提。而不向上司提出建議的人定無成就。

第六章　辦公室交際 1：與上司愉快溝通

第七章
辦公室交際 2：與同事和睦相處

　　同事關係已經成為困惑都市人的因素之一。現代人大都在事業上竭盡全力，每天與同事在一起的時間有時會大大超過家人。在職場上奮力打拼的人們該怎樣處好同事關係？你在與同事相處中有著怎樣的體會？其實同事關係雖然難處，卻也不是不可攻克的堡壘。在只要掌握了相應的交際技巧，就能在同事關係處理中遊刃有餘。

與同事溝通應掌握的規律

與同事溝通也有規律可循。

觀點要明確，理由應充足

想要使自己與同事之間的溝通富有成效，那麼在交流之前就要明確自己的觀點，並有證明自己觀點正確的理由。你的觀念還要能讓同事準確理解，順利接受。反之，既浪費時間，又影響心情。

琢磨對方觀點，作出敏銳反應

溝通有時是在討論。討論是雙向的，是平等交流的一個過程。當對方在闡述自己的觀點時，你要認真傾聽，同時積極的思考。盡可能理解對方的思想，吸取有益的內容，然後做出相應回答。

設身處地地站在對方的立場上去想，這意味著你必須：不要急切地下結論。例如對對方的言論作出「這沒說明什麼問題」等評價，會阻礙溝通。要有足夠的耐心，允許他人把觀點完全表達出來。適時表明自己的觀點，在你完全了解對方觀點的情況下，就可以系統地闡述自己的觀點。

善於提出問題。交流應該經常提問和討論。提問在談論中具有驅動作用。透過提問的方式就能探討某個話題，然後努力去回答問題。這樣不僅能夠逐漸揭示出各自觀點的理由和根據，更能夠從中學到自己所不知曉的知識，從而增長見識。

增加彼此的了解。若與他人探討，雙方觀點不盡相同。可以把此作為一個學習的機會，在有效的討論中，增進彼此的了解，而不是證明自己觀點的正確性。如果你很想證明自己是正確的，那麼，你就不能容納他人的觀點。然而作為一個成熟的人，應努力從不同的角度看問題，特別是站在與你有不同觀點的人的立場上看問題。這樣可以擴大視野。

溝通要經常

同事之間經常通資訊，談見解，有利於團結。一個人心凝聚的單位，講究的就是團隊的精誠合作。

同事之間的溝通，應該開誠布公，相互尊重。如果雖有溝通，但不是敞開心扉，而是藏著掖著，話到嘴邊留半句，達不到溝通的效果。

小路和李輝是一對要好的朋友，同一所大學畢業，同在一個公司同一個科室工作，小路思維嚴謹，觀點縝密；李輝觀念前衛，思想敏銳，兩人的工作互補性很強，被公司譽為「黃金搭檔」。可有一陣子，他們兩人突然變得深沉了，上班也不在一起研究問題，各人在自己的電腦上工作，相互好像不認識一樣。這一異常現象被部門經理發覺了，分別詢問，兩個人都說沒有發生什麼。後來細心的部門經理發現小路和李輝同時愛上了另外的女同事。經理分別找他們談心，挑明他們之間的矛盾根源。經過經理的開導，他們進行了一次肺腑之言的溝通。

經過了肺腑之言的溝通，兩個人消除了隔閡，情場上的敵人依然成為了工作中的摯友。

可見，溝通是消除誤會，保持友誼的良好方法。假如同事之間經常交流工作見解，談論處事體會，必然會增進友情。

以和善的姿態與同事溝通

當同事固執己見而且把自己的觀點視為最佳觀點時，很可能使交談出現障礙。這時，你不要認為你的觀點就是唯一正確的，並嘗試著讓同事改變初衷。記住，不要總是想去說服同事。在那樣的情景下可能會使事情惡化。把自己的姿態放低一些，肯定對方的價值之處，嘗試著尋找一個共同點，溝通就能順利進行。

事先要說明的話題不能省略

別以為辦公事就不需要向同事事先說明，也不能是執行上司的指示就無所顧忌，例如，上司下令檢查各辦公室的電腦系統，你一定以為是在為他人做好事，而且是上司安排的，就大大咧咧去做。其實不妥。要知道，因為你的突然來臨，人家可能耽誤一份急於製作的圖示，影響到他的工作任務完成，你只有在與之協商好時間去辦理，才能雙方滿意。

不要以發號施令的口氣說話

謙恭的語言、謙遜的態度，都可能喚起同事的合作熱情。所以，在安排任務時，你不妨說：「請你把×××事情解決一下……」「對我來說，該專案最好的結果是×××，你能否告訴我用什麼樣的辦法才能讓我如願以償呢？」或者「換了是我，我可能會這麼做……」而不要說「你去把××事辦了。」或者「你應該去怎樣怎樣做」。

不要與某人特別親近

在與同事交往的時候，盡量要保持平衡，始終都要保持在同事的關係上。也就是說，不要對其中的某個同事過分地親近或特別疏遠。在平時，不要老是和同一個人說悄悄話，也不要總是和某個人進進出出。現在你們也許很親近，一旦有了矛盾時，就會更加疏遠，這樣不僅會影響到你的工作，而且在同事之間的影響也很不好。並且還會讓人誤會你們是在搞小團體。

同事面前不要太張揚

在職場上，一大忌諱：過於表現、過分張揚自己。每當自己工作有成績而受到上司表揚或者提升時，不少人往往會在上司沒有宣布的情況下，就在辦公室中飄飄然去四下招搖，或者故作神祕地對關係密切的同事傾訴，一旦

消息傳開來後，這些人肯定會招同事嫉妒、眼紅，從而引來不必要的麻煩。

當然，除了在得意之時，不要張揚外，即使在失意的時候，也不能在公開場合下向其他人訴說種種上司的不對，甚至還要牽連其他同事也犯了同樣的錯誤而被懲罰。要是這樣的話，不但上司會厭煩你，同事們更加會對你惱怒，你以後在單位的日子肯定不好過。所以，無論在得意還是失意的時候，都不要過分張揚，否則只能給工作友誼帶來障礙。

王某是個精明能幹的女子，年紀輕輕便受到上司的重用，每次開會，上司都會問問王某，對這個問題怎麼看？王某的風頭如此之勁，公司裡資格比她老、職級比她高的員工多多少少有些看不下去。

王某觀念前衛，雖然結婚幾年了，但打定主意不要孩子。這本來只是件私事，但卻有好事者到上司那裡吹風，說王某官欲太強，為了往上爬，連孩子都不生了。這個說法一時間傳遍了整個公司，王某在一夜之間變成了「當官狂」。此後，王某發覺，同事看她的眼神都怪怪的，和她說話也盡量「短平快」，一道無形的屏障隔在了她和同事之間。王某很委屈，她並不是大家所想的那麼功利呀，為什麼大家看她都那麼不屑？

在職場中鋒芒太露，又不注意平衡周圍人的心態，有這樣的結果並不奇怪。王某並非是目中無人，只是做人做事一味高調，不善於適時隱藏自己的鋒芒。

被同事孤立的滋味不好受，被孤立的原因也是五花八門。但每個感到孤立的人都可以想一想，為什麼被孤立的是自己，而不是別人呢？除了遇上一些天生善妒的小人，大部分時候，自身的一些缺點都是導致被孤立的主要因素。在單位裡，飛揚跋扈的人、搬弄是非的人、打小報告的人、愛出風頭的人，往往都是被孤立的對象。假如你被孤立了，趕快檢查一下，看自己是不是這類人？

古人云：大丈夫能屈能伸，一個人要懂得退讓的道理。就像打拳時，退回一步，不是膽怯，而是為了下次出拳時更有力。攀登人生的高峰就像跳高，如果沒有一剎那間的下蹲積聚力量，怎麼能縱身上躍呢？做事不能由著自己性子來，不能僅憑自己主觀意志行事。此路走不通時要換一個方向，不能一條道走到黑，也不能不撞南牆不回頭，更不能不見棺材不落淚。一旦鬧到事情不可收拾的地步，就沒有後悔藥可吃了。

　　有一位留學美國的博士，畢業後在美國找工作，結果接連碰壁，許多家公司都將這位博士拒之門外。這樣高的學歷，這樣吃香的專業，為什麼找不到一份工作呢？萬般無奈之下，這位博士決定換一種方法試試。他收起了所有的學位證明，以一種最低身分再去求職。不久他就被一家電腦公司錄取，做了一名基層的資料輸入員。這是一份稍有學歷的人就都不願去的工作，而這位博士卻做得兢兢業業，一絲不苟。沒過多久，上司就發現了他的出眾才華：他居然能看出程式中的錯誤，這絕非一般錄用人員所能比的。這時他亮出了自己的學士證書，上司於是給他調換了一個與大學畢業生相對的工作。過了一段時間，上司發現他在新的職位上遊刃有餘，還能提出不少有價值的建議，這比一般大學生高明，這時他才亮出自己的碩士身分，上司又提升了他。

　　有了前兩次的經驗，上司也比較注意觀察他，發現他還是比碩士有水準，其專業知識的廣度與深度都非常人可比，就再次找他談話。這時他才拿出博士學位證明，並敘述了自己這樣做的原因。此時上司才恍然大悟，於是就毫不猶豫地重用了他，因為對他的學識、能力及敬業精神早已全面了解了。

　　這個博士是聰明的，碰了幾次釘子後，他放下身分與架子，甚至讓別人看低自己，然後在實際工作中一次次地展現自己的才華，讓別人一次一次地對自己刮目相看，他的形象就逐漸高大起來。許多年輕人初入社會時，往往把自己的一堆頭銜、底牌先全部亮出來，誇耀自己，結果或者讓別人反感，

難以與人合作，或者招來很高的期望值而讓人失望，稍有失誤便不好翻身。

這位博士的思維方式也是與眾不同的，他在直線行不通時，選擇了曲線，迂迴達到了自己的目標。直立行走的人類，往往喜歡用直立、直線式的思考方法，譬如要立大功、成大業、頭腦聰明、處事靈活、樣樣精通、事事明白等。這些目標，好像是懸在高高竹竿頂端的旗幟，惹得人拚命往上爬，永遠無法觸及最高點。

人生如棋，有時不妨先理智地後退一步，結果卻能化險為夷，出奇制勝。人生如航船，聰明機智的舵手，遇彎就彎，遇直快行。遇彎不轉舵就會觸礁。做人應該有彈性，選擇了彈性，就意味著選擇了快樂。蘆葦能屈能伸，所以能在狂風暴雨中生存下來；榆樹想始終挺直腰杆，結果被狂風吹折。當然，遇彎停滯不前，也達不到航行的目的地。

被稱為美國人之父的富蘭克林（Benjamin Franklin），年輕時曾去拜訪一位德高望重的老前輩。那時他年輕氣盛，挺胸抬頭邁著大步，一進門，頭就狠狠地撞在門框上，疼得他一邊不住地用手揉搓，一邊看著比他的身子矮一大截的門。出來迎接他的前輩看到他這副樣子，笑笑說：「很痛吧！可是，這將是你今天訪問我的最大收穫。一個人要想平安無事地活在世上，就必須時刻記住：該低頭時就低頭。這也是我要教你的事情。」

富蘭克林把這次拜訪得到的教導看成是一生最大的收穫，並把它列為一生的生活準則之一。富蘭克林從這一準則中受益終生，後來，他功勳卓越，成為一代偉人，他在一次談話中說：「這一啟發幫了我的大忙。」

做人不可無骨氣，但做事不可總是仰著高貴的頭。彎一下腰的目的是，為了能更好地伸直腰。在中國人眼裡，青松備受人讚美，而蘆葦備受批判。詩人們紛紛向青松獻上了一首首詠讚的詩篇，如：「大雪壓青松，青松挺且直。要知松高潔，待到雪化時」連孔老夫子都留有這樣的格言警句：「天寒，然後知松柏之後凋也！」反之，蘆葦呢？人們認為它們就像牆頭上的草一

樣，隨風倒，沒有自己的立場，沒有堅定的信念。

做人固然要像青松那樣，要有人格，但在處理生活中的小事方面，卻實在需要的是蘆葦這樣善於彎腰，善於低頭的精神。因此，在一位西方哲人眼裡，對青松、蘆葦的褒貶顛倒了過來。他認為：一個人要像蘆葦一般柔順，不要像松柏那樣僵硬。當風吹來的時候，蘆葦就順勢彎一下；當風停下來後，它又在原來的位置上挺得筆直。蘆葦的尖又怎麼樣呢？它的好運氣又使它能夠用來做書寫《聖經》的筆。

反之，松柏呢，卻連自己位置都難保住。因為一旦有風吹來，它就會連根倒下，甚至斷裂。它的樹枝又怎麼樣呢？伐木工來了，劈劈砍砍就用來蓋在房頂上了。剩下的，他們就拋進了火裡。

確實，彎曲不是倒下和毀滅，它是人生的一門藝術。生活需要彎曲的藝術，做人做事需要一點彈性空間。一味地硬挺，你自己累，身邊的人也累。

對待同事要以誠相待

要想成就一份事業，就必須完善公司的制度，協調好各方面的人際關係，密切配合工作。舒適的工作環境，同事間親和融洽，上下一心，直接促成業務的成功。能否成功，關鍵亦在於能否跟同事打成一片，和睦共處，盡得人心。知道自己屬於哪類人之後，就必須積極努力改善不足之處，與同事打好關係。不妨參考以下做法：

- **合作和分享**：多跟別人分享看法，多聽取和接受別人意見，這樣你才能獲得眾人接納和支持，方能順利開展工作大計。
- **微笑**：無論你是打雜工、實習生或總經理，只要無時無刻向人展示燦爛友善的笑容，就必能贏取公司上下的好感。年輕的同事視你為大師姐，年長的把你當女兒看待，如此親和的人事關係必有利於事業的發展。

- 善解人意：同事感冒你體貼地遞上藥丸，路過早餐店順道給同事買早點，這些都是舉手之勞，何樂而不為？你對人好人對你亦好，在公司才不會陷於孤立無援之境。

- 不搞小幫派：跟每一位同事都保持友好的關係，盡量不要被人標籤為你是屬於哪個圈子的人，這無意中縮小了你的人際網路，對你沒好處。盡可能跟不同的人打交道，避免牽涉入辦公室政治或鬥爭，不搬弄是非，自能獲取別人的信任和好感。

- 堅持原則，靈活掌握：應以真誠待人，虛偽的面具遲早會被人識破的。處事手腕靈活，有原則，但卻懂得在適當的時候採納他人的意見。切勿萬事躬迎，毫無主見，這樣只會給人留下懦弱、辦事能力不強的壞印象。

- 勿阿諛奉承：只懂奉承上司的擦鞋仔一定犯眾怒。完全沒把同事放在眼裡，苛待同事下屬，你無疑是在到處給自己樹敵。

- 勿太嚴厲：也許你態度嚴厲的目的只為把工作做好，然而在別人眼裡，卻是刻薄的表現。你平日連招呼也不跟同事打一個，跟同事間的唯一接觸就是開會或交代工作，試問這樣的你又怎麼能得人心呢？

與同事和睦相處

　　與同事保持良好的關係在工作中是非常重要的。同事之間關係融洽，心情就會很舒暢，這不但有利於很好地工作，而且也有利於自己的身心健康。

好事與同事分享

　　單位裡發物品、領獎金等，你先知道了，或者已經領了，一聲不響地坐在那裡，像沒事似的，從不向大家通報一下；有些東西可以代領的，也從

不幫人家領一下。幾次下來，同事自然會有想法，覺得你不合群。如此下去。彼此的關係就會不和諧了。有好事應與同事分享，這是一種簡單的溝通方式。

熱情對待同事的朋友

同事出差去了，或者臨時出去有事，這時正好有人來找他，或者正好來電話找他，但你知道他的去向，你不妨告訴來人：如果你確實不知道去向，但可以將情況轉告，並表示出熱情。明明知道，而你卻直通通地說不知道，一旦被同事知曉，那彼此的關係就勢必會受到影響。

讓同事了解你的有關工作

你外出辦事，雖然上司知道，最好還是與辦公室的同事說一聲。有時候，即使出去很短的時間，也要和同事打個招呼。這樣，倘若你的有關工作來了，同事可以應付。如果你什麼也不說，進進出出神祕兮兮，有人找你時，即使真有要緊的事，同事就沒法說了，有時也會懶得說。受到損失的最後還是你自己。互相告知，既是共同工作的需求，也是聯絡感情的友好表示，表明雙方互有的尊重與信任。

把同事作為生活上的朋友

自己的私事一般是不要和同事說的，因為同事畢竟不等同知心朋友。但是有些無關緊要的私事對同事說說，也沒有什麼壞處，比如自己愛人的工作、生活習性、脾氣等等。時常與同事聊一聊家常是可以增進感情的。

不要打聽同事不想說的事情

每一個人都有自己的隱私，有不願意說的事情，你一定不要問個不停，那樣的做法是一種令人極其反感的。

適當地向同事求助

一般不要輕易求人。因為求助別人不僅會給他人帶來麻煩，而且也會使自己欠下很大人情。但是，事情反過來說，有時求助別人反而能表明你很信任別人，這樣不僅能融洽關係，而且也能加深情感。比如你身體不好，你同事的愛人是醫生，你不認識，但你可以透過同事的介紹去找，以便看診得快、更仔細。倘若你偏不肯求助，同事知道了，反而會覺得你不信任他。他遇到什麼事情也不會求你了。良好的人際關係是以互相幫助為前提的。

不要爭強比贏

有些人喜歡說人家的笑話，討人家的便宜，雖是玩笑，也絕不肯自己吃虧。有些人喜歡爭辯，有理要爭理，沒理也要爭三分；有些人不論國家大事，還是日常生活小事，一見對方有破綻，就死死抓住不放，非要讓對方丟人不可。有些人常常主動出擊，人家不說他，他總是先說人家……這種喜歡在嘴巴上占便宜的人，實際上是很愚蠢的，他給人的感覺太好強，鋒芒太露，難以合作。因此，講笑話、開玩笑，有時不妨吃點虧，以示厚道。如果什麼事情你都想占便宜，總想表現得比別人聰明，到最後往往是讓人更加的討厭。

避免在辦公室裡說的話

以下幾個問題在辦公室的閒談中是應該盡量避免的：

· 四處打聽同事的收入。
· 談論同事間的人和事。
· 張揚自己的家境。
· 說自己和他人的私人的情感。
· 總愛提原來的單位。

211

不要與同事爭功

　　同事，顧名思義，就是一起做事的人。人之所以成為同事，就是為了完成共同的事，假如事情完成得不好，那叫事故；事情完成得好，就成為了事業。可見，同事對一個人是多麼重要。對大部分現代人來說，世界上最好的禮物是一個好同事，比一個好同事更好的禮物是一群好同事。

　　毫不誇張地說，遇到一個好同事比娶個好太太或嫁個好老公更重要。很多成就事業的人婚姻並不美滿，但他們無一例外都有好同事。劉備可以沒有孫夫人，但沒有諸葛亮，想三分天下有其一無異於白日做夢；約克（Dwight Yorke）在曼聯威風得不行，因為他身後有貝克漢（David Beckham）、吉格斯（Ryan Giggs）的強大火力支持，還是這個約克，一回到特立尼達和多巴哥國家隊就碌碌無為，沒別的，就是因為孤掌難鳴。當天才遇到天才，互相切磋砥礪，就會放射出更耀眼的光芒。即使是庸才遇到庸才，只要互相取長補短，同樣能如虎添翼，所謂「三個臭皮匠，勝過一個諸葛亮」。優秀的同事就像撐杆，讓你躍過不可能的高度，就像 3D 加速卡，讓你事業的畫面更加生動流暢。

　　因此，同事的幫助絕不是可有可無的。一個籬笆三個椿，一個好漢三個幫，良好的同事關係是事業不可缺少的根據地。經營不好根據地，向外發展純粹是奢談。很難想像一個在同事中間孤立無援的人，能夠把工作做得出色，得人心者得天下，得同事者得事業。

　　而當自己所在部門取得了成績，公司論功行賞之際，也不要過分為自己評功爭好，要低調、禮讓，更不要因此而與上司、同事發生爭執或其他不愉快的事。

　　有一次，吳某應徵到某醫藥公司做企劃。他雖初來乍到，但因企劃經驗豐富，很受總經理賞識，所以薪水定得較高，這讓企劃部主管李某心有不

甘。工作中，李某總是有意刁難吳某，並將本該自己做的工作丟給他。因此，吳某案頭的工作總是部門裡最多的。對吳某做好的企劃案，李某稍做修改後便交到總經理那裡，並單署自己的名字。

由吳某代做的好幾個企劃，都受到了總經理的好評。看著李某得意的樣子，不少以前妒忌吳某薪水過高的同事，也開始為他打抱不平了：「你也太老實了，他明擺著是在搶你的功勞。」吳某只是笑笑：「也許他是在考驗我呢？這也是一種鍛鍊嘛。」幾個月下來，吳某的低調作風反為他贏得了好人緣。

不久，李某正在斟酌吳某的企劃案，總經理到企劃部視察工作，李某便說：「他做的企劃有些地方不行，我幫他看看。」總經理翻看了一下，說：「我覺得很不錯，要不你交一份更好的給我？」說完一臉嚴肅地走開了。

隨後，吳某就取代李某升任了企劃部主管，總經理告訴他：「你的企劃風格我很了解。我早就看出李某的不少企劃案是你原創的，但你低調處世的態度，我很欣賞。」

因此，在職場上，尤其需要以寬容、禮讓為核心的 3C 精神。所謂 3C，指的是「以禮相待、以誠待人、以德服人」。在職場上、辦公室中，這三者缺一不可。同事之間，如果能夠做到禮貌與關愛，真誠地關心以及尊重他人，相應地也會得到他人的尊重與諒解。

3C 原則做起來其實很簡單。注重與他人的合作和分享，多跟別人分享自己的看法、建議，多聽取和接受別人的意見，這樣你就能獲得眾人接納和支援，從而順利推展工作。

世上沒有免費的午餐，有付出才會有回報。

第一，你要能給予，才能考慮索取。我們經常會聽到一些人對同事的抱怨，大罵同事如何不夠朋友，如何在關鍵時刻袖手旁觀甚至落井下石。可是你有沒有想過，你為同事做了什麼？你有沒有在他需要時伸出溫暖的手？你有沒有故意或者無意中傷害過他？

我們必須承認，同事之間考慮更多的是利害關係，而不是水泊梁山式的兄弟義氣。如果你對同事不能有任何幫助，又怎麼能指望同事對你伸出援手？古人說「得道多助失道寡助」放到同事之間，這個道說是你的能力。你必須展現出自身價值，對同事有所裨益，才能在需要時得到同事的回饋。那麼與其說是同事在幫你，不如說是你自己在幫自己。

第二，要多微笑。在公司無論是對同事還是上司，要無時無刻展示你燦爛友善的笑容，這樣一定能贏取公司上下的好感。年輕的同事會視你為大師兄、大師姐，年長的把你當兒女看待，如此親和的人事關係必有利事業的發展。

平時大大咧咧的郭某畢業後進了辦公大樓，報到那天，他沒和前臺接待小姐打招呼，以後，在待人接物時，他也很少用「謝謝」等詞語。漸漸地，他發現同事們並不怎麼認可他的能力，相互之間關係很冷淡。後來，他開始試著改變自己的言行，在工作中對別人多用一些表示敬意的禮貌用語，不久就走出了人際關係的困境。他深有體會地說：「多用一些禮貌用語不但可以提高自己的個人修養，還能讓自己順利地加入到工作團隊中去。」

第三，要善解人意。同事感冒時，你體貼地遞上藥丸，路過餅店時順道給同事買點小禮品。這些都是舉手之勞，何樂而不為？你對人好人必定也會對你好，這樣就不會在公司陷於孤立無援之境。

當然，更不要蓄意製造矛盾、設置陷阱，坑害、中傷、打擊同事。比如，有意披露同事的隱私，中傷貶損別人；到上司面前進讒言或離間同事間的關係，傷害同事間的感情等等。這些行為，既坑了同事，也害了自己，它對於融洽同事間的關係是有害無益的。

第四，要平等待人，不搞小圈子。同事當中，有在各方面條件都占有優勢的佼佼者，也有身處劣勢的平平者；有的人處世頭腦比較敏捷機靈，有的人則比較木訥呆板；甚至在人的長相上，也有容貌俊逸和其貌不揚之分。但

無論同事的主、客觀條件孰優孰劣，你在與同事相處時，都一定要注意做到平等待人，尤其是在人格上要一視同仁。如果你在與同事相處中明顯地表現出趨炎附勢，甚至為了一己之利，勢利地搞起了小圈圈和小團體，那麼，你勢必會遭到其他同事的反感，甚至憎恨。這樣，就等於在你周圍的人際環境中埋下了隱患，一旦條件發生戲劇性變化，你會在自己締結下的同事關係中嘗到苦果。

因此，要盡量跟每一位同事都保持友好的關係，盡量不被人誤認為你是屬於哪個小圈子的人，因為這會無意中縮窄了你的人際網路，對你沒多少好處。要盡可能跟不同的人打交道，盡量避免牽涉入辦公室鬥爭，不搬弄是非，這樣自然能獲取到別人的信任和好感。

如何應對同事的排擠

當你的同事突然間和你疏遠了，不僅友情沒有了，甚至還處處給你設難題刁難你，出你的洋相，看你的笑話，你就得當心了。這些資訊向你傳送了一個重要信號，同事在排擠你。

被同事排擠，必然有其原因。這些原因不外乎以下幾種情況：

1. 近來連連升級，招來同事妒忌，所以群起攻之排擠你。
2. 你剛剛到這間公司上班，你有著令人羨慕的優越條件，包括高學歷、有背景、相貌出眾，這些都有可能讓同事妒忌。
3. 決定聘你的人是公司內人人討厭的人物，因此連你也會受牽連。
4. 衣飾奇特、言談出格、愛出風頭，令同事望而卻步。
5. 過分討好上級，而疏於和同事交往。
6. 你的存在或行為妨礙了同事獲取利益，包括晉升、加薪等可以受惠的事。

你的情況如果是屬於 1、2 項，這種情況也很自然，所謂「不招人妒是庸才」，能招人妒忌也不是丟面子的事。其實只要你平日對人的態度和藹親切，同事們不難發覺你是一個老實正直的人，久而久之便會樂於和你交往。另外，你可以培養自己的聊天能力，因為同事們的最大愛好之一就是聊天，透過聊天改變同事對你的態度。

你的情況如果屬於第 3 項，那便是你的不幸，只有等機會向同事表示，自己應徵是出於喜愛這份工作，與聘用你的人無關，與他更不是親戚關係。只要同事了解到你不是「告密者」的身分，自然會歡迎你的。

你的情況如果是屬於第 4、5 項，那麼你便要反省一下，因為問題是出在你自己身上，想要讓同事改變看法，只有自己做出改善。平時不要亂說一些出人意料的言論，要學會當聽眾，衣著也適合自己的身分，既要整潔又不招搖，過分突出的服裝不會為你帶來方便，如果你為了出風頭而身著奇裝異服招搖過市，這會令同事們把你當成敵對的目標。

如果是屬於第 6 項，你要注意你做事的分寸。升職、加薪、條件改善，甚至上司一句口頭表揚，都是同事們想獲得的獎勵，正當的競爭也在所難免，雖然大家非常努力的工作，但彼此心照不宣，誰不想獲得獎勵呢？

同事相處的禁忌

你可能是個準時上下班、自覺做好本職工作的好職員。不過你別忘了，衡量一個人工作成績的優劣有時並不僅僅只看個人自身的表現，與周圍的環境協調也是重要的考察方面之一。一味地在工作中嚴於律己固然好，但若與同事齟齬過多，也會成為你通往成功之路的暗礁，不可小覷。

因此，沒有人願意成為毫無人緣的「工作中的討厭蟲」。以下有一面鏡子，請對照著看自己是否無意之中犯了禁。

洩露祕密者

所謂祕密，當然就帶著些不可告人、或不願公之於世的隱情，基於對好友的信任，或是為了表明自己對好友的信任，才會將私密全盤托出。如果在別人口中聽到了自己的私密曝光，不用問，叛徒只有一個。被出賣的人一定懊惱曾經付出的友誼和信任。如果祕密中牽涉到他人，更會使事情一發而不可收拾。所以，不論是善意或惡意的洩露祕密，都是辦公室友情的大忌。

獨自升職者

如果你比好友先升職，恐怕這段友誼就很難保持長久，因為兩人的地位不平等，加上心理上微妙的競爭和比較，酸溜溜的滋味很快彌漫開來，因為不安全感而發酵出的自卑也將作怪。當然不會有人因為顧及好友的心情而放棄升職機會，但如果發生了，記得體諒對方的心情，做出適當反應，並盡可能加以寬慰舒解。

帥哥當前者

條件好的男人是好友間最嚴厲的考驗，如果帥哥對好友間的其中一人表示好感，很難不造成傷害。萬一兩人喜歡上同一個男人，那簡直就宣布了情誼的決裂。最好獨立處理好情感生活，在愛情基礎尚未穩固前，即使最親密的朋友，也不要拖著一起去約會那個未明確關係的男人。不要對愛試探，也不要貪圖勝利的感覺。

撒謊者

如果你極其熱衷於傳播一些低級趣味的流言，至少你不要指望旁人同樣熱衷於傾聽。那些「道不同不足與謀」的同事遲早會對你避之唯恐不及。即使你憑藉各種小道消息一時成為茶水房裡的紅人，但對一個口無遮攔的長舌者，永遠沒有人會待你以真心。

沒完沒了的抱怨

　　牢騷滿腹、叫罵聲不斷，這些就是「播毒者」們最顯著的特徵。儘管偶爾一些「推心置腹」的訴苦能多少構築出一種「辦公室友誼」的假像，但喋喋不休的抱怨會讓身邊的人苦不堪言。也許你把訴苦看成開誠布公的一種方式，但訴苦訴到盡頭便會昇華成憤怒。人們會奇怪既然你對現狀如此不滿，為何不乾脆換個環境，遠走高飛。

諂媚討好者

　　如果好友之一喜好巴結上司，向上司爭寵，通常會引起另一方看不慣而影響感情。不要私下做一些使人疑竇的小動作，讓對方懷疑你對友誼的忠誠度甚至懷疑你的人格，同時也擔心平常對上司的抱怨會被你出賣，借著獻情報而爬上高階。辦公室中最有益身心的運動之一，就是共同在背後批評上司，許多情愫都是因為「共同敵人」而衍生的感情，如果被發現你偷偷當了耳目，友情從此完蛋。

公私不分者

　　「公事公辦」也是友情的殺手之一。也許一方想著，我們這麼要好，何必對我要求這麼嚴格？即使出了事，也該罩著我才是。但另一方卻想：明知我們這麼要好，就不該為難我，把事情做好讓我對上面交代，不該出一些情況害死我！如此無法達成共識，將會帶來許多不便和傷害，尤其在公務上出現差錯，相互責怪的情形將導致傷害，尤其當中一方因此承受公司的懲罰時，這段友情再也無法挽回。建議辦公室好友們先找個時間將界線劃清，公私分明，而非一味在心裡嘀咕著：你怎會這樣做？

借錢者

　　隨便向朋友開口借錢只能引發朋友間的誤會和衝突。開了口卻借不到錢的，會埋怨對方不夠意思，覺得平常那麼好，原來都只是表面功夫；被借了錢的會覺得友誼出現了雜質，還要擔心是否有去無回。若未能如期還錢，被欠錢的可能會引起反感：都這麼熟了，竟然跟我來這一招，太過分了！欠錢的也會不滿：這種情形又是如我所願，朋友就是患難之中見真情，如果有一天你像我一樣倒楣，難道不希望我伸手相接？如果再加上家人的責怪，壓力之下友誼就無法長存。

避開同事給你挖好的陷阱

不可輕易交心

　　身為公司一名職員，不可能不與公司的其他人員打交道。下班之後，與同事一起喝杯酒，聊聊天，不但有助日常工作，還可能知道與公司有關的消息。因此，公司所辦的各種聚會，自然要參加，與同事及上司打一兩場「社交麻將」也有必要，但有一點要記著：莫可隨便交心。

　　同事之間，只有在大家放棄了相互競爭，或明知競爭也無用的情況下，才會有友誼的存在。如果交了真心，動了真感情，只會自尋煩惱。比如說，甲與乙是同級，而且是好朋友，只有一個升級的機會。如甲升了級，乙沒有升，乙怎樣想呢？乙若繼續與甲友好，免不了會被人認為是趨炎附勢；甲主動對乙友好，也並不自然。

不為別人背黑鍋

　　許多公司裡人員的好壞、對錯都是由上級說了算。如果上級意志強，下級多少都要努力工作；上級若自以為是，下級便會唯唯諾諾，但有一些上級

只是向他的上級交功課而已，敷衍了事，得過且過。

在這樣的環境之下，最重要的就是不要出事，一切如常就不會勾起上司的雷霆之怒。但一有差錯，上司為了向他的上司交代，就會抓住一個人做替罪羊。這種情況，俗話叫做「背黑鍋」。

不背黑鍋的方法其實很簡單。最易行的就是不冒險、不馬虎，事事有根據，白紙黑字，即使錯了也有充分理由解釋。

另一方面，一件事的對錯，錯的大小，應否追究，如何處罰，都是上級決定。大事化了，小題大做，都在有些上級一念之間。因此，在這種情況下，人緣好，特別是與上司的關係不錯，就會較少獲罪。

避免金錢來往

同事或朋友之間盡量避免錢的交往。金錢借來借去一定會發生問題。「王先生，你能不能借一千元給我，我現在手邊正好沒錢！」假如你像這樣連續三次找人借錢，就算你手頭真緊，別人恐怕不敢借給你了。遇到大家一起分攤費用時也是一樣的，只要你連續三次說：「今天我沒帶錢來！」人家肯定不會再相信你了。

常人有一個壞毛病，向人借來的錢很容易忘掉，借給別人的錢，經常記得牢牢的。因此，在此強調，有關錢的問題，你必須注意五點：

- · 在社會上工作的人，必須在身邊多帶些錢。
- · 盡量避免借錢給別人。
- · 借出去的錢最好不要記住，借來的錢千萬不要忘記。
- · 假如身邊錢不方便時，不要參與分攤錢的事。
- · 養成計畫用錢的習慣。

不談別人的隱私

公司裡如果有人只顧埋頭工作，從來也不說別人壞話的人，上司一定非常喜歡他。但現實生活中這樣的人實在是太少了。

常常有人借著喝酒來說上司的壞話，批評上司的作風，謾罵公司的制度不健全……這些都可說是公司裡常見的一種現象，而這些人也喜歡借喝醉酒來胡言亂語，甚至說大話。

「……哈…科長的太太紅杏出牆，誰不知道？可憐的科長老是教訓我們別到外面去風流，沒想到，自己的太太卻……哈！」

同事之間往往會無意中把在某聚會聽到的事，在辦公時間內說出。

如果這件事傳到科長的耳朵裡，他會怎麼辦呢？到處散布同事壞話的人實在是太沒有道德了！

「……那個傢伙實在是太多嘴了，留不住一句話，可惡極了！」如果被其他同事這樣認定，同事之間的情誼就完了。

一些極粗鄙的話，如果被心懷不軌的同事聽到，很可能會加油添醋地到處宣揚，因此，關於朋友或同事間的隱私，最好不要說。

減少與同事產生矛盾的方法

同事間相處不要因一點小事就高聲大鬧、喊破嗓子、怒氣衝天。與同事意見有分歧，完全可以討論，但不要爭吵。只要出於善意，討論也是最終對事不對人，同樣會讓雙方像促膝談心一樣有所收穫。相反，那種毫無分寸和理智的爭吵，一方激烈地攻擊另一方，同時拚命地維護自己，這正是有良好教養的人所不為，也不該為的事。

信念與偏見的本質區別就在於：信念不需要動怒就可以闡述清楚，征服人心；而偏見則往往不得不靠聲音來虛張聲勢。

而有的人也是因為受了冤枉或歪曲才發怒的，只是他根本不懂得如何表述自己的見解。討論的原則是：要用無可辯駁的事實及從容鎮定的聲音，努力不讓對方厭煩，不迫使對方沉默而達到說服的目的。保持冷靜、理智和幽默感。只要你能夠聽我說，我也願意聽你講；如果我們能讓自己專注於問題的討論而不是引向感情用事或固執己見，那麼討論就不至於降格為爭吵。

如果我們的聲音漸漸提高，說出「我認為這種想法愚蠢透頂！」這就是一種傷害他人的反駁了。這時，旁觀者焦慮不安，朋友們躲到樹後去，也就不足為奇了。為贏得一場爭吵而失去一位朋友，實在是得不償失的事情。

爭吵使人們分離，而討論卻能使人結合在一起。爭吵是野蠻的，討論則是文明的。有時候，辯論乃至爭吵是不可避免的，即使在友誼和婚姻中也難免口角，但裂痕卻可能隱藏下來。家庭中的情感發洩有時可能有助於沉悶的空氣，就像一場雷雨能把暑氣一掃而光。然而即使如此，爭吵及其彌合也最好是在私下進行。

中國歷史上的人物自古以來都是以成敗論英雄，「兩強相爭，智勇者勝」而這句名言也的確堪稱經典，直到今天仍被上班族們頻頻提到，視為法寶。而所謂的智者，應該就是能夠善於綿裡藏針，以柔克剛者。當然，這樣的人都會首先有副好脾氣——不是天生的，而是修練的。孫子兵法中有一招計——「以柔克剛」，講的是要想制服一個大發脾氣的人，再沒有比「低聲下聲」的更好的了。對方愈是發怒，我方愈應鎮定溫和，愈是緊張的場合，愈應保持冷靜的頭腦。唯有如此，才能發覺對方因興奮過度而顯出的種種弱點，進而攻破他、說服他。

同事之間，一般不會有多大的仇怨，即使有矛盾，有爭論也純屬正常，完全沒必要爭個臉紅脖子粗，吵個徹底撕破臉皮，脾氣人人都有，卻並非人人都會胡亂發脾氣，這不僅是個修養的問題，甚至還是個智商高低的問題。

聰明的人不僅深知發脾氣是最愚蠢的解決問題方式，而且可以根據一個

人在什麼情況下發脾氣的情形來測定這個人的肚量和成就究竟有多大。綿裡藏針、以柔克剛往往是他們避免爭吵，又達到目的的典型策略。

班傑明‧富蘭克林是美國歷史上最偉大的人物之一，他在美國人心目中的威望甚至超過華盛頓。至今美國人民仍認為他是美國歷史上最能幹、最和善、最圓滑的政治家、外交家。談到如何控制脾氣，以柔克剛，富蘭克林是這樣表白的：

「我立下一條規矩」富蘭克林說，「決不正面反對別人的意見，也不准自己太武斷。我甚至不准許自己在文字或語言上措辭太肯定。我不說『當然』、『無疑』等，而改用『我想』、『我假設』或『我想像』一件事該這樣或那樣；或者『目前在我看來是如此』。當別人陳述一件我不以為然的事時，我決不立刻駁斥他，或立即指出他的錯誤。我會在回答的時候，表示在某些條件和情況下，他的意見沒有錯，但在目前這件事上，看來好像稍有不同等等。我很快就領會到改變態度的收穫，凡是我參與的談話，氣氛都融洽得多了。我以謙虛的態度來表達自己的意見，不但容易被接受，而且減少一些衝突；我發現自己有錯時，也沒有什麼難堪的場面，而我碰巧是對的時候，更能使對方不固執己見而贊同我。

「我一開始採用這套方法時，確實覺得和我的本性相衝突，但久而久之就愈變愈容易，成為我的習慣了。也許五十年以來，沒有人聽我講過些什麼太武斷的話。我在正直品性支持下的這個習慣，是我在提出新法案或修改舊條文時，能得到同胞重視，並且在成為民眾協會的一員後，能具有相當影響力的重要原因。因為我並不善於辭令，更談不上雄辯，遣詞用字也很遲疑，還會說錯話，但一般說來，我的意見還是得到了廣泛的支援了。」

但是，避免爭吵不等於放棄辯護。被同事批評或指責，雖然應該誠懇而虛心地聽取，但並非說你一定要忍氣吞聲，不管他說得對與不對都一股腦接受，必要時要大膽辯護據理力爭。

與同事一起融入團隊裡

　　團結協力是任何一個組織宣導的行為。每一個人都應自覺的融入團隊之中，彰顯自己的能力，發揮積極作用。融入團隊，需要培養幾種能力。

積極參與的能力

　　在一個團隊中，如果你具有積極的奉獻意識並付諸行動，你就會受到同事的歡迎。有的人在團隊裡，喜歡自行其是，不願意出頭露面，討論開會一言不發，對許多事情沒有興趣。這樣就讓同事琢磨不透，更無法贏得其他同事的尊重。身處團體之中，自己的言行對團體的戰鬥力要麼是積極影響，要麼具有破壞作用，明智的選擇就是貢獻聰明才智於集體。如果你是因為心態存在問題如不敢拋頭露面，不敢大膽表述自己的觀點，或覺得你的觀點不如他人有價值，那麼，你首先需要排除這種消極認知。如果你感到憂慮和焦急，那麼，你需要學習與同事友好交往，讓不合理的怪念頭逐漸減退，自信心慢慢增強，然後就能自覺地參與到團體的活動中來。

坦誠表達意見的能力

　　對於團體的一切決策、工作，熱情關心，坦誠地說出自己的意見或建議。清楚地表達自己的觀點，並提供支持或不贊同的理由和根據。認真地聆聽他人的意見，體會他人觀點的可貴之處。對他人提出的觀點做出直接回答，而不要簡單地試圖將自己的觀點讓別人接受。提一些相關的問題，以便全面地探究討論的問題，然後設法去回答問題。把注意力放在增加了解上，而不要逞強，不要試圖證明只有自己觀點的才是正確的。

真誠尊重同事的能力

　　在團體中愉快地合作，就必須尊重團體中的每一個成員，這是保證合作

成功的基本準則。雖然你可能確信你比其他的同事更有知識、更有能力，但要明白各有所長的道理，要有學習他人的態度。所以在日常交往中，在開會討論時，你要讓他人充分地表達觀點，而不要隨意打斷。在某些場合，其他同事可能不同意你的分析或結論，即使你確信你是正確的，有時也需要做出必要的妥協和讓步。

聽取不同觀點的能力

除了提出你自己的觀點外，還應該鼓勵其他成員也提出他們的觀點。當他人提出自己的觀點時，要做出積極的和建設性的反應。

客觀評判事物的能力

對每一個同事的優點心中有數，在別人提出意見的時候，能考慮同事提出某個觀點的理由和根據是什麼？它的風險和弊端是什麼？在做相應工作時，你的言行讓同事意識到你評價的對象是觀點，而不是提出觀點的人。尤其要注意不要武斷指責，更不要惡語傷人。

妥善掌握自己的能力

團隊就是一個活生生的、不斷進化的有機體，它們是由處於複雜的和充滿活力的個體構成的。你在團體中要擺正自己的位子，不要過高估計自己，更不能端架子，尤其要認清自己的不足之處，隨時改正，以保證自己好好地融入團體裡。

提升與各類人員溝通的能力

（1）與寡言少語的人溝通。

性格內向的人是不愛講話的，即便遇到重要的事情，也不願與人交流。下面的幾點方法可以「打破的沉默」。

透過讚賞引出話題。性格再怎麼內向的人，得到他人的認同和讚美，心情自然會好，是最容易打開話匣子的時候。

用簡潔的言語提問。少言寡語的人，往往只說「是」或「不是」，覺得說話越少越自在。你別指望在短期內改變。那麼與之溝通時，不妨將問題分割，只需要他回答「是」與「不是」或者較少的幾個字。例如說：「你的方案擬定好了嗎？」「對 ×× 計畫，你同意不同意？」

點燃他的興趣點，興趣點也是人的神經興奮點。如果點燃，對方自然會打開話匣子。

假如那個沉默寡言的人，特別愛好足球，你可以正話反說：「昨天那場球，申花的後位真是不簡單……」其實那個後位不怎麼樣，你這麼說為的是觸動他對足球非常敏感的神經，一般情況下，他會主動接話。你們就聊上了，然後便扯到正事上。

以真誠關心的態度出現。在對方遇到難事的時候，在對方需要幫助的時候，你以真誠關心的態度出現，他會感動地說出內心的想法。

（2）與喋喋不休的人溝通

遇到一些長舌的人，讓人頭痛。他不顧及別人的感受，胡說亂侃，使溝通偏向。

婉言提示。婉言提示，比起直接表明不願聽他亂說好得多。「對不起，科長還等著我們的意見呢，你就別保守了，把你的高見說說，也讓我長長見識。」

熱情插話。用熱情的言語岔開，給他的興致澆涼水：「來，抽根菸。」過一會又說：「我給你添點茶葉，怎麼樣？」「×× 好像剛過去，我去看看就來……」如此幾番，他怎好意思繼續把打斷的話頭再串起呢？

巧妙阻擋。用主動出擊的姿態阻擋對方：「你講的蠻有趣的，不慌，我找

個本子記一下。」或者找個很好的藉口，例如上廁所、買菸，讓對方等等，馬上就來。將他涼在那。

（3）與咄咄逼人的人溝通

交往中，會遇到一些不通情理、不講情面的人，他們的嘴皮子很厲害，用咄咄逼人的姿態，似乎不把人逼到死胡同決不甘休。

應對的辦法：

一是後發制人。

開始以弱者的姿態出現，麻痺對方，在合適的時刻，猛然回擊。假如他先前說：「你那所謂的論文，能算嗎？我以前就在一些材料上見過你所闡述的論點……」這時遞給他菸或茶水便說：「謝謝您提醒。但我最想聽聽您的指教，知道我的論點有多少與別人雷同……」對方一下是說不出所以然，便會收斂鋒芒。

二是以退為進。

遇到對方的問話是你所必須回答，又要對方跟著你的思路走時，你可以裝作退卻。對方乘機逼過來，你就把他帶遠，然後猛然調頭，給他深刻的提示。他說：「你們得了那麼多獎金該知足，你們哪一個不是幾千上萬，而我呢？……那些事我就沒參與，可是你們卻完全抹殺了……」在他說的過程中，你承認好多人都得到了獎金……最後你說：「我相信，你也知道獎金的分配程式，根據績效得分分配，不是由哪一個人說了算的。你有意見，肯定有你的理由。也許是當初對你的績效評定失誤了，你現在仍然可以提出覆議。我別的事情不能做，但可以抽出一些時間和考核組的成員，聽取你的詳細申辯，然後認真複查。」在這個過程中，讓他明白，自己邀功請賞是白費力氣，需要靠自己的實績證明。

（4）與看不來的人溝通

許多人希望人際關係和諧、美好，但是現實往往不盡人意。性格的差異，使人形成距離。性情沉穩的人，做事忠實，對虛張聲勢、粗心大意的人就看不來；果斷潑辣的人，與優柔寡斷、纏纏綿綿的人合不攏。我們不難發現，戀人甚至夫妻性格不合，相互難以相處，最終不得不各奔東西；同事之間性格不同而不好團結，工作上不能合拍，就會嚴重影響工作。其實人與人之間不能那麼計較，在不得不面對的時候，言語上表達得好一些，矛盾就會少一些。

假如人家看不慣你，提出意見和批評。非原則問題你姑且一笑了之，不必細究。需要說明時，不要出口不遜，把關係搞僵、把事情搞複雜。你可以說：「你對我關心，我很感激。但……需要向你說明……」你表示與他之間沒有什麼距離，並且將他擺在你之上，滿足他的自尊心的需要，再發表不同的看法，一般來說就不會產生激烈的爭執。

假如你看不慣別人，非說不可時就說：「……我們關係不錯，你也很大度，我就說點看法供你參考。你心好，性格爽，但有時說話太直接，叫大家都不好接受……」這麼說，表明你在關心著他，而不是挑毛病、鬧矛盾。

（5）與奚落自己的人溝通

在工作中，有時會遇到有意無意奚落、挖苦、譏諷，如果你有隨機應變能力，發揮聰明才智，化被動為主動，就可以使尷尬境地煙消雲散。

假如有人衝著你橫眉豎眼、惡語中傷地罵道：「你這個人忘恩負義，總想踩著別人的肩膀爬，偽君子！」要是你心中無愧，完全不必大發雷霆，倒不妨解嘲地反詰：「哦！是真的嗎？請把你的肩膀露出來讓大家看看。」你以這種溫文爾雅、彬彬有禮的方式笑迎攻擊者，顯然比暴跳如雷、大動肝火好。

如果對方來勢洶洶，盛氣凌人，前來指責辱罵你，而你確信真理在手，則應報以藐視的目光、冷峻的笑顏，讓他盡情地發洩個夠，然後笑著說：「接著說，我很欣賞你的表演能力。」你是告訴他，你說得再多，我也只是像看小丑演出。

如果有人用過於唐突的言辭使你受到傷害，或使你難堪，你應該含蓄以對，以委婉曲折的方法反駁對手，定會取得奇特的功效。比如，你被安排到某重要職位，有人揶揄道：「這下子你可好了哦，吃香喝辣不愁囉！」你聽了不必拘泥，可笑答：「是這樣嗎？你有經驗吧？」把球踢給他。

假如有人以半真半假的口吻問：「你得了一大筆獎金，可以買新房了吧？」你就實避虛地回答：「你也想嗎？那你就來跟我學學。」語氣中帶點剛陽銳氣，別人再問，也不大好意思了。

第七章　辦公室交際2：與同事和睦相處

第八章
辦公室交際 3：用魅力征服下屬

　　和下屬相處，說到底就是要學會和下屬交朋友。但是在和下屬相處時，並不是鼓勵你完全忘掉自己的身分，一味地去和下屬「打成一片」，甚至失去自己應該有的上司風度，和下屬大聲喧鬧，而是應該掌握一些方法、技巧，有助於自己架起和下屬溝通的橋樑，從而創造一個和諧融洽的工作氛圍。

具備健康的心態

積極的心態

積極的人像太陽，照到哪裡哪裡亮；消極的人像月亮，初一十五不一樣。想法決定我們的生活，有什麼樣的想法，就有什麼樣的未來。我們怎樣對待生活，生活就怎樣對待我們；我們怎樣對待別人，別人就怎樣對待我們。

相傳在古代有位秀才進京趕考，住在一個經常住的旅店裡。考試前兩天他做了三個夢：第一個夢到自己在牆上種白菜；第二個夢到下雨天，他戴了斗笠還打傘；第三個夢到和心愛的表妹脫光了衣服躺在一起，但是背靠著背。這三個夢似乎有些深意，秀才第二天就趕緊去找算命的解夢。算命的一聽，連拍大腿說：「你還是回家吧。你想想，高牆上種菜不是白費力氣嗎？戴斗笠打雨傘不是多此一舉嗎？跟表妹都脫光了躺在一張床上了，卻背靠背，不是沒戲嗎？」秀才一聽，心灰意冷，回店收拾包袱準備回家。店小二非常奇怪，問：「不是明天才考試嗎，今天你怎麼就回鄉了？」秀才如此這般說了一番，店小二樂了：「喲，我也會解夢的。我倒覺得，你這次一定要留下來。你想想，牆上種菜不是高種嗎？戴斗笠打傘不是說明你這次有備無患嗎？跟你表妹脫光了背靠背躺在床上，不是說明你翻身的時候就要到了嗎？」秀才一聽，覺得更有道理，於是精神振奮地參加考試，居然中了個探花。

一個人要想成功，首先要徹底剷除消極心態，因為消極的心態消磨人的意志，摧毀人的信念，讓你失去前進的動力。無論做什麼事，只要想做，就要認為能夠做成，不為失敗找藉口，只為成功尋出路，大膽去想、大膽去試，成功之路就在腳下。

　　人不能決定生命的長度，但可以掌握它的寬度；不能左右天氣的陰晴，但可以改變自己的心情；不能改變自己的容貌，但可以展現自己的笑容；不能控制別人，但可以掌握自己；不能預知明天，但可以利用今天。

　　領導者的態度更重要，因為會影響整個團隊的心態和精神面貌。成功的領導者總是懷有積極的心態、飽滿的熱情，充滿熱忱。他們具有很強的事業心和進取精神，樂觀自信，富有激情，他們的工作熱情總是超過一般人，而且常常能夠感染和帶動周圍的人。熱忱是火，可以融化堅冰；熱忱是愛心，可以征服和感染顧客；熱忱是一種巨大的力量，沒有人不喜歡充滿熱忱的人，因為熱忱使人更有朝氣、有活力，使人感到溫暖，催人奮進。

飽滿的精神風貌

　　鬼穀子《本經陰符》的第一篇是盛神法五龍。其中盛神，就是精神飽滿旺盛，熠熠生風，神采奕奕。在英文裡有一個單詞 charisma，被翻譯為：領導者對部下或群眾的吸引力。其實也是一個做領導者的言語、行動，隨時飄逸著一種令人難以形容的風采，無形中具有一種力量，能使人們甘心情願地跟從他或效忠他。如果一個領導者雖然居於領導者的地位，但不具有 charisma，就很難成為成功或大有作為的上司。

　　唐太宗在他還在做秦王的時候，他的手下一幫子人坐在那裡，一般都死氣沉沉。只要具有一股英爽之氣的秦王李世民一到，大家馬上就眼前一亮，都覺得生氣勃勃，凡事都像有了新希望。歷史描寫他：光彩照人，談笑風生，語驚四座，言服八荒。所以他的部下都是能為他肝腦塗地的人物。

　　凡四十歲以上的美國人，都會記得卡特（Jimmy Carter）當總統的時期。當時美國是漫天的愁雲慘霧，利率漲到百分之二十三，全國缺乏汽油，依照車牌號碼，在單雙日排隊買油。車隊大排長龍，往往在排到時，油已賣完，連開車回家都成問題。加上通貨膨脹，民不聊生。伊朗扣押美國大使館人員

四百多人，卡特束手無策，援救無方。卡特總統有一對八字眉，眉心豎著一條深紋。說起話來，身體總是兩邊擺來擺去。每次他出來講話，大家只要見到他，就馬上覺得烏雲罩頂，生趣全消，覺得美國好像頹廢破敗，毫無希望了。好不容易熬過了四年，雷根總統取而代之。雷根說話幽默且斬釘截鐵，加上英俊健壯，讓人一見就覺得他是個有見解、說到做到、麻利痛快、毫不含糊的人。伊朗一見他當選，立刻自動放人。商人不敢囤積居奇，利率立即降到百分之七，汽油馬上就不短缺。在美國國內，他用老子思想治國，治大國如烹小鮮，不到兩年，美國經濟騰飛，文治武功，遂成世界第一強國。

有主見

走自己的路，讓別人去說吧！伊索寓言有一個故事：父子二人趕驢到集市去，途中聽人說：「看那兩個傻瓜，他們本可以舒舒服服地騎驢，卻自己走路。」於是老頭讓兒子騎驢，自己走路。又遇到一些人說：「這兒子不孝，讓老子走路他騎驢。」當老頭騎上驢，讓兒子牽著走時，又遇到人說：「這老頭身體也不錯呀，讓兒子在下面累著。」老頭只好讓兩人一起騎驢，沒想到又有人說：「看看兩個懶骨頭，把可憐的驢快壓趴下了。」老頭與兒子只好選擇抬著驢走，沒想到過橋時，驢一掙扎，墜入河中淹死了。

這則已流傳兩千五百年之久的寓言，提醒我們必須學會有主見，掌握自己的命運，因為你無法得到每一個人的認同或讚許。

世界著名指揮家小澤征爾在一次歐洲指揮大賽的決賽中，按照評委會給他的樂譜指揮樂隊演奏的時候，發現有不和諧的地方。起初他以為可能是樂隊演奏錯了，就停下來重新演奏，但仍然有個地方不和諧，不如意。小澤向評審們提出樂譜有問題，但在場的作曲家和評委會權威人士都鄭重說明樂譜沒有問題，而是小澤的錯覺，請他找出原因把樂曲演奏好。當時小澤還不是一個世界級的指揮家，只是一個參賽者，但他稍加考慮，面對一批音樂大師

和權威專家大吼一聲：「不，一定是樂譜錯了！」話音剛落，評審臺上立刻報以熱烈掌聲。

原來這是評審們故意設計的圈套，以此來檢驗參賽的指揮家們在發現樂譜有錯誤並遭到權威人士「否定」的情況下，能否堅持自己的正確判斷。前兩位參賽者雖然也發現了問題，終因趨同權威而遭淘汰。小澤征爾自信堅定，因而摘取了這次世界音樂指揮家大賽的桂冠。

自信不是主觀武斷，是建立在真才實學的基礎之上，堅持自己的正確判斷難，在遭到權威、大人物否定後還堅持自己的正確立場，實屬難能可貴。管理人員在實戰中會遇到各種複雜局面，在關鍵時刻要做到不唯上、不唯大、不唯官、只唯實，自主意識要強，要有主見。

提高自身的領導魅力

市場經濟為人才流動大開了方便之門，「良禽擇木而棲，忠臣擇主而事」，在自由選擇的條件下，領導者物色人才，人才也同樣在物色領導者。劉備在聘請諸葛亮的時候，分析了諸葛亮的條件，認為可用時才聘請了他；同樣，諸葛亮也分析了劉備的條件，認為和他在一起有成就一番事業的可能，才同意出任。領導者要考慮人才能否發揮作用，人才也要考慮上司的素養如何，有無魅力，與他一道工作將是否有所作為，最後才能決定去留。「有了梧桐樹才能引來金鳳凰。」作為一個領導者，要想得到優秀人才，必須首先提高自身的素養，做好本職工作，創造一個可發揮人才作用的良好環境，才能吸引有所作為的人才與之共同奮鬥。所以，在上司用人的實踐中，人們常把透過自身魅力將人才吸引到自己身邊的做法稱之為「魅力吸引法」。那麼領導者自身魅力的具體內容有哪些呢？

第一，德才兼備。由於領導者大都掌握一定權力，所以要耍一耍權威大

概是沒有什麼困難的。但是一般來說，單憑權力只能吸附那些趨炎附勢之徒，而賢才並不「買帳」。賢才對那些權威型上司雖然也能夠服從，但對領導者個人卻總是敬而遠之的。他們對於上司，固然不能無視他手中的權力，但是更看重他的思想和人格。因此，只有那些本身道德高尚，有較高聲望的領導者，才能成為眾望所歸的主管，大家才願意跟著他工作。如果一個領導者缺乏道德修養，號召別人大公無私，自己卻個人利益第一；教育別人要「十全十美」，自己卻不講文明道德，別人怎麼會服氣呢？如果再嚴重一點，排斥異己，打擊報復，下級便會有「伴君如伴虎」之感。賢才即使不能「彈劾」他，也會紛紛要求調離，還談什麼魅力吸引力！

第二，寬宏大度。春秋時期，齊桓公要去征服宋國，路過貂山，遇見一個牛倌，名叫甯戚。桓公對此人很欣賞，哪知甯戚當面指責了齊桓公許多的過錯，惹得齊桓公要「綁出去殺了」。甯戚面無懼色，桓公覺得此人是個有本領的人，趕快命左右鬆綁，並說：「我只不過試試你的膽量而已。」這時，甯戚才拿出管仲的薦舉信，原來他是來投奔齊桓公的。桓公埋怨他不早點拿出信來，甯戚笑著說：「國君用人得挑選挑選，還得試試他的膽量，我要幫助國君也得挑選挑選，試試他的度量啊！」度量確實是衡量一個領導者有無魅力的重要因素。「胸中天地寬，常有渡人船」。身為領導者，大度容人，首先要容人小過，容人小短。「水至清則無魚，人至察則無徒。」對於他人的小過，需要有點「糊塗」。「寬小過，總大綱」，「以綱行律己，不以綱行取人」，這些都是值得記取的經驗。相反，吹毛求疵，就會失去恢弘氣象，這樣最容易失掉人心。另外，領導者大度容人還要善於容納異己。容人的要害之點在於「容異」，就是能容納不同意見的人。特殊地位決定了領導者最容易犯的一個缺點，就是喜歡順耳之言，甚至喜歡阿諛奉承之辭。歷史上許多英雄、偉人，在這個問題上鑄成大錯者也不乏其例。所以領導者只有做到對人寬宏大度，容人以德，才能感人肺腑，令人敬重，也才能吸引大批賢才。

第三，博古通今。領導者的魅力不是上司權力帶來的，而是憑其本身學識才幹贏得的。沒有學識才能，有了權力也不會產生多大魅力。

第四，禮賢下士。所謂「禮賢下士」，意為降低身分，敬重賢人，延攬群士。我國歷史上有許多尊賢思才、禮賢下士的軼事掌故，至今仍被人們傳為美談佳話。除了眾所熟知的文王渭水訪子牙、蕭何月下追韓信、劉備三顧請孔明、孫策登門拜「二張」等膾炙人口的故事外，一些政治家思賢、論賢、禮賢的記載更是史不絕書。周公姬旦「一沐三捉髮，一飯三吐哺，起以待士，猶恐失天下之賢人。」楚莊王經過申侯之地時，一心思賢而「口中忘食」。魏文帝「思賢甚於飢渴」，他對陳群「待以交友之禮」。這些有作為的帝王將相之所以獲得了大批治國安邦的賢才能士，使之在政治舞臺上能夠大展宏圖，正是由於禮賢下士的結果。作為封建階級的政治家尚能如此，那麼我們現代領導者就更應該「禮賢下士」。實踐證明，只要我們領導者放下架子，求才若渴，尊重知識，尊重人才，在實踐中樹立禮賢下士的形象，你的身邊就會吸引大批人才。

練好自己的訓話口才

面對公司的大眾，訓話通常是鼓足下屬士氣的最好辦法。出色的領導人，對自己的訓話口才都具有很高的自信，而他們正是透過下列方法練好自己的口才的。

做好準備

訓話之前，要做充分的準備。這包括起草講稿、熟悉講稿和確定講述方式等項工作。領導者得要親自寫講稿。講稿內容和講述方式一定要從聽眾的特點出發。講稿的觀點要反覆推敲，對重要的詞語，也要反覆推敲。

第八章　辦公室交際 3：用魅力征服下屬

注意表達

有這樣一則笑話：某廠長準備為職員做點實事，安排一次參觀博物館和澡堂。於是召集所有男女職工訓話。「大家注意，明天，上午女同事洗澡，男同事參觀。下午男同事洗澡，女同事參觀。要遵守紀律，啊，只準看，不許摸，是絕對禁止拍照的。」臺下譁然。這雖然是一則笑話，但卻說明瞭一個道理：領導者訓話時，要表達的清晰有條理。說理要觀點分明，理由要充分；推理要合乎邏輯；敘事，要線索清晰，首尾完整；前因後果，來龍去脈，要交代得清清楚楚。講述應按照人們認知事物的客觀規律，採用由淺入深、由近及遠、由具體到抽象的方式進行。講話要有足夠的音量，使到會的每個人都聽得清清楚楚。速度要適當，語調的輕重緩急恰如其分。

姿態大方

要端莊大方地站在或坐在講話的位置上，讓每個聽眾都看得見你的表情，聽得見你的聲音，使他們感到你是和他們講話。心理要鎮定，表現出親切與坦誠的神情，不故作姿態。眼睛要柔和地看著聽眾，但不能做不禮貌的凝視。手勢和表情的運用要大方得體，不可做作，還要控制不良的習慣動作。

注意話風

領導者講話的目的無非是統一想法、凝聚力量、部署工作、解決問題等幾個方面。要達到這些目的，就必須在聽眾「聽得進」上下工夫。因此，領導者講話講什麼、怎麼講，就有一個技巧和藝術的問題。如果總是乾巴巴、文縐縐的，官氣十足，官話連篇，都是「放之四海而皆準」、用到哪裡都行的大道理，肯定沒有願意聽。因此，領導階層講話時應盡量做到尊重聽眾，不對聽眾擺架子、打官腔，要講真話、實話，不故弄玄虛。有話則長，無話

則短，切忌拖拖拉拉，冗長繁瑣；講文明，講禮貌，不說粗野庸俗的話；不大嚷不叫，不拍桌子瞪眼睛；避免使用招使聽眾反感的言詞；不訓斥人，不惡語傷人；用得體的語言維持秩序；遵守時間，不遲到，不無故拖延時間。

做到用人不疑

「用人不疑」的謀略，仔細分析起來應該包含兩方面的內容：第一是真的知人而不疑；第二是以不疑的態度或表現去對待下屬。事實上，許多用人者，在使用人才的過程中，都不能夠做到真正的不疑，他們始終都還是在觀察手下的人才，時刻抱一份警惕之心，一旦發現下屬有不軌行為或動向，便立即採取果斷措施，先發制人，將其扼殺在搖籃裡。所以，我們所言的「用人不疑」，並不是要求用人者完全放心、完全坦然，對任何人都以誠相待、投之以一片真心，而是要求用人者在謹慎的前提下，能夠看准人，然後再大膽使用；在用人的過程中，不聽信讒言、不亂生懷疑；別人沒有過錯、沒有異己之心，就應該對別人懷有信任，在事情還沒有搞清楚之前，千萬不可亂懷疑別人而倉促採取行動，否則後悔莫及。

領導者在用人的過程中，千萬不可忽視的一點就是對人的信任。尤其是當有人故意挑撥離間、搬弄是非的時候，讒言聽得多了，假的也會變成真的。做到用人不疑確實很不容易。

春秋時期，魏國太子要到趙國去做人質，魏王派龐恭陪同太子一起去。

臨行前，龐恭對魏王說：「如果現在有人跑來對您說街市上跑來一隻虎，您相信嗎？」魏王說：「簡直胡說，街市上哪來的老虎。」龐恭又問：「假如又有人來報告，說街市上跑來一隻虎，您信不信呢？」魏王遲疑一下說：「不相信。」龐恭再問：「假如又有第三人來報告，說街市上跑來一隻老虎，您信不信呢？」魏王說：「大家都這麼說，大概就真的有虎吧？」龐恭說：

「街市上本來不可能有老虎，這是誰都知道的，然而三人言而成虎。說的人多了，假的也就變成真的。邯鄲離魏國比離街市遠多了，議論我的人遠遠不止三個，願大王詳察。」 魏王讓龐恭放心前去，寬慰他不會相信讒言，但後來還是有不少人說龐恭的壞話，魏王聽得多了，受到影響，龐恭從邯鄲回來，魏王竟然見也不見。信任能讓下屬對上司更忠誠，能促使他們死心塌地為你努力工作，能最大限度地發揮其才能。但是，能做到用人不疑是非常困難的。當領導者交代部屬做事時，心中總會存在著許多疑問，比如說：「這麼重要的事情交給他一個人處理，能負擔得起嗎？」或者想：「像這種敏感度很高，需要保密的事，會不會洩露出去呢？」所以，用人者常會有這種微妙的矛盾心理。

而更為微妙的是，當用人者以懷疑的眼光去對待他人時，就好像戴了一副有色眼鏡，一定會有偏差，也許一件很平常的事也會變得疑團叢生。相反的，以坦然的態度會發現對方有很多可靠的長處。所以信任與懷疑之間，就有這麼大的差別。

因此，無論對待任何人，首先就是信賴，並且要抱著寧願讓對方辜負我，我也不願去懷疑他的誠意，如此才能更好、更多地贏得別人的效勞。

或許，在「用人不疑」的過程中，用人者可能會有一兩次「受騙」；也許，在獲取信賴的果實之前，用人者要付出一點小小的學費。然而，只要能和絕大多數的人才編織起一張互相信賴的友誼之網，即使用人者為此付出一點微不足道的代價，也是值得的。

善於激勵你的下屬

激勵的關鍵在於找到切入點，透過研究人的本性、需求、心理、習俗、性格、愛好、家庭情況以及周圍環境等因素，從中發現影響其思想和行為的

真正動機和根本原因。找到了激勵點和激勵目標之間的關聯，就找到了激勵方法。在實踐中常用的激勵方法主要有：

以情勵人

富有人情味的上司必能獲得下屬的衷心擁戴。吳起是戰國時期著名的軍事家，他在擔任魏軍統帥時，與士卒同甘共苦，深受下層士兵的擁戴。當然，吳起這樣做的目的是要讓士兵在戰場上為他賣命，多打勝仗。他的戰功大了，爵祿自然也就高了。正所謂「一將成名萬骨枯」。有一次，一個士兵身上長了個膿瘡，身為一軍統帥的吳起，竟然親自用嘴為士兵吸吮膿血，全軍上下無不感動，而這個士兵的母親得知這個消息時卻哭了。有人奇怪地問道：「你的兒子不過是小小的兵卒，將軍親自為他吸膿瘡，你為什麼倒哭呢？你兒子能得到將軍的厚愛，這是你家的福分啊！」這位母親哭訴道：「這哪裡是愛我的兒子呀，分明是讓我兒子為他賣命。想當初吳將軍也曾為孩子的父親吸膿血，結果打仗時，他父親格外賣力，衝鋒在前，終於戰死沙場；現在他又這樣對待我的兒子，看來這孩子也活不長了！」人非草木，孰能無情，有了這樣「愛兵如子」的統帥，部下能不盡心竭力、效命疆場嗎？

感情投資，事半功倍。《三國演義》第四十二回載：長阪坡一戰，劉備被曹操打得丟盔卸甲、倉惶逃命，連愛子阿斗也陷落敵陣。當趙子龍冒死救出阿斗來到劉備面前，把阿斗交給他時，劉備卻將其丟在一旁：「為汝這孺子，幾損我一員大將！」也許劉備愛子不如愛將，也許劉備「口是心非」耍詐術，但不管怎樣，我們的著眼點應該放在劉備這一行為所產生的後果上：使趙子龍感到在劉備的心目中，他的位置比阿斗更重要，從而激發了趙子龍為劉備打天下的熱情。劉備不但善於抓住任何一個機會進行「感情投資」，而且方法獨到，確實值得我們每一個領導者借鑑。

第八章　辦公室交際3：用魅力征服下屬

以恩勵人

民國年間，身為一世梟雄的「北洋之父」袁世凱在統馭部下方面也很注重感情投資。早在小站練兵時期，他就從天津武備學堂物色了一批軍事人才，其中最著名的有三個人：段祺瑞、馮國璋、王士珍。後來這三個人都成了北洋系統中叱吒風雲的人物。袁世凱為了讓他們對自己感恩戴德，為其利用，可謂煞費苦心。

袁世凱在創辦新軍時，相繼成立了三個協（旅）。在選任協統時，他宣布採用考試的辦法，每次只取一人。第一次，王士珍考取。第二次，馮國璋考取。從柏林深造回國的段祺瑞，自認為學問不凡，卻連續兩次沒有考取，對段祺瑞來說，只有最後一次機會了。第三次考試前，他十分緊張，擔心再考不上，就要屈居人下，心中十分不快。

第三次考試前一天的晚上，正當段祺瑞悶悶不樂地坐著發呆時，忽然傳令官來找他，說是袁大人叫他去。段祺瑞不敢怠慢，立即前往帥府，晉見袁世凱。袁世凱令他坐下，東拉西扯，說了些不著邊際的話。臨走，袁世凱塞給段祺瑞一張紙條，段祺瑞心中納悶，這紙條是什麼呢？又不敢當面拆開看。他急忙回到家中，打開一看，不覺大喜，原來是這次考試的試題。

段祺瑞連夜準備，第二天考試時，胸有成竹，考試結果一出來，果然高中第一名，他終於當上了第三協的協統。

段祺瑞深感袁世凱是個伯樂，對於自己有知遇之恩，決心終身相報。後來，段祺瑞、馮國璋、王士珍都成了北洋軍閥政府的要人。段祺瑞談起當年袁世凱幫他渡過難關的事，仍感恩不盡，誰知馮國璋、王士珍聽了，不覺大笑，原來王、馮兩人考試時也得到過袁世凱給的這樣的紙條。

袁世凱這種辦法，可謂妙不可言，既可以使提拔的將士報恩，又能使沒升官的將士心服口服，便於統率，還給被提拔者創造了很高的聲譽。由此可見，袁世凱在耍弄權術上是個高手。

幽默為領導者增添風采

幽默是人們調節生活的味精，對企業的領導階層而言，幽默的談吐不僅可以增加親和力，而且可以折射出智慧的光芒。

幽默的領導者能使他的下屬體會到工作的愉悅。在工作中，我們時常可以看到，有的領導者幽默，做報告時饒有風趣，群眾和下屬們都愛聽；討論工作時，語言生動，容易入耳入心，群眾和下屬都樂於接受；平時和下屬接觸，大家覺得他可親可愛，都願意和他接近。這樣的領導者，必然會贏得群眾的尊重和愛戴，人際關係也會協調得好，在工作中會收到事半功倍的效果。如果說管理是科學嚴謹的事，那麼，適當的幽默管理就是管理中最能展現幽默的調味品，它有利於更好地調動下屬的積極性，增強團隊的凝聚力，加強團隊成員的親密度，提高溝通的效率，緩解工作壓力帶來的緊張感。如果說嚴謹是管理的常態，那麼，幽默就是嚴謹之外的潤滑劑。

幽默作為一種語言藝術，在企業的管理中有著重要的作用。在富有幽默藝術的領導者周圍，很容易聚集一批為他效力的下屬，下屬在與他們的領導者共事時，領導者的幽默會擺脫許多尷尬情景，使下屬保住面子，並為有你這樣的領導者而高興，並為你勤奮工作。

據美國針對一千一百六十名領導者的調查顯示：百分之七十七的人在下屬會議上以講笑話來打破僵局；百分五十二的人認為幽默有助於其開展業務；百分之五十的人認為企業應該考慮聘請一名「幽默顧問」來幫助下屬放鬆；百分之三十九的人提倡在下屬中「開懷大笑」。一些著名的跨國公司，上至總裁下到一般部門經理，已經開始將幽默融入到日常的管理活動當中，並把它作為一種嶄新的培訓手段。領導者管理的目的是為了使他的下屬能夠準確、高效的完成工作。輕鬆的工作氣氛有助於達到這種效果，而幽默則可以使工作氣氛變得輕鬆。

馬歇爾擔任英國航空公司的最高行政主管時，有一次主持股東會議，與會者情緒非常激昂，會議中的緊張氣氛隨著大家對馬歇爾的質問、批評和抱怨而升高。其中有一女股東不斷質問部門在慈善事業方面的捐贈，她認為應該多些。

　　「部門在去年一年中，用於慈善方面有多少錢？」她帶著挑戰性問道。當馬歇爾說出有幾百萬元時，她說：「我想我快要暈倒了。」

　　馬歇爾面不改色地說：「真那樣倒是好些。」

　　於是，隨著會場中大多數股東的笑聲——包括他的挑戰者自己，緊張的氣氛輕鬆了下來。

　　馬歇爾將看起來似乎有些敵意的質問轉變為幽默力量，化解了緊張的一刻，解除了大家焦慮的心情。他的幽默表達了重要的資訊：「這個部門重視人性的需求。我們的確關心，並且分享彼此的關心。」

　　可見，善用幽默的領導者具有很強的領導魅力，更容易獲得下屬的認同與追隨。很多成功領導者的實例都表明，透過幽默使自己的形象人性化是使下屬與自己齊心合作的關鍵。運用幽默進行管理，就是幽默管理，就是在管理工作的用人、溝通、激勵，組織建設、文化建設等多個方面，恰當地運用幽默的力量，把幽默的人性與管理的嚴肅性有機結合起來，在恰當的場合與時機，用幽默緩解氛圍，提出更容易被人接受的建議，增強領導者的親和力，如此等等。

　　運用幽默管理，領導者往往可以取得很好的效果。除此之外，幽默的力量還可以融洽人際關係，化解公司的內部矛盾。經濟的衰退使公司不得不面對裁員問題時，還可以利用幽默化解裁員過程中可能出現的各種風險。美國歐文斯纖維公司曾在新世紀之初解僱了其百分之四十的下屬，考慮到可能由此而引起的種種問題，該公司管理層聘請了專門的幽默顧問，利用兩個月的

時間對一千六百多名下屬施行了幽默計畫，在公司內開展了各種幽默活動。結果，並沒有出現公司所擔心的聚眾鬧事、陰謀破壞、威脅恫嚇、企圖自殺等可怕後果。

幽默作為領導者的一種優美、健康的品格，恰如其分地運用會激勵下屬，使之在歡快的氛圍中度過與你相處的每一天。幽默的領導者比古板嚴肅的領導者更易於與下屬打成一片。有經驗的領導者都知道，要使身邊的下屬能夠和自己齊心合作，就有必要透過幽默使自己的形象人性化。

當然幽默是一種創造性的本領，要隨機應變，根據對象、環境以及剎那間的氣氛而定，但也需注意以下技巧：一是不要隨意幽默。幽默並不是隨時隨地都可以運用的，應在某些特定的場合和條件下發揮幽默。例如：在一個正式的會議上，當你的下屬在發言時，你突然冒出一兩句逗人的話，也許大家被你的幽默逗笑了，但發言的那位下屬心裡肯定認為你不尊重他，對他的發言不感興趣。二是幽默要高雅才好。三是不幽默時無需硬要幽默。如果當時的條件並不具備，你卻要盡力表現出幽默，其結果必定是勉為其難，到底該不該笑一笑呢？這會令彼此陷入更尷尬的境地。

主動是溝通的要點

在實際工作中，許多領導者喜歡高高在上，缺乏主動與下屬溝通的意識，凡事喜歡下命令，挑毛病，而忽視溝通。長此以往，由於得不到應有的鼓勵與肯定，下屬就會日漸喪失工作的動力與開拓進取的銳氣。要想改善這一局面，領導者就要樹立主動的溝通意識。

在企業中，領導者的決定作用比一般職員要大得多，企業領導者的溝通意識，直接關係到企業內部溝通的有效開展。因為領導者要做出決策就必須從下屬那裡得到相關的資訊，而資訊只能透過與下屬之間的溝通才能獲得；

同時，決策要得到實施，又要與下屬溝通。再好的想法，再有創見的建議，再完善的計畫，離開了與下屬的溝通都是無法實現的空中樓閣。

　　溝通的目的在於傳遞資訊。如果資訊沒有被傳遞到所在單位的每一位下屬，或者下屬沒有正確地理解領導者的意圖，溝通就出現了障礙。所以，優秀的領導者必須具有主動溝通的意識，透過有效的溝通統一想法、統一目標、化解矛盾、消除誤解、解決存在的問題，消除隱患。

　　主動與下屬有效溝通，就是要求領導者主動創造與下屬交流的機會，而不只是被動地等待。一起吃飯是一個好主意，尤其在傳統文化中，飯桌上的交流可能最推心置腹。當然，即使是一起吃飯，形式也可以多樣，和團隊，還是和個人；工作餐，還是正式的晚餐；在公司內，還是在公司外，都可以根據情況的不同做選擇。有的公司每隔一段時間就舉行一次全體人員的早餐會，在公司中以自助的形式舉行，幾個人圍在一起，沒有級別的束縛，顯得其樂融融。相比較來講，工作午餐是簡便的，晚餐則要正式一些。除了吃飯以外，還有許多其他的活動，根據公司的不同情況，交流機會也不同，但只要你肯尋找，總能找出適合你們公司的方式。

　　對領導者來說，與下屬主動溝通至關重要。所以，一個企業或部門的領導應有主動的溝通態度，給予下屬由衷表達意見的機會，以促使上下意見一致，從而培養上下的整體利益觀念。那麼，領導者如何才能與下屬主動的溝通呢？

讓下屬對溝通行為及時做出回饋

　　溝通的最大障礙在於下屬誤解或者對領導者的意圖理解得不準確。為了減少這種問題的發生，領導者可以讓下屬對領導者的意圖作出回饋。比如，當你向下屬指派了一項任務之後，你可以接著向下屬詢問：你明白了我的意思了嗎？同時要求下屬把任務複述一遍。如果複述的內容與領導者的意圖相

一致，說明溝通是有效的；如果下屬對領導者的意圖的領會出現了差錯，可以及時糾正。或者，你可以觀察他們的眼睛和其他體態舉動，了解他們是否正在接收你的資訊。

善於激發下屬講實話的願望

談話是領導和下屬的雙邊活動，所要交流的也是反映真實情況的資訊。下屬若無溝通的願望，談話難免要陷入僵局。因此，領導首先應具有細膩的情感、分寸感，注意說話的態度、方式以至語音、語調，旨在激發下屬講話的願望，使談話在感情交流的過程中完成資訊交流的任務。同時，領導一定要克服專制、蠻橫的封建家長式作風，代之以坦率、誠懇、求實的態度，並且盡可能讓下屬在談話過程中了解到：自己所感興趣的是真實情況，並不是奉承、文飾的話，消除對方的顧慮或各種迎合心理。

減少溝通的層級

人與人之間最常用的溝通方法是交談。交談的優點是快速傳遞和快速回饋。在這種方式下，資訊可以在最短的時間內被傳遞，並得到對方回覆。但是，當資訊經過多人傳送時，口頭溝通的缺點就顯示出來了。在此過程中捲入的人越多，資訊失真的可能性就越大。每個人都以自己的方式理解資訊，當資訊到達終點時，其內容常常與開始的時候大相徑庭。因此，領導者在與下屬溝通的時候應該盡量減少溝通的層級。越是高層的領導者越要注意與下屬直接溝通。

積極傾聽下屬的發言

溝通是雙向的行為。要使溝通有效，雙方都應該積極投入交流。當下屬發表自己的見解時，領導者也應該認真地傾聽。當別人說話時，我們在聽，但是很多時候都是被動地聽，而沒有主動地對資訊進行搜尋和理解。積極的

傾聽要求領導者把自己置於下屬的角色上，以便於正確理解他們的意圖而不是你想理解的意思。同時，傾聽的時候應該客觀地聽取下屬的發言而不作出判斷。當領導者聽到與自己的不同的觀點時，不要急於表達自己的意見。因為這樣會使你漏掉餘下的資訊。積極的傾聽應該是接受他人所言，而把自己的意見推遲到說話人說完之後。

讓下屬充分發表意見

領導不可能是全才，不可能對所屬的所有業務都能做到非常熟悉，即便一個領導者的水準再高，本事再大，也不可能去實現全部的工作程式，難免「智者千慮，必有一失」。這就要集思廣益，組織「智囊團」，讓一群人為著一個共同目標，盡其智慧，獻計獻策，共同實現目標。因此，凡事高明的企業領導者，無不把下屬的參謀作用放在重要的位置之上，注意讓他們充分發表個人意見。這樣既有利於工作，也有利於二者關係。

創造有利於下屬充分發表意見的環境

讓下屬充分發表意見，首先需要有一個允許人充分講話的良好環境。在這個環境裡，人們可以自由地發表意見，既可報喜，也可以報憂，不同意見之間可以開展心平氣和的討論和爭辯。

在聽取下屬意見時要禁忌三點：

第一，不要心不在焉。上司聽取下屬意見時的態度，對下屬的情緒有著很大的影響。如果態度認真，精神專注，下屬會感到上司是重視聽他的意見的，從而把自己的想法無保留地講出來。如果心不在焉，一會兒打個電話，一會兒向別人交代點事，一會兒插進與談話內容不相干的問題，就會使下屬感到上司並不重視他的意見，不是真心誠意聽他講話，從而偷工減料，把一

些準備談的重要意見留下不講了。所以，聽取下屬意見時，只要不是臨時倉促確定的，談話之前一定要把其他事情安排好，避免屆時發生干擾。

第二，不要倉促表態。有的上司在聽取下屬意見時，往往好當場倉促表態。這對下屬充分發表意見是很不利的。對贊成的意見表了態，其他人有不同意見就可能不談了；對不贊成的意見表了態，發言者就會受到影響，妨礙充分說明自己的想法，甚至話講到一半就草草結束。領導者在聽取意見時，最好是多作啟發，多提問題，不僅使下屬把全部意見無保留地談出來，還要引發他談出事先沒有考慮到的一些意見。為了使談話緊緊抓住主題，提高效率，也可以先拋磚引玉，把你對問題的考慮、設想，特別是問題的難點、癥結給大家說說，以啟發下屬的思考。但不應把意見講得太死和過於肯定，以免影響不同意見的充分發表。

第三，不要只埋頭記錄，不注意思索。埋頭記錄，固然表示上司重視，但不注意思索，往往會把下屬意見中可取之處或蘊含著的有價值的意見漏掉。下屬意見中，除完全贊成上司意見或應付了事者外，不管是補充性意見或是不同意見，不管是長篇大論或是寥寥數語，多少都會有點可取之處，甚至有能幫助打開思路、非常值得探討的有價值的內容。所以，領導者在聽取意見時，固然要用筆記記下要點，但更重要的是要注意思索，要善於從下屬發言中捕捉和發現有意義的內容，並及時把它提出來，以引發人們的進一步思考。

要正確識別和對待錯誤意見

在制訂方案和決策的討論中，有些不同意見（包括反對意見）聽起來似乎有道理，但實際上是錯誤的。領導者必須善於識別這些錯誤意見，並根據它們的不同性質，採取恰當的方法，予以正確的回答。

這些錯誤意見中，有的是由於發言者的具體職位不同，從自己的角度提問題，犯了忽略整體，以偏概全的錯誤。有的是由於求全責備，抓住方案中

的某些缺點和不足大做文章。這就不要對這類意見簡單地加以否定，而是冷靜地分析這些缺點和不足對方案有多大影響，這種影響能否採取相應的措施加以解決，對這些缺點和不足之處怎樣補充、修改，使方案更趨完善，等等。

　　總之，對錯誤意見，領導者一定要冷靜、仔細地分析，明確它們錯在哪裡，採取什麼相應的方法，耐心地說明道理，使發言者認知上得到提高，不影響方案和決策的制定；並且盡可能從這些錯誤意見中吸取有益的東西，使制定的方案和決策更加完善。

對下屬提出的任何意見都應有所交代

　　為了使下屬發表意見的積極性不受挫傷，能夠持久地保持下去，領導者需要對下屬的意見，不管是正確的或錯誤的、正面的或反面的、重要的或不重要的、有價值的或沒價值的，都應有所交代。對正確的和有價值的意見，不僅口頭上接受，工作中採納，還要給予表揚甚至獎勵。一切意見中的可取之處，都應吸收到方案或工作中去，並且告知提意見者。對沒有可取之處和錯誤的意見，也應對提意見的人表示感謝，說明提意見就是對集體的關心，而關心就值得感謝，鼓勵他們以後繼續關心集體的事業，發現了問題和有什麼想法及時提出來。

處理好與下屬之間的關係

　　領導者與被領導者在日常的工作中，偶爾也會為某件事發生摩擦，甚至爭得面紅耳赤。一般情況下，事情過後大多能夠握手言和。美國迪卡爾財政公司經理在管理方法上曾提出「有摩擦才有發展」的觀點。一次，經理無意中說了一句話，刺痛了對方，雙方在理智失去控制的情況下，開始了激烈爭辯，並把長期鬱積在內心的話傾瀉了出來。然而，這次爭吵卻使雙方真正交換了思想，

反倒覺得雙方的距離縮短了。以後雙方坦誠相處，關係有了新的發展。

在人與人之間的關係中，在領導者與被領導者之間的關係中，時常出現「敬而遠之」的現象，這種現象使彼此的思想無法更深層次的溝通。因為越是「敬而遠之」，就越無法增加交換意見的機會和可能。這樣，偏見和誤解就會逐步加深。倘若能在合適的時機，透過一兩次摩擦和衝突，使多年的問題得到解決，身為領導者應該勇敢面對這樣的衝突，而不能一味遷就。透過衝突進一步改善人際關係，使全體員工襟懷坦白、精誠合作。領導者如果沒有面對衝突的勇氣，沒有解決衝突的能力，就難以改變惡化的人際關係，從而難以正確對待組織內部的人與人、人與組織之間的關係，是企業內部公共關係的重點之一。因此，每個領導者都應從全域著想，認真對待這個問題，要善於處理面對面的衝突。

做一名領導者，需要很多技巧和藝術，尤其是在處理員工與你的關係時，更應該設法讓他們佩服你，進而認真地完成自己的工作。

你與員工之間也有有矛盾衝突的時候。矛盾衝突主要是你們對工作有不同的期望和標準。你希望工作盡快完成，而他們卻認為不可能；你對他們的表現很失望，他們也因沒有順利完成工作而很灰心；員工希望得到更好的工作條件，你卻不能滿足；還有的員工態度粗魯或者總是不恰當地奉承……這些情況都會對你的工作造成不好的影響，影響你在員工中的威信。因此，要樹立在員工中的威信就必須學會化解與員工的衝突，讓他們佩服你。

在你設法化解與員工的矛盾時，你可以問以下幾個問題：「我和員工的衝突到底是什麼？」「為什麼會產生這種衝突？」「為解決這個衝突，我要克服哪些障礙？」「有什麼方法可以解決這一衝突？」當你找到了解決衝突的方法時，還要檢測這是否是有效。另外，你還應該預見如果按這種方法去做會出現什麼結果，以做到心中有數，不至於到時不知所措。當然，如果你感

到問題很複雜時，可以找個專家諮詢一下，或找個朋友談一談情況，請他們為你出出點子。

你的一名下屬鬧情緒，工作不積極。你認為這是一個需要解決的問題。透過問上面提到的那些問題，你會發現，衝突在於你們對何種行為是可以接受的存在著認知上的差異。因為他向你抱怨工作間噪音太大，你卻不加注意，也沒請人進行改進，他認為上司應該重視噪音，而你不願採取措施，需要克服的障礙是他對你的不信任和確實存在的噪音。解決問題的辦法是與他談話時注意技巧，共同設法解決。結果可能是他改變了對你的態度，噪音問題也得到了解決；也可能是他仍舊不合作，你不得不辭退他或為他調動工作。

一位領導者既要學習管理技巧，也要注意培養自己的上司素養，增強自身的人格魅力，讓員工自願與你積極合作，共謀大事。對於有些稍有缺陷的領導者更應該注意如何增強自身的素養，避免一切可能出現的與員工的矛盾，以達到最佳的合作狀態。

此外，還要注意的是，身為領導者，要主動承擔責任。

上司與下屬對待某一問題出現意見分歧，這是很正常的事情。這時作為上司，你需要克服自己這樣一種心理：「我說了算，你們都應該以我說的為準。」其實，「眾人拾柴火焰高」，把大家的智慧集合起來，比較、綜合，你會找出更有效的方案。下屬提出高招，你不能嫉妒他，更不能因為他高明就排斥他，拒絕他的高見。這樣，你嫉妒他超過了你，他埋怨懷才不遇、遭受壓制，雙方的矛盾就會變得尖銳。你有權，他有才，積怨過深，發生爭鬥可能會導致兩敗俱傷。

作為上司，要能夠發現下屬的優勢，挖掘下屬身上的潛能，戰勝自己的剛愎自用，對有能力的下屬予以任用、提拔，肯定其成績和價值，才會化解矛盾。

解決矛盾時，如果是你的責任，就要勇於承擔責任。誰都會失誤，一些事情的決策本身就具有風險性。工作中出現問題時，上司和下屬都在考慮責任問題，誰都不願意承擔責任：推給他人，自己清靜，豈不更好？但作為上司，無論如何都會有責任。決策失誤，自然是上司的責任；執行不力，是因為制度不嚴或上司用人失察；因外界原因造成失誤時，有分析不足的責任等等。

把責任推給下屬，出了問題只知道責備下屬，不從自身找原因，就會與下屬發生矛盾，也會冤屈了下屬。這些都會使你失去威信，丟了民心。

即使是下屬的過失，做上司的站出來承擔一些責任，比如指導不當等等，這更顯你的高風亮節，也不至於在出了問題以後上下關係都緊張。出現矛盾這一站出來主動承擔責任就會把很多矛盾消弭於無形。

發火後不忘善後

領導者在工作中，不免有生氣發怒的時候。發怒，足以顯示領導者的威嚴和權勢，對下屬構成一種令人敬畏的風度和形象。應該說，對那種「吃硬不吃軟」的下屬，適時發火施威，常常勝於苦口婆心。

但是，發火施威不宜把話說過頭，不能把事做絕，那樣的話就起不到說服的目的，而應注意留下感情補償的餘地。領導人話一出口，一言九鼎，在大庭廣眾之下，一言既出，駟馬難追，而一旦把話說過頭則事後騎虎難下，難以收場。所以，發火不應該當眾揭短，傷人之心，導致事後費許多力也難挽回。

發火應該虛實相間。對當眾說服不了或不便當眾勸導的人，不妨對他大動肝火，這既能防止和制止其錯誤行為，又能顯示出領導人具有威懾性的力量。但對有些人則不宜真動肝火，而應以半開玩笑、半訓斥的方式去進行，使對方不能翻臉又不敢輕視，內心有所顧慮 —— 假如上司認真起來怎麼辦？

另外，發火時要注意樹立一種被人理解的「熱心」形象，要大事認真，小

事隨和，不輕易發火，發火就叫人服氣，長此以往，領導者才能在下屬中樹立起令人敬畏的形象。日常觀察可見，令人服氣的發火總是和熱誠的關心幫助連繫在一起的，領導者應在下屬中形成「自己雖然脾氣不好但心腸熱」的形象。

上下級之間的感情交流，不怕波浪起伏，最忌平淡無味。有經驗的領導者在這個問題上，既敢發火震怒，又有善後的本領；既能狂風暴雨，又能和風細雨。

日本經營之神松下幸之助曾有一名愛將叫做後藤清一，有一次因為他的疏忽，造成了公司很大的損失，松下派人把他叫到辦公室，劈頭就是一陣臭罵，一邊罵一邊還拿著火鉗，死命地往桌上一直拍，被罵的清一喪氣地準備轉身離去，心頭萌生了辭職的想法。

這時，松下卻將他叫了回來，說道：「等等！剛才我因為太生氣了，所以把火鉗弄彎了，麻煩你幫我弄直好嗎？」清一雖然覺得奇怪，但仍拿起火鉗拚命捶打，而他沮喪的心情似乎也隨著敲打聲慢慢平息。當他把敲直的火鉗交還松下時，松下笑著說：「嗯！似乎比原來的還好，你真是不錯！」清一沒有料到松下會這麼說，然而更為精彩的還在後頭！

清一離開辦公室不久，松下就悄悄致電給清一的妻子，他說：「今天你先生回去的時候，臉色可能會很難看，希望你好好安慰他。」當清一的妻子轉達松下的心意給清一知道之後，清一內心十分感動，除了設法彌補之前犯下的錯誤，從此之後也更加努力工作，報答松下的一片苦心。

可見，在平時工作中，適度適時的發火是必要的，特別是原則問題或在公開場合碰了釘子時，或對有過錯的人幫助教育無效時，必須以發火壓住對方。但發火後，千萬別忘記了善後。

日常發火，不論多麼高明總是要傷人的，只是傷人有輕有重而已，因此，發火傷人後，需要做及時的善後處理，即感情補償，因為人與人之間，不論地位尊卑，人格都是平等的。妥當地善後要選時機，看火候，過早了對

方火氣正旺，效果不佳；過晚則對方積憤已久不好解決。因此，以選擇對方略為消氣，情緒開始恢復的時候為佳。

正確的善後，要視不同的對象採用不同的方法，有的人性格大大咧咧，是個粗人，上級發火他也不會放在心裡，故善後工作只需三言兩語，象徵性地表示就能解決問題。有的人心細明理，上級發火他能理解，也不需花大功夫去善後。而有的人則死要面子，上級向他發火會耿耿於懷，甚至刻骨銘心，此時則需要善後工作細緻而誠懇，對這種人要好言安撫，並在以後尋機透過表揚等方式予以彌補。還有人量小氣盛，則不妨使善後拖延進行，以天長日久見人心的功夫去逐漸感化他。

讚美下屬的技巧

讚美，作為一種語言藝術，在展現個人魅力、和諧人際關係中有著獨特的功能。當你讚美別人的時候，既展示了自己的善良、真誠、坦蕩和高尚，也給予了他人最珍貴的禮物 —— 自信，而當他人接受這一禮物時，就會對讚美產生好感。

下屬對上級及讚美奉承之意，我們已經聽了很多，但事實上，身為企業的負責人，也要學會讚美下屬的藝術。只有會讚美下屬的上級，才是懂得用人哲學的人，是懂得滿足人才自尊自信的人。

讚揚下屬是對下屬的行為、舉止及進行的工作給予正面的評價，讚揚是發自內心的肯定與欣賞。讚揚的目的是傳達一種肯定的訊息，激勵下屬。下屬有了激勵會更有自信，想要做得更好。

讚美是一件好事．但絕不是一件易事。領導者讚美下屬時如不審時度勢，不掌握一定的讚美技巧，即使你是真誠的，也會變好事為壞事。所以，開口前領導者一定要掌握以下技巧：

讚揚的態度要真誠

讚美下屬必須真誠。每個人都珍視真心誠意，它是人際溝通中最重要的尺度。英國某位專門研究社會關係的博士曾說過：「大多數人選擇朋友都是以對方是否出於真誠而決定的。」所以在讚美下屬時，你必須確認你讚美的人的確有此優點，並且有充分的理由去讚美他。避免空洞、刻板的公式化的誇獎，或不帶任何感情的機械性話語，這樣會令人有言不由衷之感。

詳細具體

在日常生活中，人們有非常顯著成績的時候並不多見。因此，交往中應從具體的事件入手。善於發現別人哪怕是最微小的長處，並不失時機地予以讚美。讚美用語愈詳實具體，說明你對對方愈了解，對他的長處和成績愈看重。讓對方感到你的真摯、親切和可信，你們之間的人際距離就會越來越近。如果你只是含糊其辭地讚美對方，說一些「你工作得非常出色」或者「你是一位優秀的員工」等空泛飄浮的話語，不但會引起對方的猜度，甚至會產生不必要的誤解和信任危機。所以，表揚時最好要加上具體事實的評價。例如：「你的調查報告中關於技術服務人員提升服務品質的建議，是一個能針對目前問題解決的好方法，謝謝你提出對公司這麼有用的辦法。」「你處理這次客戶投訴的態度非常好，自始至終婉轉、誠懇，並針對問題解決，你的做法正是我們期望員工能做的標準典範。」

適當運用間接讚美的技巧

所謂間接讚美就是借第三者的話來讚美對方，這樣比直接讚美對方的效果往往要好。比如你見到你下屬的業務員，對他說：「前兩天我和劉總經理談起你，他很欣賞你接待客戶的方法，你對客戶的熱心與細緻值得大家學習。好好努力，別辜負他對你的期望。」無論事實是否真的如此，反正你的

業務員是不會去調查是否屬實的，但他對你的感激肯定會超乎你的想像。

間接讚美的另一種方式就是在當事人不在場的時候讚美，這種方式有時比當面讚美所起的作用更大。一般來說，背後的讚美都能傳達到本人，這除了能產生讚美的激勵作用外，更能讓被讚美者感到你對他的讚美是誠摯的，因而更能加強讚美的效果。所以，身為一名主管，你不要吝惜對部下的讚美，尤其是在面對你的上級或者其他的同事時，恰如其分的誇獎你的部下，他一旦間接的知道了你的讚美，就會對你心存感激，在感情上也會與你更進一步，你們的溝通也就會更加卓有成效。

大會公開表揚

對於有成就、貢獻突出的下屬，應該在全體員工大會上表揚。這是許多領導者經常採用的一種激勵方式。事實證明，這種激勵方式雖然簡單，但它產生的效果卻是十分明顯的。為什麼呢？因為人的社會性決定了每個人都希望自己能夠得到他人的肯定與社會的承認。上司在特定場合對他的表揚，便是對他熱情的關注、慷慨的讚許和由衷的承認。這種關注、承認。必然會使他產生感激不盡的心理效應。乃至視你為知己，更加報效於你。同時，這種表揚，能夠激發其他下屬的上進之心，從而努力進取為公司創造更大的效益。大會表揚的魅力是巨大的，因為它公開承認和肯定了下屬的價值，既能對受表揚的人產生很大的激勵作用，又會對其他員工產生推動作用。

讚揚下屬的特性和工作結果

讚揚下屬的特性，就是要避免共性；讚揚下屬的工作結果，就是不要讚揚下屬的工作過程。

身為領導者，在讚揚一位下屬時，一定要注意讚揚這位下屬所獨自具有的特性。如果領導者對某位下屬的讚揚是所有下屬都具有的能力或都能完成的事

情，這種讚揚會讓被讚揚的下屬感到不自在，也會引起其他下屬的強烈反感。

與此類似，領導者要讚揚的是下屬的工作結果，而不是工作過程。當一件工作徹底完成之後，領導者可以對這件工作的完成情況讚揚。但是，如果一件工作還沒有完成，僅僅是你對下屬的工作態度或工作方式感到滿意就讚揚，可能不會收到很好的效果。相反，這種基於工作過程的讚揚，還會增加下屬的壓力，進而還會對領導者的讚揚產生某種條件反射式的反感。果真如此，領導者的讚揚也就成了弄巧成拙。

總之，讚美是人們的一種心理需求，是對他人敬重的一種表現。恰當地讚美別人，會給人舒適感，同時也會改善與下屬的人際關係。所以，在溝通中掌握讚美他人的技巧是相當重要的。

用真情去感動下屬

北風和南風比威力，看誰能把行人身上的大衣脫掉。北風首先來一個冷風凜冽寒冷刺骨，結果行人把大衣裹得緊緊的。南風則徐徐吹動，頓時風和日麗，行人因為覺得春意上身，始而解開紐扣，繼而脫掉大衣，南風獲得了勝利。

這則寓言形象地說明了一個道理：溫暖勝於嚴寒。領導者在管理中運用「南風」法則，就是要尊重和關心下屬，以下屬為本，多點人情味，使下屬真正感覺到領導者給予的溫暖，從而去掉包袱，激發工作的積極性。

情感是人們意識的自然表露，雖然人的情感不會像語言、文字那樣能直接地表達，但人的一切行為無不帶有感情的色彩，帶有感情的特徵。

身為企業的領導者，要實現自己的意圖，必須與屬下取得溝通，而人情味就是溝通的一道橋樑。它可以有助於上下雙方找到共同點，並在心理上強化這種共同認識，從而消除隔膜，縮小距離。

　　東方的社會非常注重這個「情」字，所謂「人情債」是永遠也還不清的。所以，我們常常會聽到一些公司企業的下屬這樣說：「做了很多年了，上級待我不薄，這一走了之，可真有點說不過去啊！」由此可見，只要用真誠的情感去打動下屬的心，下屬就會為之動容。

　　那麼領導者該如何用真情打動下屬呢？

　　首先，要加強自身修養，情出自「真心」。情應該是發自內心的。不管你是面善的領導者還是臉色難看的領導者，如果你能夠從內心深處去尊敬每一個下屬，你就能夠擁有一種謙遜的胸懷，你就能夠發自內心地和藹待人，你自然就會看到下屬的長處，認可他們為公司所作的貢獻，相信他們的潛力，以一顆寬容慈愛之心對待他們。平常時刻，上級臉色柔和，給人春風沐浴般的溫暖，下屬自然心領神會，愉快地工作，公司上下都會和和氣氣，真可謂「和氣生財」。上級尊敬下屬，注意說話的語氣，從不大聲的喊叫、呵斥，說話友善，平易近人，對他們的態度十分親近。下屬自然也就願意常接近你、接受你、信賴你，進而把你的事業當成他（她）自己的事業。

　　其次，要接納你的下屬，關照他、幫助他、稱讚他。如果你的下屬在你手下工作兩年了，你們很少接觸，你對他的事一無所知，你怎麼會用真情打動他呢？但是，如果你換一種方法，和他聊聊天，和他一起吃飯，多徵求他的意見，對一些好的建議及時稱讚，在工作上給予一定的幫助，經常找個理由聚一聚，即使他有一顆頑固禁閉的心，也會向你打開。

　　最後，當下屬出現困難的時候，伸手幫他一把。你的下屬有時會遇到生活中的煩惱、工作中的難題，這個時候，你要積極地表現出願意幫忙的態度，鼎力相助。對這些事，他會終身難忘、心存感激，並為你效力的。

第八章　辦公室交際 3：用魅力征服下屬

第九章
談判桌上的交際：善於交際才能穩操勝券

　　談判都是帶著一定的目的來的。為了達到既定的目標，有時要「堅守陣地」，特別是在重大原則問題上。但以為只要寸步不讓，堅守到底，就可取勝，那就是忘了最重要的前提 —— 你是在談判，不是打仗，人家也有自己的目的。有時，退一步海闊天空，進一步則此路不通。聰明的談判者總是遇到問題繞道而行，這樣使談判不致因小失大，迂迴的目的仍在使談判成功，只不過換了一種方法 —— 「以退為進」。

對對方進行適當的了解

掌握充足的資料

　　資料對談判的取勝起著至關重要的作用，充足的資料為說服對方提供了前提。應該設法了解談判對手的各種情況，摸清對方的底細。應該盡一切可能，準備好各種有關的情報資料，並透過研究對方的資料，掌握線索順藤摸瓜，預測其談判立場。

　　與談判主題有關的資料搜集得越多，越能避免在談判中因情況不明而受對方的誤導，並且對自己所要求的條件以及自己向對方提供的條件充滿自信。

　　例如談判的主題是一幢樓房的買賣，那麼與該主題有關的資料至少包括：房地產市場的現狀與發展趨勢；該樓房所屬地段在城建規劃中的處境；樓房的產權歸屬、建築結構與現有價值；銀行對房地產買賣的貸款條件等等。

　　一天，在臺北舉行談判，談判的議題是關於進口某國汽車的品質問題。我方代表首先發言，簡單介紹了全國各地對該種汽車損壞情況的反映。對方深知汽車的品質問題是無法迴避的，他們採取避重就輕的策略，每講一句話，都是言詞謹慎，看來是經過反覆推敲。比如他們在談到汽車損壞的情況時說：「有的車子輪胎炸裂，有的車架偶有裂紋……」我方代表立即予以糾正：「先生，車架出現的不僅是裂紋，而是裂縫、斷裂！請看——這是我們現場拍的照片。」說著，隨手拿出一疊事先準備好的照片遞給對方。

　　在事實面前，對方不得不承認對手並非輕而易舉就能對付。連忙改口：「是的，偶有一些裂縫和斷裂。」我方步步緊逼，毫不讓步：「請不要用『偶有』、『一些』那樣的模糊概念，最好是用比例數字來表達，這樣才更準確、

更科學。」「請原諒，比例數字，未做準確統計。」對方以承認自己的疏忽來搪塞。「那麼，請看我方的統計數字和比例數字，貴公司進一步核對。」我方又出示了準備好的統計數字。對方對此提出異議：「不至於損壞到如此程度吧？這是不可理解的。」我方拿出商檢證明：「這裡有商檢機關的證明文件，還有商檢時拍攝的錄影，請過目。」對方想步步為營，我方卻一步也不退讓，甚至想大舉反攻。

最後，在大量證據面前，外方不得不承認他們的汽車品質確有嚴重問題，簽署了賠款協定。這場談判的勝利，與其說是我方代表精明強幹，倒不如說是他們在談判之前準備充分，資料齊全。

在談判之前，你不僅要精通自己的業務，而且還要對對方的思想、情感、生活狀況和社會地位等等，事先有比較深刻的了解。一般社交性的談話，總是先從輕鬆的小事談起，總是根據大家的興趣來選擇話題、發展話題和轉換話題。而商務談判，雖然含有社交的成分，也需要有輕鬆的一面。但是，既然所談的範圍與目的已大致決定，那麼一開始就快速地轉入正題，而談判的發展不是根據彼此的興趣，而是根據業務本身的需求。

因此，你必須明白社交性質的談話，要能生動活潑、幽默百出、高談闊論、興致淋漓。但是商務談判，你就要圍繞著一個中心，做嚴密周詳的思考和準備，做到用語準確、判斷正確、目的明確，才能成為商務談判的高手。

打探對方真實動機

要深入了解對方，除了仔細傾聽對方發言，注意觀察對方的舉止、神情、儀態以捕捉對方的思想脈絡、探索對方動機之外，透過適當的語言，投石問路，更是探視對方想法、目的，獲取必要資訊的直接、有效的方式。這方面的手段可分為：

第九章　談判桌上的交際：善於交際才能穩操勝券

（1）由外向內漫談

在談及正題之前，先談些題外話，如社會情況、經濟、文化、愛好和家庭等等，以此了解對方的習慣、愛好和能力等情況，這些情況也許在正式談判中會給你某種啟示和幫助。

（2）吊起對方的胃口

要想方設法引蛇出洞，用讓對方覺得敏感的話題與之交談。藉此捉摸、判斷對方的行為變化及心理活動的蛛絲馬跡。在商業談判中，往往喜歡以提出高價的方式去試探對方反應和可接受的程度。

有一次某外商打算以四十美元一公斤向我方購買香料油，但我方開口便要價四十八美元。對方一聽就急了，連連搖手：「不，不，你怎麼能指望我出四十五美元以上來買呢！」一下子泄了底。我方立即抓住時機追問一句：「這麼說您是願意以四十五美元成交了？」外商只得說：「可以考慮。」最後結果是以四十五美元成交。

巧妙提問

巧妙的提問猶如投石問路。切中時機恰到好處的提問，往往能幫助談判人員掌握住對方的思想脈絡。比如：「先生，剛才我介紹了我們產品的情況，是否有什麼問題要問呢？」促使對方有所反應，掌握對方的思想動態。還可用假設句的形式，如：「假如我們減少訂貨的數量呢？」「假如我們買下你全部產品呢？」「假如我們改變合約形式呢？」這種突然發問的假設句，常使對方措手不及，在無意之中流露出真情。

提出的問題要由易到難，既有針對性又讓對方樂於回答。以下的提問就有欠妥當：王先生赴香港創辦公司，一下飛機，一位香港的女記者就問他：「你帶了多少錢來？」幸虧王先生善於應對，答道：「對女士不能問歲數，對

男子不能問金錢。小姐，你認為呢？」這才打破僵局。雖然這不是談判，但談判中類似的不適當提問卻屢見不鮮，這種提問不僅毫無意義，而且還會把場面弄僵。所以對提問的內容、角度須慎加選擇。

問題就算提得好，但不是時候，也同樣起不了作用。如在商業談判中，還未了解產品的性能、種類就迫不及待地問：「你們打算以多少錢出手？」顯然是不合適的，只會讓自己陷入被動挨打的局面。

幽默的方法

許多談判場合，雙方都想摸清對方的底細，但不能直說。這時可用幽默風趣的語言試探，既可不落人把柄，又可避免由此而可能造成的不快。前美國國務卿季辛吉（Henry Kissinger）和蘇聯外長葛羅米柯（Andrei Andreyevich Gromyko）進行限制戰略武器會談時，美國代表團的影印機壞了，季辛吉懷疑這是蘇聯國家安全委員會所為，但又不便明講，便風趣地問葛羅米柯：「我們把某些檔對著燈光，可否請它幫我們複印幾份。」葛羅米柯深知季辛吉的弦外之音，也用同樣幽默的話答道：「不幸得很，照相機是沙皇安裝的，它們可以拍攝人，但無法拍攝檔。」兩個人的談話中沒有一個字談到蘇聯國家安全委員會，但沒有一個字不是和蘇聯國家安全委員會有所關聯。如果當時季辛吉直接問：「這是不是蘇聯國家安全委員會搞的鬼？」結果可能就大不相同了。

透過適當的方式了解、掌握對方的情況，可以避免談判過程中的主觀性、盲目性，做到有的放矢。如果缺少這種必要的了解，那麼談話就會陷入僵局，談判也就不可能獲得成功。

識破對方的陰謀

　　某位知名談判大師說：「談判，能集中反映談判者個人的素養。是能力與智力的競技。要想立於不敗之地，不僅應該具有商人的手腕和政治家的風度，還必須隨時看穿各種虛假的威脅和暗藏的計謀。」

　　通常情況下，完成一筆生意至少需要三次會談：第一次主要目的是注意對方公司的安排、公司目標、消費習慣以及誰是決策人；第二次會談向對方提出自己運用第一次會談中所獲的資訊制定輔助方案；第三次則應找到關鍵人物。

　　談判大師說：「也許沒有什麼比第一次會談更重要的，沒有它，第二次如同被拋到九霄雲外。」未來的客戶不會把自己的情況、要求等等列成一覽表，自動地送給你，不過，在談話中，他們會無意中流露出自己的重要資訊。你應該隨時獲取多於你所給出的資訊。這是大師十九年從商生涯的切身體會。

　　如何在談判中多獲得對方的真實想法，關鍵在於你自己掌握。很多經理在訪問之前，就計畫好這樣的時間安排：利用兩分鐘介紹自己的公司，然後給客戶留出二十分鐘來談論他們自己。

　　這樣的比例雖然顯得嚴重失調，但卻沒有發現客戶對這種安排表示不滿的。這是談判大師從實戰中總結出的經驗。

　　談判大師在米蘭市國際商廈住下的第二天，德蒙公司的請柬就由總經理的女祕書送來了，邀請大師下午在隨意一個時間做一次專訪。大師租了一輛桑塔納出發了，他把目的地告訴司機後，就安詳地合上雙目，腦海浮想著迎接他的將是一場什麼樣的談判。

　　出乎他想像的是拜訪一開始就非常僵持。好幾個與會者宣布自己只能待一會兒，二十分鐘以後有別的約會，不湊巧會議室的錄影機又無法放映展示冰箱生產線的錄影帶，更糟糕的是連這臺錄影機的管理者都找不到。

　　大師迅速掃視了全場，然後站起來告辭。「這樣不對頭」他說道，「我坐了十四個小時的飛機來見你們，所以我不願意這樣慌裡慌張地草率從事，那樣做實際上是在浪費我的時間，同樣也浪費你們的時間。」

　　「你並不是在浪費時間」一位小姐說話了，她介紹自己是銷售經理，「這裡我可以做決定。」這是一個令人高興的消息。得知這個情況後，那位經理建議另開一個小型會議，結果很快得到成功。

　　在這次會談中，大師一開始受到冷落的待遇，但他注意抓住某些細節，直接告訴對方自己很失望，這時候站出來道歉的人，就是真正的決策人。

　　經過白天時間的會談後，大師決定晚上好好休息一下。因為他明白，再用整個晚上的時間來討論，重新計畫或重新估計，談判者便會變得不講理、沮喪而且容易犯錯誤；同時也會使他們非常生氣。

　　討價還價是談判中主要的也是最艱苦的工作。大腦清晰是對工作的保證。人們忍受壓力的能力是不同的，經過長時間工作後的緊張，再加上緊湊的議程及陌生的環境，這些不利的情況，對於談判者都是一種考驗。

　　大師也明白，作為談判小組的上司，應該盡量使談判在正常的工作時間內進行，應該保證談判者有充足的睡眠和良好的飲食條件。假如需要經過一段遙遠的旅程，那麼他們的妻子便應該能夠隨他們旅行，所需的費用也應該由公司負擔；不要心疼出差費和一流旅館的住宿費，這些都只是小錢，卻對談判的成敗起著關鍵的作用。因此大師的愛人麗麗也來了。

　　晚上，他倆睡在舒適的床上，放著旋律優美的世界名曲，讓美妙的音樂圍繞著他們。除了加強休息和精神放鬆外，大師還注重內在素養的培養。在這一點上，他不斷加強心態的修養，對人對事始終保持一種樂觀心態，多參加社會活動，不斷實踐總結，這樣，在談判過程中，你就能迅速適應環境，增強信心，強化心理抗壓能力，在談判中取得成功。

談判大師認為：「一個人內在素養如何，自身水準的高低，是影響談判的直接原因。要想獲得談判成功，除了需要一些技巧和方法外，還必須靠自己的積極努力，不斷提高自己的內在素養，才會在大大小小的談判中處變不驚，從容應對。」

　　自控與應變能力是對談判者在談判活動中的情緒控制與調節而言的。一個談判者在談判過程中會經常遇到煩惱或令人不愉快的事。若是一個脾氣暴躁的人，很可能驟然爆發怒氣而破壞寧靜的心情；若是一個多愁善感的人，則可能鬱鬱寡歡，這都對談判不利。一個成功的談判者必須要有極強的自控與應變能力，才能保持良好的情緒。

沉默有助談判成功

此時無聲勝有聲

　　恰到好處的沉默能收到「此時無聲勝有聲」的效果。沉默的內涵非常巨大，實際上它往往用無聲的語言表達出強烈的感情。沉默既可以是無言的讚許，也可以是無聲的抗議；既可以是欣然默認，也可以是保留觀點；既可以是威嚴的震懾，也可以是心虛的流露；既可以是毫無主見、附和眾議的表示，也可以是決心已定、不達目的決不甘休的標誌。當然，在一定的語境中，沉默的語義是明確的，就像音樂的休止符一樣，它不僅是聲音的空白，更是內容的延伸與昇華，是對有聲語的補充。

　　有位著名的談判專家一次替他的鄰居與保險公司交涉賠償事宜。理賠員先發表了意見：「先生，我知道你是談判專家，一向都是針對巨額款項談判，恐怕我無法承受你的要價，我們公司若是只出一百美元的賠償金，你覺得如何？」

專家表情嚴肅地沉默著。根據以往經驗，不論對方提出的條件如何，都應表示出不滿意，此時，沉默就派上用場。因為當時對方提出第一個條件後，總是暗示著可以提出第二個、第三個……

理賠員漸漸沉不住氣了：「抱歉，請勿介意我剛才的提議，再加一些，兩百美元如何？」長時間的沉默過後，談判專家開腔了：「抱歉，無法接受。」

理賠員繼續說：「好吧，那麼三百美元如何？」

專家過了一會兒，才說道：「三百美元？嗯……我不知道。」

理賠員顯得有點慌了，他說：「好吧，四百美元。」

又是躊躇了好一陣子，談判專家才緩緩說道：「四百美元？嗯……我不知道。」「就賠五百美元吧！」

就這樣，談判專家只是重複著他良久的沉默，重複著他的痛苦表情，重複著說不厭的那句緩慢的話。最後，這件理賠案終於在九百五十美元的條件下達成協議，而鄰居原本只希望要三百美元！

談判是一項雙向的交涉活動，各方都在認真地捕捉對方的反應，以準備隨時調整自己原先的方案。此時，一方若乾脆不表明自己的態度，只用良久的沉默和「不知道」這些可以從多角度去理解的無聲和有聲的語言，就可以使對方摸不清自己的底細而做出有利於己方的承諾。

上述談判中專家正是利用這一點，使得價錢一個勁自動往上漲。

在一定的語境中，沉默能迅速消除言語傳遞中的種種障礙，使聽者的注意力集中，就像樂隊指揮舉起指揮棒，喧鬧的會場立即安靜一樣，沉默使聽者的情緒得到無聲的感染。

談判中，適時沉默，往往能收到千言萬語所不能達到的效果，一切盡在不言中。在談判中運用沉默應該注意沉默時間的長短。沉默的長度能對聽者產生相當的影響，當行則行，當止則止，必須給予適當的控制。

第九章　談判桌上的交際：善於交際才能穩操勝券

「沒有一點聲音，沒有任何喝彩，只有那深沉的靜寂。」這就是沉默的最佳傳播效能。如果沉默的時間掌握得不恰當，只要稍微放長了那麼一點點，聽者就會從這稍長的瞬間覺醒過來，在高潮到來以前做好了心理準備，那就平淡無奇了。如果一味地沉默下去，也往往會失去主動權，形成事與願違的局面。

充愣裝傻

大多數人認為，一個優秀的談判家應該是一個風度翩翩、伶牙俐齒、反應敏捷和精明幹練的強者。其實，在實際的談判場合中，往往表面上弱勢的人，比如口才笨拙，個性樸鈍的人，反倒容易達到目標，在別人看來很明顯的缺陷反而轉變成了有利條件。

很多著名的談判專家都談到過和那些猶豫不決、固執一端的人打交道時所產生的挫折感。如果一個人聽不進另一個人的解說，就如同讓野獸去享受貴重祭品，讓飛鳥欣賞高雅的音樂。

的確，在一個根本聽不懂你在說什麼的人面前，再精闢的見解，再高深的理論，再高明的技巧，又能起什麼作用呢？沒有了對手，你還有什麼精神去衝鋒陷陣呢？

所以，在適當的時候，你可以收斂自己的鋒芒，向對方「示弱」，以消除對方的排斥感和敵對心理，鬆懈他的警惕性，助長他的同情心，使談判朝著有利於你的方向發展。你不妨常常把「對不起」、「我不太理解」、「你能再說一遍嗎？」或者「我全都指望你幫我了」之類的話掛在嘴邊。直到對方興致全無，一籌莫展，完全喪失毅力和耐心。

日本某航空公司和美國一家公司談判。談判從早上八點開始，美國人完全控制了局面，他們利用手中充足的資料向日本人展開宏大的攻勢。他們透過螢幕向日本人詳細地介紹、演示各式圖表和電腦結果。而日本人只是靜靜

地坐在那裡，一言不發。兩個半小時之後，美國人關掉放映機，扭亮電燈，滿懷信心地詢問日方代表的意見。

一位日方代表面帶微笑，彬彬有禮地答道：「我們不明白。」

「不明白？什麼地方不明白？」

另一位代表回答：「都不明白。」

美國人再也沉不住氣了：「從哪裡開始不明白？」

第三位代表慢條斯理地說：「從你將會議室的燈關了之後開始。」

美國人傻了眼：「你們要怎麼辦？」

三個日本商人異口同聲說：「請你再說一遍。」

美方代表徹底洩了氣。他們再也沒有勇氣和興致重複那兩個半小時的緊張、複雜的場面。他們只得放低要求，不計代價，只求達成協議。

美方代表是有備而來的，日方代表如果和他們正面交談，肯定很難占到便宜，日方代表索性收斂鋒芒，宣稱自己什麼也不懂，反倒打亂了對方的陣腳，獲得了成功。

在談判中，我們有時會遇到強勁的攻擊型的對手，他們咄咄逼人，氣勢洶洶。對這種人，採用「裝傻」示弱的方法，往往能收到很好的效果。

一般說來，攻擊型的人都認定對方會激烈抵抗自己的攻擊，所以，一旦對方不加反駁，反而坦白承認自己的錯處時，這就會狠狠地挫敗攻擊者的氣勢，令他不知如何是好。

抓住沉默時機

大發明家愛迪生發明了發報機之後，很多公司要來購買他的發明專利。因為愛迪生對發報機的市場前景以及整個的市場行情知道得不多，所以並不知道該賣多少錢。愛迪生的妻子告訴他，一定要兩萬元才能賣。愛迪生覺得這個價錢實在是有點高，猶豫不決。在與一家工廠談判時，對方一再催促他

說出價錢，但他不好意思說出兩萬元的數目，所以一直沉默不語。最後，廠方經理忍不住了，對愛迪生說：「給你十萬元賣不賣？」愛迪生驚訝地說不出話來，愉快地成交。

如何打破談判僵局

談判雙方都是根據某些需要為前提的，都希望談判結果對自己有利，常常雙方處於對峙局面。一旦出現這種情況，談判者必須靈活以對，找出突破點。打破僵局的方式有許多種，從語言角度來說，轉換一下話題，調節一下緊張氣氛是有效的手段。

這種轉移話題打破僵局的方法若運用得當，常常使談判繞了一個圈子，多走了一些彎路之後又成功地到達了終點，達成雙方都能接受的協定。

某玻璃廠與美國 E 玻璃公司談判引進設備事宜。在全套引進還是部分引進這個議題上僵住了，雙方代表各執一詞，相持不下。某玻璃廠首席代表為談判達成預定的目標，決定打破這個僵局。他略經思索後，笑了笑，換了一種輕鬆的語氣，避開爭執點，轉而說：「你們 E 公司的技術、設備和工程師都是世界一流的。你們投進設備，我們雙方技術合作，幫我們把廠辦好，一定要用最好的東西，我們肯定能夠成為全國第一。這不但對我們有利，而且對你們也有利！」

E 公司的首席代表是位高級工程師，他聽到這番話自然很感興趣。氣氛頓時變得活躍起來了，但這只是某玻璃廠首席代表欲達成目的第一步，更重要的還在後頭。於是，他乘勢話鋒一轉，接著說：「我們廠的外匯的確很有限，不能買太多的設備，所以國內能生產的就不打算進口了。你們也知道，法國、日本和比利時目前都與我們有技術合作，如果你們不盡快和我們達成協議，不投入最先進的設備、技術，那麼你們就要失掉中國的市場，人家也

會笑話你們 E 公司失去良好商機。」

僵局立刻得到了緩解，最後雙方終於達成協議。某玻璃廠省下了一大筆錢，而 E 公司也因幫助該廠成了全國同業中產值最高、耗能最低的企業而名聲大噪，贏得了很高的聲譽。轉移話題雖然有一定難度，但需要掌握言語技巧。話題轉移得不好，有時雖然能暫時緩和一下緊張的氣氛，但對於大局並沒有什麼益處。話題轉移得巧妙，不僅能活躍調節氣氛，還能為談判去除障礙，鋪平道路。

轉移的話題必須視具體情況和對象因地制宜，就近轉移，不能不著邊際，隨心所欲，風馬牛不相及。

轉移的話題主旨也不能變，雖然不涉及正題，但必須與正題有關，不管繞多少圈子，牛鼻子始終不能放，做到「形散神不散」。

轉移後的話題展開要循序漸進、環環相扣、符合邏輯、自然而然地向正題靠攏，在不知不覺中使彼此相左的意見逐漸達成交集。話題轉移要想獲得預期效果，就要在語言表達上下功夫，真正做到剛柔相濟。

談判時妙用激將法

《三國演義》第四十三、四十四回中敘述了諸葛亮孤身去江東談判，以實施聯吳抗曹的戰略，用激將法接連說服孫權、周瑜的精彩情節，真可謂是膾炙人口，婦孺皆知。

諸葛亮先後與孫權、周瑜談判，他大談曹操兵力強大，善於用兵，天下無人能敵，極力勸他們投降曹操，以保全妻子富貴。他甚至建議周瑜把江東美女孫權之嫂大喬和周瑜之妻小喬送給曹操，以求苟活。在孫權、周瑜看來，這分明是奚落他們膽小、無能，不能抵抗曹操。他們哪堪忍受這樣的侮辱，於是，他們下定決心，聯合劉備抗擊曹操。諸葛亮可謂是運用激將法的能手。

273

第九章　談判桌上的交際：善於交際才能穩操勝券

人的行為，不僅受理智的支配，也受感情的驅使，激將就是要用話使別人放棄理智，憑一時感情衝動去行事。所以，激將最適合在那些經驗較少，容易感情用事的對象身上使用。

在商務談判中，運用激將法取得談判成功的例子是很多的。

某橡膠廠（甲方）進口了一整套價值兩百萬元現代化膠鞋生產設備，由於原料與技術力量跟不上，擱置了四年無法使用。

後來，新任廠長決定將這套生產設備轉賣給另一家橡膠廠（乙方）。正式談判前，甲方了解到乙方兩個重要情況：

· 該廠經濟實力雄厚，但基本上都投入了再生產，要馬上騰挪兩百萬元添置設備，困難很大

· 該廠廠長年輕好勝，幾乎在任何情況下都不甘示弱，甚至經常以拿破崙自詡。對內情有所了解後，甲方廠長決定親自與乙方廠長談判。

甲方廠長：「昨天在貴廠轉了一整天，詳細了解貴廠的生產情況。你們的管理水準確實令人信服。你年輕有為，能力非凡，真讓我欽佩。」

乙方廠長：「哪裡哪裡，老兄過獎了！我年輕無知，懇切希望得到老兄的指教！」

甲方廠長：「我向來不會奉承人，實事求是嘛。貴廠今天辦得好，我就說好；明天辦得不好，我就會說不好。」

乙方廠長：「老兄對我廠的設備印象如何？不是說打算把你們進口的那套現代化膠鞋生產設備賣給我們嗎？」

甲方廠長：「貴廠現有生產設備，在國內看，是可以的，至少三五年內不會有什麼大的問題。關於轉賣設備之事，只是有兩個疑問：第一，我懷疑貴廠真有經濟實力購買這樣的設備；第二，我懷疑貴廠有或者說能招聘到管理、操作這套設備的技術力量。」

乙方廠長聽到這些，覺得受到了甲方廠長的輕視，十分不悅。於是，他用炫耀的口氣向甲方廠長介紹了本廠的經濟實力和技術力量，表明本廠有能力購進並操作管理這套價值兩百萬元的設備。

經過一番周旋，甲方成功地將閒置了四年的設備轉賣給了乙方。

運用激將法一定要因人而異，要摸透對方的性格脾氣、思想感情和心理。激將法不宜用在性格內向、謹小慎微的人身上。因為這些人會把那些富於刺激性的語言視作奚落和嘲諷，因而消極悲觀，喪失信心，甚至產生怨恨心理。對那些老謀深算，富於理智的「明白人」，也不宜使用這一方法，因為他們根本不會就範。

運用激將法，還要掌握好火候，火候不足，語言不力，激發不起對方的情感波動；火候太過，會造成大的心理壓力，誘發出逆反心理，對方就會一味固守其本來的立場、觀點。

步步為營的談判策略

由於談判雙方是互惠互利的，如果需要作出讓步，必然要求雙方同時作出讓步。後者才是你的目的。稱職的談判者善於在作出讓步後向對方施加壓力，迫使對方也讓步。

那麼，如何才能更好地促使對方向你讓步呢？比較理想的方法是採取一種步步為營的蠶食策略。毫無疑問，你想要從對方手中得到的是一大塊好處，但你不可能一下子把它從對手那攫取過來。你必須做得不露聲色，想方設法把它從對方手中搞過來。意欲取其尺利，則每次謀其毫釐，一口一口，最後全部到手。這正如切香腸，假如你想得到一根香腸，而你的對手將他抓得很牢，這時你一定不要去搶奪。你先懇求他給你薄薄的一片，對此，香腸的主人不會在意，至少不會十分計較。第二天，你再求他給你薄薄的一片，

第三天也如此。這樣，日復一日，一片接著一片，整根香腸就全歸你所有了。

為什麼蠶食策略能夠輕易得手呢？由於他每次要求的讓步幅度很小，對方在心理上很容易接受，在不經意間，對方就做出了讓步。即使經過多次讓步後仍未實現自己預定的計畫，但已經從這許多次讓步中得到了很大的實惠，甚至，這種促使對方讓步的方式往往能突破自己的預想，對方的讓步結果常常出人意料的好。

下面是買賣雙方的一段談話，從中我們可以更好地體會出蠶食策略的績效。

「您這種機器要價七百五十元一臺，我們剛才看到同樣的機器標價為六百八十元，您對此有什麼話說嗎？」

「如果您誠心想買的話，六百八十元可以成交。」

「如果我是批量購買，總共購買三十五臺，難道你也要一視同仁嗎？」

「不會的，我們每臺給予六十元的折扣。」

「我們現在資金較緊張，是不是可以先購二十臺，三個月後再購十五臺？」

賣主很是猶豫了一會兒，因為只購買二十臺，折扣是不會這麼高，但他想到最近幾個星期不太理想的銷售狀況，還是答應了。

「那麼您的意思是以六百二十元的價格賣給我們二十臺機器。」買主總結性地說。

賣主點了點頭。

「為什麼要六百二十元呢？湊個整數，六百元一臺，計算起來也省事，乾脆俐落，我們馬上成交。」

賣主想反駁，但「成交」二字對他頗有吸引力，他還是答應了。

買主步步為營的蠶食策略生效了，他把價格從七百五十元一直壓到六百元，壓低了百分之二十。

如何有效說服對方

談判的目的是為了說服。那麼，談判者在談判中能否說服對方接受自己的觀點，就成了談判最後能否成功的一個關鍵。說服的技巧往往是多種方法、多種策略的綜合應用。

- **在不知不覺中說服對方**：杜甫有詩云：「好雨知時節，當春乃發生。隨風潛入夜，潤物細無聲。」要想說服對方，你的言辭必須像春風化雨一樣，在對方不知不覺中進行。一旦使對方意識到處於被說服之中，便馬上會產生抗拒力，使你的說服失效。

- **滿足對方的基本需求**：談判的本質就是滿足需求，如果需要得不到滿足，你縱然有三頭六臂，使出三十六計也無法使對方心悅誠服。

- **要權衡利弊得失**：要使你的勸說更獲有成效，應充分考慮和分析你的提議可能導致的影響，被勸說的人一旦接受你的意見，將會有什麼樣的利弊得失？你為什麼要以他為勸說對象？假如你能說服他接受你的意見，你將獲得什麼好處？

- **簡化接納手續**：為了讓被勸說的對象能接納你的提議，並避免中途變卦，應該設法讓接納的手續簡化，使之成為輕而易舉的一件事。例如，在需要書面協定的場合中，事先準備一份原則性的協議書，告訴被說服者「你只需在這份原則性的協議書草案上簽名即可，正式的協議書我會在一星期內準備妥當，到時再送到貴公司供你仔細斟酌」。這樣，往往可當場取得被勸說者的承諾，並免除在細節問題方面出現過多的周折。

- **由易到難**：先談容易達成協議的問題，這比先談容易引起爭議的問題更易取得成效。當有好、壞兩種資訊都需要傳遞時，則應先傳遞前者，再傳遞後者。

第九章　談判桌上的交際：善於交際才能穩操勝券

- **先人後己**：要想讓對方接納自己，就要盡量和對方的立場保持一致。最令對手記憶深刻的資訊，是最能激起他的動機，然後要提供足夠途徑去滿足他需要的那種資訊。同時，應注意當一種問題的正反兩面都被討論時，不要忙於托出自己所喜歡的觀點，最好是最後提出來。

- **重視開頭與結尾**：一般來說，談判一方對另一方發言的開場白和結束語的記憶，要比中間話語的記憶更為牢固，因此，對交談的結論應該由自己明白地指出，而不應該讓對手自行揣摩或自行下結論。

在談判過程中，我們經常會碰到固執己見的人，對於這種難纏的人，常採用下列方法：

- **給對方面子**：當對方有錯而又不願認錯時，你的說服可能就無濟於事了，你不妨先給對方一個「臺階」下，說一說他正確的地方，或者說一說他錯誤存在的客觀原因，這也就是給對方提供一些自我安慰的條件和機會。這樣，他就會感到沒有失掉面子，更容易接受你善意的說服。

- **耐心等待**：有些人可能一時難以說服，不妨等待一段時間。對方雖然沒有當面表示改變看法，但對你的態度和你所講的話，事後他會加以回憶和思考。任何事情，都要給他人留有一定的思考和選擇的時間。同樣，在說服他人時，也不可急於求成，要等待時機成熟時再和他交談，效果往往比較好。

- **迂迴前進**：當有的人正面道理已經很難聽進去時，這時你就要繞道而行，而應該採取迂迴前進的方法。就像作戰一樣，對方已經防備森嚴，從正面很難突破，解決辦法最好是迂迴前進，設法找到對方的弱點，一舉擊破對手。說服他人也是如此，當正面道理很難說服對方時，就要暫時避開主題，談論一些對方感興趣的事情，從中找到對方的弱點，逐一針對這些弱點，發表己方的看法，讓他感到你的話對他來說是有用的，

使他感到你是可信服的，這樣你再逐漸把話轉入主題，曉之以利害，他就會更加冷靜地考慮你的意見，容易接受你的說服。

- **不予理睬**：有些問題很難說清，結果又碰上蠻橫無理的人，這時只有當作沒聽見，不予理睬，對方就會覺得他所提出的問題可能沒有什麼道理，人家根本就沒有在意，於是自己也就會感到沒趣，從而不再堅持自己的意見，以此達到說服對方的目的。

說服不同於施壓，也不同於誘騙，成功的說服結果必須要展現雙方的真實意見。採取脅迫或欺詐的方法使對方接受己方的意見，會給談判埋下危機，因為沒有不透風的牆，也沒有能包得住火的紙，因此，切忌用脅迫或欺詐的手法說服。事實上，這樣做也根本達不到真正說服的目的。

談判過程要懂得巧問智答

談判時提問的技巧

提問在談判中是重要的一環，要想做到有效的提問，不是一件容易的事。有經驗的談判者總是密切注意與細心觀察對方的言談舉止，分析對方的心理狀態及變化，適時、適當、得體地提問，從而成功地駕馭談判進程，就像水龍頭控制水流量一樣。常用的談判提問方式有八種：

- **直截了當提問**：直截了當地向對方提出你方所想了解的問題與訊息。如「貴廠的產品種類有多少？」「這種產品一公斤多少錢？」「運輸距離有多遠？」這種提問方向性明確，獲得的答覆也明確，其語言要求是準確、具體。
- **委婉提問**：所提問題迴旋餘地較大，帶有一定的試探性。提問的答案，可以是一個，也可以是幾個，如「關於交貨時間與運輸費用，不知貴方

有何建議？」「假如雙方還能以其他方式合作的話，貴方的要求我們願意考慮，不知貴方有何建議？」這種提問是要暫且隱藏己方的具體要求，先讓對方開口全盤托出其所有想法，以便掌握主動權。

- **一般性提問**：這是一種常用的商榷性的提問，對答案也沒有較嚴格的限制，範圍可大可小。如「合約有效期限暫定一年是不是短了些？」「送貨上門有什麼困難嗎？」「過期的食品如何處理？」這種提問意在加強對方的資訊溝通，以便共同商討問題、解決問題。

- **啟發式提問**：這是在歸納、總結雙方的發言內容之後，緊接而來的啟發式提問，具有強烈的即興色彩。如「這樣做你們不是也獲利百分之十五嗎？」「難道還有比這更理想的方案嗎？」這種提問意在將對方的思路與想法引導到己方的立場上來，常用反詰語句，其結果是常常誘使對方說出肯定性的答案。

- **詢問式提問**：當對方與己方的看法基本趨於一致，為了使對方同意自己的觀點而設計的一種求同提問。如「我們的建議你一定會同意吧？」「對於協定內容，你們還有什麼補充嗎？」這種提問語氣友好、親切，在妥協階段運用較多。

- **連貫性提問**：在對方發言過程中不斷插問，或接連不斷向對方提出承上啟下的問題，促使對方按提問者的思路講下去。如「情況真像你說的那樣，你打算怎麼辦呢？」「這樣行嗎？」「後來呢？」這種提問，語言要真切、簡短、明快，不能拖泥帶水，並略帶好奇與驚訝，令對方情不自禁地回答你的一個一個的問題。

- **反問式提問**：當對方發言不妥或出現於己不利的情況時，急中生智，迅速反應，敏捷地提出帶有不同意見的問題，令對方措手不及，難以回答。這是交鋒階段常用的提問方式。如「真像你說的那樣，為什麼不獨

立經營而要和我們聯合經營呢？」「如果真有這麼便宜的價格，你有多少貨，全賣給我好嗎？」「這麼好的條件你們還不願意接受，難道還有更優惠的條件嗎？」這些反問的答案，實際上都是否定的，但用反問句式比否定句式更有力。

- **理解性提問**：談判的成功，在於雙方加強溝通與理解。當談判進入尾聲時，雙方都會提出一些友好、善意的問題。如「這一點我們雙方是一致的，你們還有其他想法嗎？」「這樣好不好？」

談判提問的方式多種多樣，但忌提隨意性或威脅性的問題，從措辭到語詞都要認真考慮，細心推敲。這樣提問才能確有實效。

談判時回答的技巧

（1）提問前要多思考

談判中所提出的問題，不同於同事之間簡單對話，必須經過慎重考慮後，才能回答。人們通常有這樣一種心理，就是如果對方問話與我方回答之間所空的時間越長，就會讓對方

感覺我們對此問題欠準備，或以為我們幾乎被問住了；如果回答得很迅速，就顯示出我們已有充分的準備，也顯示了我方的實力。其實不然，談判經驗告訴我們，在對方提出問題之後，我們可透過點支香菸或喝一口茶，或調整一下自己坐的姿勢和椅子，或整理一下桌子上的資料檔，或翻一翻筆記本等動作來延緩時間，考慮一下對方的問題。這樣做既顯得很自然、得體，又可以讓對方看得見，從而減輕和消除對方的上述心理感覺。

（2）不要全部回答

談判時，回答問題要以點到為止，明白了就行，不必作深入的解釋。比如，對方對某種產品的價格表示出關心，發問者直接詢問這種產品的價格。

如果徹底回答對方，把價錢一說了之，那麼在進一步談判過程中，回答的一方可能就比較被動了。倘若這樣回答：「我相信產品的價格會令你們滿意的，請先讓我把這種產品的幾種性能做一個說明好嗎？我相信你們會對這種產品感興趣的……」這樣回答，就明顯地避免了一下子把對方的注意力吸引到價格問題的焦點上來。

（3）不要確切回答

回答問題，要給自己留有一定的餘地。在回答時，不要過早地暴露你的實力。通常可用先說明一件類似的情況，再拉回正題，或者利用反問把重點轉移。例如：「是的，我猜想你會這樣問，我可以給你滿意的答覆。不過，在我回答之前，請先允許我問一個問題。」若是對方還不滿意，可以這樣回答：「也許，你的想法很對，不過，你的理由是什麼？」「那麼，你希望我怎麼解釋呢？」等等。

（4）找藉口迴避

有時可以用資料不全或需要請示等藉口來拖延答覆。比如，你可以這麼回答：「對你所提的問題，我沒有第一手的資料來作答覆，我想，你是希望我為你做詳盡並圓滿的答覆，但這需要時間，你說對嗎？」

當然，拖延時間只是為了贏得考慮的時間，它並不意味著可以拒絕回答對方提出的問題。因此，談判者要進一步思考如何來回答問題。

（5）不輕易作答

談判者回答問題，應該具有針對性，有的放矢，因此有必要了解問題的真實涵義。同時，有些談判者會提出一些模稜兩可或旁敲側擊的問題，意在以此摸對方的底。對這一類問題更要清楚地了解對方的用意。否則，輕易、隨意作答，會造成己方的被動。

附錄：趣味測試

你是屬於哪一類型的人？

請對下面問題做出「是」或者「否」的回答：

1. 碰到熟人的時候你會主動打招呼

2. 你常常主動寫信給友人來表達思念

3. 旅行時你常常和不相識的人閒談

4. 有朋友來訪你會從心裡感到高興

5. 沒有引見時你很少主動和陌生人談話

6. 你喜歡在團體裡發表自我見解

7. 你十分同情弱者

8. 你喜歡給他人出主意

9. 你做事總想有人陪

10. 你很容易讓朋友說服

11. 你總是十分注重自己的儀表

12. 假設約會遲到你會長時間感到不安

13. 你很少和異性交往

14. 你到朋友家做客從不覺得不自在

15. 和朋友一起乘公共汽車時你不在乎誰來買票

16. 你給朋友寫信時常常訴說自己最近的煩惱

17. 你時常能交上新的好朋友

18. 你喜歡和有獨特之處的人交往

19. 你認為隨便暴露自己的內心世界是十分危險的事

20. 你對發表觀點十分慎重

　　答案：選第1、2、3、4、6、7、8、9、10、11、12、13、16、17、18題答「是」的記1分，答「否」的不記分，選第5、14、15、19、20題答「否」的記1分，答「是」的不記分。

　　1～5題分數表示交往的主動性水準，得分高說明交往更偏於主動型，得分低則偏於被動型。6～10題得分表示交往的支配性水準，得分高表示交往偏向於領袖型，得分低偏於依從型。11～15題得分表示交往的規範性程度，高分表示交往講究嚴謹，得分低表明交往較為隨便。16～20題得分意味著交往偏於開放型，得分低就表示傾向於閉鎖型，得分處於中等水準，就證明交往傾向不明顯，屬於中間綜合型的交往人群。

　　因為人的氣質、性格等特點不同，表現在人際關係中也有不同的類型。就像不同氣質類型的人適合做不同工作一樣，不同人際關係類型的人所適合的工作也是不一樣的。

- 主動型的人在人際交往時總是採取積極主動的方法，適合需要順利處理人和人之間複雜關係的職業，例如教師、推銷員等工作。被動型的人在社交裡就會採取消極、被動的退縮方法，適合不太需要和人打交道的職業，例如機械師、電工等工作。

- 領袖型的人有極強的支配和命令別人的欲望，在職業中傾向於管理人員、工程師、作家等工作。依從型的人比較謙卑、溫順，慣於服從，不喜歡支配與控制別人，他們更想從事需要按照既定要求工作、比較簡單而又比較刻板的工作，比如辦公室文書等職位。

- 嚴謹型的人有十分強烈的責任心，做事細心周到，合適的職業有員警、業務主管、社團領袖等職位，而隨便的人就適合藝術家、社會工作者、社會科學家、作家、記者等工作。

· 開放型的人易於和他人相處，更適應環境，適合會計、機械師、空姐、服務員等工作，閉鎖型的人適合的職位則是編輯、藝術家、科學研究等方面的工作。

人際關係怎麼樣？

假設你走向一個熟睡嬰兒的時候，他突然睜開眼睛，你以為接著他會有怎樣的反應？

A. 對你哭

B. 對你笑

C. 閉上眼睛接著睡覺

D. 不停地咳嗽

測試結果：

「嬰兒」代表「別人」。普通人對於和別人的相處，習慣產生不安和恐懼，愈沒自信的人愈嚴重。

· **選 A 的人**：你是個十分沒有自信的人，所以很害怕和別人相處，深恐洩露自己的缺陷，因此常縮在自我的殼中裹足不前。要是你能再多點自信，積極和別人接觸，相信你會發現外面的世界更美好。

· **選 B 的人**：你是個自信滿滿的人，交際手腕非常不錯，很容易與別人打成一片。但要注意的是，不能過度自信，不能只陶醉在自我的世界中，而忽視了別人的感受與想法。

· **選 C 的人**：你是個十分孤僻的人，與其與別人在一起，倒不如一個人來得快樂自在，因此根本不願，也認為沒必要踏入別人的世界。但工作重視團隊合作，絕不能獨來獨往，因此你要好好調整自己。

- 選 D 的人：你是一個非常神經質的人，時常在乎人際關係，也小心翼翼地維護這種關係。但你太在意別人的感覺和想法，會讓自己精疲力竭，最好能夠放鬆一下自己，以平常心面對人際關係。

你是否是個合群的人？

在充滿藝術氣息的秋天，假設你與朋友首次去參觀美術館，進門後有右中左三個方向，你會先從哪裡開始參觀呢？

A. 進門後先向右行

B. 進門後直接前行

C. 進門後先向左行

最終答案：

- **A. 你是最通常類型的人**：你不願引人注目，可能在被劃定的範圍內自得其樂。你可以妥善處理個人的不平和不滿，不違反大眾認可的觀點，能夠自然地融入其中。總而言之，你容易採取不求有功、但求無過的消極態度。

- **B. 你是能夠直截了當表達自我欲望的人**：你的行事好像缺乏計畫性，常常抱著走一步算一步的信條，對事情的過程並不在乎。總而言之，你是個樂天知命的人，對細枝末節很少留意，老是缺根筋。

- **C. 你是十分不合群的人**：說好聽點是「有性格」，可事實上並不盡然。你充滿反抗情緒，正因如此，你和人交往時比常人更加敏感，有時也會表現得很懦弱。概括而言，你的本質是討厭和他人為伍，你難以開闢自己新天地的。

測測你的人緣怎麼樣

假如有一天，你看見好友提了一個你也十分喜歡的袋子，你回家後對此念念不忘，你會如何處理你的「戀物相思病」呢？

A. 直接問朋友在哪裡買的

B. 四處搜尋，偷偷地買，不讓朋友知道

C. 按捺自己想擁有的欲望，忘記那個東西

D. 想辦法向好朋友要來

測試結果：

- **A. 你是大大咧咧、沒有心機的人**：你不會去設想他人的心情，有時敏感的人會對你產生誤解，但是你很少有察覺，還是我行我素，依直覺行事。慢慢地，大家就會了解那是你的本性，並習慣適應你。

- **B. 你十分注意小節，而且不願失禮**：你待人處事非常客氣，卻會讓人感到有點矯枉過正，有些虛假。實際上，你只要放鬆一點，不過於拘謹，就能與朋友更親近，沒有隔閡。

- **C. 就你來說，生活單純是最重要的事**：你渴望能平靜度日，不要與是是非非有什麼瓜葛。假如有人故意來招惹你，你也會偽裝成一根木頭，讓他人的挑釁絲毫不起效果。即便你已內心澎湃，但外表看起來仍然心如止水。

- **D. 你是人緣好得不得了的人**：你善與別人打交道，時常得到貴人相助，在工作中也是無往不利。可是還是要努力充實自己，以免把好運用完，未來的生活還是要靠實力。

你是個好相處的人嗎？

以下的四種熱門影集類型，哪種是最吸引你的？

A. 專業知識類的（例如法律或是醫學類）

B. 爆笑喜劇類的

C. 都市言情類的

D. 懸疑推理類的

測試結果：

- **選擇 A**：你的好相處指數是二十分。你對別人、對自己的要求都十分高，使人跟你相處時心理壓力很大，但實際上你是刀子嘴豆腐心，對方有理時，與你以理溝通最有效，否則就是向你坦然認錯，再大的事情也能化為小事。

- **選擇 B**：你的好相處指數是七十分。你容易被仗勢欺人的傢伙壓迫，總是屈居下風。雖然被利用的感覺不好，但當時氣歸氣，過一會兒你就會淡忘掉，並不影響你對別人的信任感。

- **選擇 C**：你的好相處指數是三十分。粉紅色是明顯的「性」的含義，代表著戀愛和性愛。你所追求的是一場熱戀，即便自己已經上了年紀，也渴望能再有一場轟轟烈烈的愛情。

- **選擇 D**：你的好相處指數是九十九分。在衝突發生的時候，活在自我世界的你，時常能讓別人為你氣結。「裝死」是你的絕招，由於看淡世事人情，所以你總是閃躲衝突炮火，試圖轉移對方的注意力。

你是否懂得取悅他人？

假如你的一位同事資歷與你相同，但工資比你低，你會有怎樣的感想？

A. 覺得自己很優越

B. 為他表示同情或是為他抱不平

C. 神遊任何特別的感想

- **選 A**：你毫無取悅他人的潛能，以至於連取悅自己也不會。如果你進軍娛樂界很快會失敗。

- **選 B**：你一向喜歡取悅他人，他人一見到你就如沐春風。你能夠向娛樂方向發展，而且會前程似錦。

- **選 C**：你有一定程度的取悅他人的潛能，但還不夠。如果加強這方面的培養，必定會有前途。

你懂得發掘自己的好友嗎？

怎樣的人能成為你的知己或是無話不說的死黨呢？為了找出和你最契合的朋友，我們準備了下列測試，要幫助你發掘真正的好朋友。

開始測試

1. 在沒有熟人的新環境裡，表現如何？

　　A. 仍就充滿活力→2　　B. 感到有點可怕→3

2. 現在的成績還過得去，但小學時的成績十分好。

　　A.YES → 4　　B. NO → 5

3. 每次在外面吃飯的時候，點菜的速度總是很慢。

　　A.YES → 7　　B. NO → 6

4. 看電視時常常會感到「這個人好笨，如果是我的話就會這麼做」。

    A.YES → 8　　B. NO → 9

5. 在家閒來無事時做什麼？

    A. 看雜誌或者書→ 9　　B. 只想看電視→ 10

6. 行動電話、無線電話、手機等通訊器材，你時常會拿哪一種？

    A. 行動電話→ 8　B. 無線電話→ 9

    C. 手機→ 10　D. 什麼都不拿→ 11

7. 兩年時間內，從沒擔任過班長、組長等「長」字輩的幹部：

    A.YES → 11　　B. NO → 10

8. 看到他人的事，常常會感到對方沒有抓住要領。

    A.YES → 12　　B. NO → 13

9. 假設下輩子能夠選擇的話，你想成為：

    A. 男人→ 13　　B. 女人→ 15

10. 貓和狗，你更喜歡哪種？

    A. 狗→ 14　　B. 貓→ 13

11. 假設計程車跟地鐵的車資一樣，你更願意乘坐哪一種？

    A. 計程車→ 14　　B. 地鐵→ 15

12. 未來的理想是：

    A. 有穩定職業，努力工作→ 16

    B. 24 歲以後想成為全職家庭主婦→ 18

    C. 沒有什麼特別的理想→ 17

13. 十分注重流行資訊，時刻注意自己的裝扮。

    A.YES → 18　　B. NO → 17

14. 想去一個人旅行。

    A.YES → 17　　B. NO → 18

15. 不擅長在許多人面前講話。

　　A.YES → 19　B.NO → 18

16. 認為自己時常是朋友模仿的榜樣。

　　A. YES → A　B. NO → B

17. 認為歌手要「以課業為重，即便暫時淡出演藝圈也是無所謂的」。

　　A. YES → B　B. NO → C

18. 即便參加升旗時忽然頭暈，也不會告訴旁人。

　　A. YES → D　B. NO → C

19. 無論是功課方面或是玩樂方面，碰到不懂的事情時，不太願意向別人請教。

　　A.YES → C　B. NO → B

測試答案：

　　A 型的人：輕鬆自在地生活，常常讓人依賴，和喜歡撒嬌的人較合得來。你渴望自己成為團體當中的領導者，討厭讓朋友差遣，但是你又十分害怕獨處，不喜歡落單，能夠和這樣的你相處甚歡的是喜歡撒嬌、凡事優柔寡斷的女孩。假如她無法自己下決定，必定會向你求助，請你幫忙，聽到她對你說「還好有你在」的時候，你就會非常高興，這樣的朋友總是可以使你獲得心靈上的滿足。

　　B 型的人：個性豪爽，不希望彼此干涉，和保持個人主義的人較合得來。你不喜歡和朋友在一起，有著強烈的個人主義，這不代表你討厭朋友，只是不喜歡總是與大家膩在一起罷了。能和你合得來的，是像你一般重視私人空間、懷有個人主義的女孩，只在想見面時見面，從不不干涉彼此的生活。周圍的人會懷疑你們的感情不好，你不要在意，做好你自己就行了。

　　C 型的人：喜歡和幾個好朋友膩在一起，和擁有一樣興趣的人較合得

來。正所謂好朋友就要一直在一起，你會和朋友一起談論同一部電視劇或是流行的話題。這樣的你最適合和擁有一樣興趣、喜歡膩在一起的女孩做朋友，假設對方和自己用同一個牌子的用品，話題就能源源不斷，從而加深你們之間的友情。你十分擅長處理事情，即便兩人整天膩在一起也不會發生任何衝突。

D 型的人：希望與上司型人物在一起，和踏實、開朗、活潑的人較合得來。性格優柔寡斷、膽小的你，在團體裡很不顯眼，因為你的性格比較被動，假設別人沒約你，你會一整天關在家，而實際上內心卻很想出去。做事果斷的上司型大姐最適合你，她能夠幫你判斷不能決定的事，並為你打理一切，對方會在這一過程裡取得滿足感，而你也感到非常快樂，這樣的速配組合會使你們的感情更加牢固。

心理層面的評析：

相信做完這個測試，你就會更了解自己到底和怎樣的人投緣，也就能夠幫助你選擇朋友了。實際上我們在擇友方面也不要太挑剔，能夠試著結交多種類型的朋友，對自己也是個很好的鍛鍊與提高，不要局限在自我認為很幸福的小圈子中。常言道：「多個朋友多條路。」不要吝嗇你的友情，很好地編織你的人脈，堅信對你的發展必定會有很好的幫助。

擺脫邊緣人生，超人氣團寵變身！

操控心理、洞察人心、建立橋梁，清除錯誤人際觀，找到人生新道路！

作　　者：李定汝，常華

發 行 人：黃振庭

出 版 者：財經錢線文化事業有限公司

發 行 者：財經錢線文化事業有限公司

E-mail：sonbookservice@gmail.com

粉 絲 頁：https://www.facebook.com/
　　　　　sonbookss/

網　　址：https://sonbook.net/

地　　址：台北市中正區重慶南路一段六十一號八
　　　　　樓 815 室

Rm. 815, 8F., No.61, Sec. 1, Chongqing S. Rd.,
Zhongzheng Dist., Taipei City 100, Taiwan

電　　話：(02)2370-3310

傳　　真：(02)2388-1990

印　　刷：京峯彩色印刷有限公司（京峰數位）

律師顧問：廣華律師事務所 張珮琦律師

定　　價：375 元

發行日期：2022 年 11 月第一版

◎本書以 POD 印製

國家圖書館出版品預行編目資料

擺脫邊緣人生，超人氣團寵變身！操
控心理、洞察人心、建立橋梁，清
除錯誤人際觀，找到人生新道路！
/ 李定汝，常華著 . -- 第一版 . -- 臺
北市：財經錢線文化事業有限公司，
2022.11
面；　公分
POD 版
ISBN 978-957-680-533-2(平裝)
1.CST: 人際關係 2.CST: 成功法
177.3　　111016658

電子書購買

臉書